湖南科技大学学术著作出版基金资助

2018 湖南创新发展研究院智库研究报告

创新引领开放崛起

田银华 曾世宏 仇怡 等⊙编著

The Open Rising Induced by Innovation

图书在版编目（CIP）数据

创新引领开放崛起/田银华等编著. —北京：经济管理出版社，2018.9
ISBN 978-7-5096-5610-5

Ⅰ.①创… Ⅱ.①田… Ⅲ.①区域经济发展—研究报告—湖南 Ⅳ.①F127.64

中国版本图书馆 CIP 数据核字（2018）第 215024 号

组稿编辑：高　娅
责任编辑：高　娅
责任印制：黄章平
责任校对：王纪慧

出版发行：经济管理出版社
　　　　　（北京市海淀区北蜂窝 8 号中雅大厦 A 座 11 层　100038）
网　　址：www.E-mp.com.cn
电　　话：（010）51915602
印　　刷：北京玺诚印务有限公司
经　　销：新华书店
开　　本：787mm×1092mm/16
印　　张：16.5
字　　数：323 千字
版　　次：2018 年 10 月第 1 版　2018 年 10 月第 1 次印刷
书　　号：ISBN 978-7-5096-5610-5
定　　价：68.00 元

·版权所有　翻印必究·

凡购本社图书，如有印装错误，由本社读者服务部负责调换。
联系地址：北京阜外月坛北小街 2 号
电话：（010）68022974　邮编：100836

序 言

科技是国家强盛之基,创新是民族进步之魂。进入新时代,我国社会主要矛盾已经转化为人民日益增长的美好生活需要和不平衡不充分的发展之间的矛盾,而解决这一主要矛盾的关键在于大力提升发展质量和效益,把科技创新摆在更加重要的位置,吹响建设世界科技强国的号角。然而,人类社会发展的历史告诉我们,开放带来进步,封闭必然落后,关起门来搞创新既不必要也不现实。习近平在2018年博鳌亚洲论坛发表了题为《开放共创繁荣 创新引领未来》的主旨演讲,指出"过去40年中国经济发展是在开放条件下取得的,未来中国经济实现高质量发展也必须在更加开放的条件下进行。中国开放的大门不会关闭,只会越开越大"。由此可见,创新是引领我国由"富起来"到"强起来"的核心动力,而开放发展则是实现中华民族伟大复兴的必由之路。

湖南省作为中部省份,具备得天独厚的"一带一部"区位优势,为在激烈的国内外竞争中,抢抓新机遇、重组新资源、建立新机制、构筑新高地、谋求新发展,湖南省委、省政府提出了大力实施"创新引领开放崛起"战略。那么,这一战略的实施绩效如何?各地市州的创新能力和开放力度如何评价?如何进一步推动实施这一战略?这有赖于科学、系统的评估报告。湖南创新发展研究院作为学术研究和战略咨询机构,连续两年发布了湖南省14个地州市的创新发展综合能力评价报告,在社会上产生了强烈的反响。2018年,湖南创新发展研究院成功入选为省级专业特色智库,将继续完成这一使命,发布新一期的湖南创新发展研究智库报告。

《2018湖南创新发展研究院智库报告》以"创新引领开放崛起"为研究主题,报告总共分为十一章。第一章着重阐释了创新引领湖南开放崛起的内在机理,在构建开放型经济指标体系的基础上对14个地州市的开放型经济现状进行了分析,提出了创新引领湖南开放崛起的战略选择。第二章利用既有的区域创新评价体系,测算了湖南省14个地州市的综合创新能力,并进行了评价分析。第三章着重考察了创新创业文化培育与湖南创新创业实践。第四章通过实证考察了湖南省知识产权保护与创新发展绩效之间的关系。第五章主要研究湖南省科技成果转化的运行机制与对策。第六章、第七章和第八章分别研究了农业、制造业、服务业开放发展与湖南创新引领的路径。第九章对湖南省产业集群创新的现状与推进对策进行了分析。第十章考察了工业互联网的运行机制和湖南创新引领路径。第十一章着重考察了军民融合运行机制与湖南创新发展对策。本报告的内容几乎涉及了"创新引领开放崛起"战略所关注的所有重要领域，希望这些研究及提出的政策建议能够为湖南省委、省政府及各地州市政府进一步推进湖南各领域的创新发展提供有益参考；同时，我们也希望本报告的出版能够给学术界同仁带来"抛砖引玉"的效果，促进这一研究领域的进一步深入交流、探讨！

值得一提的是，本报告是湖南创新发展研究院的第三本智库报告，既继承了前两本报告的许多可取之处，又不乏创新和闪光点。第一，相较于第一本研究报告，本研究报告增加了14个地州市的开放指数排名，这是一次全新的尝试。第二，本报告在对湖南省创新发展现状进行客观描述的同时，增加了对湖南省创新引领能力的实证分析，相较于前两次的报告，学术研究的氛围更加浓厚。第三，本报告直接服务于湖南省的重大发展战略，力图为湖南创新发展建言献策，切实履行省级特色专业智库的职责。

当然，尽管我们的团队在撰写本次报告中花费了大量心血，对呈报的研究成果也是精益求精，但由于自身能力所限，加上部分研究资料难以获取，本报告的研究可能还存在一些不尽如人意之处，部分研究成果还有待进一步深入研究。下一步，我们将尽可能地创造条件来对此进行完善，并根据湖南省经济社会发展实际和省委、省政府决策需要，发布下一期的湖南创新发展研究院智库报告。欢迎各界人士对我们的报告提出宝贵建议！

2018 年 7 月
于湖南创新发展研究院

目 录

总论篇

第一章 创新引领湖南开放崛起：内在机理、现状分析与战略选择 …………… 003

 一、引　言 ………………………………………………………………………… 003

 二、创新引领开放崛起的内在机理分析 ………………………………………… 004

 三、创新引领湖南开放崛起的现状分析 ………………………………………… 008

 四、创新引领湖南开放崛起的战略选择 ………………………………………… 016

 五、创新引领湖南各区域开放崛起的路径与对策 ……………………………… 020

创新篇

第二章 区域创新体系构建与湖南区域综合创新能力评价 ……………………… 039

 一、引　言 ………………………………………………………………………… 039

 二、区域创新体系的概述 ………………………………………………………… 040

 三、区域创新能力评价指标体系 ………………………………………………… 043

 四、湖南省14个地州市区域创新测度及评价分析 …………………………… 059

 五、提升区域综合创新的对策建议 ……………………………………………… 064

第三章 创新创业文化培育与湖南推进对策 ……………………………………… 071

 一、引　言 ………………………………………………………………………… 071

 二、创新文化的重要引领支撑作用 ……………………………………………… 072

 三、湖南的创新创业实践现状分析 ……………………………………………… 074

 四、湖南省创新创业实践存在的问题及原因分析 ……………………………… 089

 五、湖南推进创新创业文化培育的对策建议 …………………………………… 091

第四章 知识产权保护与湖南创新发展绩效 ········· 097

一、引　言 ········· 097
二、知识产权保护和创新发展的机理分析 ········· 098
三、湖南省知识产权保护的主要成就 ········· 102
四、湖南省知识产权保护存在的问题与目标定位 ········· 107
五、湖南省知识产权保护与创新发展绩效提升的对策 ········· 111
六、结　语 ········· 115

第五章 科技创新成果转移转化运行机制与湖南推进对策 ········· 117

一、引　言 ········· 117
二、科技创新成果转移转化的运行机制与模式 ········· 119
三、湖南省科技创新成果转移转化的现状 ········· 123
四、科技创新成果转移转化的影响因素分析 ········· 128
五、湖南推进对策 ········· 132

开 放 篇

第六章 农业开放发展与湖南创新引领路径 ········· 139

一、引　言 ········· 139
二、创新促进农业开放发展的机理分析 ········· 140
三、湖南农业基本发展分析 ········· 142
四、湖南农业创新现状分析 ········· 147
五、湖南农业开放现状分析 ········· 152
六、湖南农业开放发展的创新引领路径 ········· 156

第七章 制造业开放发展与湖南创新引领路径 ········· 159

一、引　言 ········· 159
二、湖南制造业开放发展现状分析 ········· 160
三、创新引领湖南制造业开放发展的实证检验 ········· 168
四、创新引领湖南制造业开放发展的路径分析 ········· 174
五、创新引领湖南制造业开放发展的对策建议 ········· 176

第八章　服务业开放发展与湖南创新引领路径 　179

　一、引　言　179

　二、创新引领服务业开放发展的内在机理分析　180

　三、湖南省服务业开放发展的现状分析　183

　四、创新引领服务业开放发展的路径与对策　193

产业篇

第九章　产业集群创新与湖南推进对策分析 　199

　一、引　言　199

　二、产业集群与产业集群创新相关概念界定　200

　三、产业集群创新的动力与效应分析　202

　四、湖南省产业集群创新现状分析　209

　五、湖南省产业集群创新中存在的问题　212

　六、湖南省产业集群创新的推进对策　214

第十章　工业互联网运行机制与湖南创新引领路径 　219

　一、引　言　219

　二、工业互联网的内涵和发展　220

　三、工业互联网融合创新的路径和发展模式　223

　四、湖南省工业互联网创新发展现状分析　225

　五、湖南省发展工业互联网创新引领建设对策　232

第十一章　军民融合运行机制与湖南创新引领路径 　237

　一、引　言　237

　二、军民融合运行机制理论分析　238

　三、我国军民融合的发展阶段　242

　四、湖南省军民融合发展现状分析　244

　五、湖南省推进军民融合的创新引领对策　248

后　记 　255

总 论 篇

■ 创新引领湖南开放崛起：内在机理、现状分析与战略选择

第一章

创新引领湖南开放崛起：内在机理、现状分析与战略选择

一、引　言

在中共十九大上，习总书记强调创新是引领发展的第一动力，抓创新就是抓发展，谋创新就是谋未来。对于一个国家和民族而言，创新是一个民族进步的灵魂，是一个国家兴旺发达的不竭源泉，也是中华民族最鲜明的民族禀赋。近年来，湖南围绕创新发展，大力推进科技创新，培育发展新动能。实施创新引领开放崛起战略，核心内涵是以科技创新为引领，推进科技创新，力争在智能制造、生命科学、新材料等领域取得一批标志性科技创新成果，在建设科技强国中做出湖南贡献。创新引领产业转型升级，催生经济新活力。湖南不断提升产业规模和质量效益，推动产业发展向中高端水平迈进，走出一条符合湖南产业发展的新路子。创新体制机制，国有经济焕发新生机。国有经济是壮大湖南省综合实力的重要力量，近年来，湖南省通过体制机制创新和技术创新，推动国企在创新中拓展发展空间，迈入高质量发展阶段。

对于湖南这个地处内陆的省份来说，尤其是处在这个创新的时代，又是开放的时代，面对全球新一轮科技革命和产业革命的创新大势，面临世界多极化、经济全球化、文化多样化、社会信息深入发展的开放大潮，面临"一带一路"区位优势提升和高铁时代带来空间优化的重大机遇，创新是湖南引领发展的第一动力，开放是湖南加快崛起的必由之路。创新可以让湖南克服地理、经济基础、产业结构、人才等方面的不足，在发展上实现"弯道超车"。开放可以让湖南在东部沿海地区向中西部地区梯度发展

中、在长江开放经济带和沿海开放经济带协同发展中分享经验、集聚要素、抢占先机、赢得优势,进而突破瓶颈,补齐发展短板,释放发展潜力,实现区位价值向经济价值的转变,是湖南落实"一带一部"定位的必然要求。

对于湖南来说,全面贯彻中共十九大精神,深入学习贯彻习近平总书记系列重要讲话精神和治国理政新理念新思想新战略,适应把握引领发展新常态,紧紧围绕统筹推进"五位一体"总体布局和协调推进"四个全面"战略布局,贯彻落实创新、协调、绿色、开放、共享的新发展理念,把握"一带一部"新定位,以深化供给侧结构性改革为主线,以推进"三个着力""四大体系"和"五大基地"建设为抓手,大力实施创新引领开放崛起战略,加快发展新技术、新产业、新业态、新模式,构建创新型经济新体系,形成开放型经济新格局,培育发展新动能,拓展发展新空间,增创发展新优势,对全面建成小康社会,加快建设经济强省、科教强省、文化强省、生态强省、开放强省,着力建设富饶美丽幸福新湖南,具有十分重要的意义。

二、创新引领开放崛起的内在机理分析

(一)理念创新开拓开放发展新境界

1. 理念创新改变开放思想

梦想,唯有与时俱进,才能永葆生机;思想,唯有引领时代,方显磅礴伟力。自古就有"不谋全局者不足以谋一域,不谋万世者不足以谋一时"。这些都说明了思想的重要性。通过理念创新,可以不断完善我们对外开放的新思想。开放发展就是要解决经济社会发展中的内外联动问题,旨在构建广泛的利益共同体,积极探索更高层次的开放经济发展模式,实现中国与世界的良性互动。

2. 理念创新培育开放新视角

在经济全球化时代,拓展国际市场与参与国际分工就如同播种一样,耕耘是为了收获。我们要以新的视角去看待自贸区建设,自贸区建设的宗旨就是当经济发展面临困难和挑战时,我们要扩大开放,以开放促改革。随着投资、贸易的不断扩大,自贸区建设会为经济发展注入新活力,拓展新空间,进一步提升对外开放度。同时通过专业化园区运营,整合各类生产要素,搭建产业合作平台,吸引国内企业入园投资,培育一批具有国际竞争力的跨国企业,在更高层次上参与国际分工(石丽静,2017)。

(二) 科技创新培育开放发展新动能

1. 创新推动技术进步

科技创新有利于加快转变经济发展方式，形成经济发展新动能，提高经济增长质量，引领国民经济持续健康发展（余道先，2007）。目前，我国已有的驱动经济增长的科技创新很大程度上是外生的。主要表现是：创新的先进技术大都是引进和模仿的，创新的先进产业大都是加工代工型的。这种模式的技术创新基本上属于国外创新技术在我国的扩散。创新的源头在国外，采用的创新技术，是国外已经成熟的技术，核心技术、关键技术不在我们这里。因此，这种技术创新的意义只是跟上国际技术进步的步伐，但不能进入国际前沿。推动技术进步的基本要求就是科技创新由外生转为内生。这就是立足自主创新，依靠原始创新和引进技术的再创新，形成具有自主知识产权的关键技术和核心技术。科技创新的内生性关键在于明确科技创新的源头，这个源头首先是对科学新发现所产生的原创性新成果，主要来自大学和科学院。其次是引进先进技术，引进的国外技术具有内生性，就需要在消化、吸收的基础上进行再创新，从而形成新技术。根据熊彼特关于创造性的毁灭过程，强化市场竞争机制，可以迫使各个企业竞相采用新技术，从而推动技术创新成果的扩散。

2. 创新提升产业竞争力

产业是经济发展的主要依托，一国经济增长和竞争力的强弱归根结底取决于其产业竞争力的强弱。熊彼特认为，所谓创新，就是要"建立一种新的生产函数"，就是要把一种从来没有的关于生产要素和生产条件的"新组合"引入生产体系，以实现对生产要素和生产条件的"新组合"。从更广的范围理解，我们可以把除生产要素之外的其他影响因素视作生产条件，那么创新实际上也是"建立一种新的产业竞争力函数"的过程。从静态看，不同产业竞争力影响因素的组合构建了不同的产业竞争力，形成产业竞争力的差异性；从动态看，引入产业竞争力影响因素"新组合"的创新活动构成产业竞争优势变革和演进的原动力。在此背景下，企业采用创造性的方式充分利用要素禀赋的优势，形成生产要素和生产条件的新组合，加速产业竞争优势的形成和竞争力的提升。

3. 创新推动产业的发展

创意产业是指一群在社会与文化发展的贡献上特性相符，具有相同的经济发展与就业机会的潜力，并受到政府的额外重视而被划分出来的产业类别。创意产业作为独立的产业形成及其对整个经济增长和产业结构演变产生影响；对创意产业的认识不能只根据传统产业的思维逻辑，应该在技术进步、产业融合、消费转型的大背景下审视创意产业的内涵和本质特征。从某种意义上来说，创意产业是一种发展模式的创新。

创意产业的发展可以理解为文化、科技和经济的融合发展，这种融合建立在为消费者提供高度个性化的创意产品之上，一方面需要多样性的文化资源和文化拓展消费的空间，另一方面也高度依赖现代电子信息技术手段。根据消费者的需求层次和价值认同差异度，有针对性地推出丰富多彩的创意产品，不仅满足消费者的现有需求，同时通过新创意产品激发消费者的潜在需求，创造新财富。用充满创意的产品开拓新市场，形成一个新兴产业群，在激发消费者需求欲望的同时，也为社会创造了巨大的财富。

（三）产品创新提升开放发展新优势

1. 产品创新提高贸易竞争优势

产品的出口竞争优势是由它与竞争对手间的相对价格和相对产品优势决定的。按照比较优势理论，某个地方的出口产品比其他地方的产品价格低很多，那么它就具有了相对价格优势；同样地，如果某个地方的产品能够得到更多消费者的青睐，也就是说它能提高消费者的满意度，那么它就具有相对产品优势（高书丽，2007）。所以要形成相对价格优势可以通过改善要素使用率、节约经营成本等方式实现，而形成相对产品优势则可以通过对原有产品进行品质的改善或者进行新产品的开发来实现。产品创新就是通过对原有产品进行品质改造和开发新的差别化的产品来提高地方上的产品优势。在对原有产品进行改善时，创新的革新和发展可以表现为原有产品外在形态的变化，也可以表现为产品内在性能的提高。总之，在市场上，产品创新所产生的技术含量高、新颖独特、质量优良、价格较低的新产品必然会具备自己的市场竞争力。这样的新产品能够提高我们的贸易竞争力。

2. 产品创新优化贸易结构

一般来说，出口商品可以简单地分为初级制成品和工业制成品，而产品创新的发展会使工业制成品在出口商品中的比重上升，而且工业制成品中高附加值、高技术含量的产品会增加，初级产品所占的比重就会下降，产品创新也会引起一系列新型部门的出现和传统部门的衰落。同时，产品创新也会促使很多新产品的出现，使得出口商品结构内部不断细化，出口的商品种类和内容不断增加。就目前来说，技术水平的差距决定了一国对外贸易在国际市场上所处的地位，也决定了该国在国际产业链中的位置。发展中国家由于技术相对落后，多处于产业链的末端，对外贸易的形式也多表现为对原材料等初级产品的直接出口或以加工贸易形式进行的中间产品的生产出口，这种对外贸易形式不但造成本国资源的大量损耗，而且出口效益甚微。但是随着技术创新的不断发展，企业可掌握产品生产的核心技术，提高产品的技术含量，逐步拥有自创品牌并出口，并且该国就逐渐从产业链的低端提升到中高端的水平（高照军，

2017）。同时，对核心技术的掌握可以为企业带来垄断优势，所获得的垄断利润是其他竞争行业企业所难企及的，企业利润的增加可以进一步加大自主创新的投入，进行产品创新，进而优化出口产品的结构。

（四）服务创新拓展开放发展新空间

1. 传统服务消费的特征约束了服务贸易

传统服务有许多共同的特征，最基本的特征是无形性和不可逆转性。这个基本特征就决定了传统服务不像有形产品一样能够被储存、转运、拥有和摆售。因此，服务消费过程中服务提供者和服务消费者必须满足时空一致性。这样的传统服务消费带来了高交易成本，无法形成规模效益，而且服务消费的空间过于狭小，难以满足人们寻求信息、提高品位、陶冶性情、提升修养、减缓压力等需求。服务贸易要求跨时空提供服务，包括服务提供者和服务消费者在没有直接接触的情况下提供服务。所以传统服务消费的特征限制了服务贸易的发展。

2. 服务创新开拓服务贸易新空间

数字经济时代，服务消费出现了数字化、软件化、网络化、平台化和全球化趋势。服务外包、服务贸易、服务跨境投资、服务跨境消费已经成为全球化时代服务经济的重要形式。要加快服务贸易供给侧结构性改革，充分利用互联网技术推动服务创新。打破传统服务消费的壁垒，改变传统服务生产和消费"面对面""同时同地"的局面，提高服务消费效率。

（五）机制创新优化开放发展新环境

1. 机制创新优化营商环境

在市场经济条件下，生产要素的投入与优化配置是经济增长的主要动力，经济增长速度快的地区必然伴随生产要素投入量的增加与质的提升，而经济增长速度慢甚至负增长的地区也必然伴随生产要素的流失与配置的失衡。生产要素的流失不外乎投入产出比的下降或回报率的减少，投入产出比的下降则要么是投资机会的减少，要么是投资成本的增加，而营商环境的优劣则直接决定了生产要素投入的成本（武靖州，2017）。就目前来说，提出建设开放型经济新体制，一个重要目的就是通过开放来加快制度建设、法规建设，改善营商环境和创新环境，降低市场运行成本，提高运行效率，提升国际竞争力。一个好的营商环境在招商引资方面有着显著的优势。通过机制创新，建立起与市场经济体制相适应的行政管理体制，优化营商环境，降低生产要素的投入成本，营造开放发展新环境。

2. 机制创新激发企业创新活力

企业创新是社会经济增长的内生动力。企业创新不但创造新产品、新工艺，提高生产效率，为投资者获取超额利润，提升企业价值，还通过企业创新促进产业转型升级，可以改变社会经济增长的模式。就目前来说，中国产业结构不合理，企业资本投资效率低下，核心竞争力不强，企业创新活力不足，无法形成一个良好的发展环境。通过机制创新整合企业资源，优化各组成部分之间、各经营要素之间的组合，提高生产效率，增加整个企业的创新活力。

三、创新引领湖南开放崛起的现状分析

随着经济全球化进程的不断加快，商品和生产要素的流动模式不断增强，越来越多的商品和生产要素参与国际分工，各国家或地区之间的依赖程度逐渐加深，资源得到最优化配置。经济全球化是分工的深化和市场规模扩张的结果，是生产力发展的内在要求，对中国而言，改革开放是我国发展中国特色社会主义的必由之路。开放型经济是对外开放在质与量方面的深入与发展，走开放型经济发展道路是大多数国家的主流选择，中国的改革开放经历了从沿海试点开放到内陆中心城市开放，从货物贸易开放到服务贸易开放，从"引进来"到"走出去"，开放型经济在尝试与探索中不断发展，带动了经济的快速增长。

与此同时，中共十九大报告指出，开放带来进步，封闭必然落后。中国开放的大门不会关闭，只会越开越大。一方面，开放的经济使一个国家或地区的贸易自由化，可以促进地区的经济增长；另一方面，开放是缩小中国与发达资本主义国家差距的主要途径，通过积极引进外资，促进出口贸易增长，充分利用和享受国际分工的好处，促使对外贸易成为经济增长的发动机。

目前，对于湖南各地州市来说，在国家开放发展的政策背景下，充分发挥各地区的比较优势，建设开放式发展的新湖南，促进本地经济增长仍然是各地区亟待解决的重大问题。从全省的角度看，部分地州市的外企企业实力雄厚，交通设施便利，具有较强的开放式基础，但这些优势分布并不均衡。因此，只有正确评价各地州市的开放水平，找出各自发展的软肋，才能做到真正的"对症下药"。

（一）开放型经济的指标体系构建

2018年，中央政府工作报告中指出，我国对外开放已进入新阶段，进出口贸易、

双向投资的地位和作用发生了深刻变化，必须适应新的形势，提升开放型经济水平，形成开放型经济新格局。目前，由于受到外界经济发展条件和环境的影响，开放型经济尚未形成一个统一的概念，因此，基于目前湖南经济发展的阶段性特征，本书首先阐述开放型经济的内涵，在此基础上，构建区域开放型经济发展水平评价指标体系。

1. 区域开放度的概念

区域开放度是指区域开放程度的概念，包括区域生产要素流动、区域经济发展支撑体系完备性等。开放型经济体系表明了经济发展的要素之间、要素与外部环境之间是互相联系、互相制约的整体，因此，建立和完善开放型经济体系是一个系统工程。

学者们从不同视角对开放型经济的内涵进行了界定，总结起来，大致分为三个方面：一是从生产要素流动角度出发，通过对生产要素双向流动量的大小来界定经济开放程度，如张幼文（2008）、张二震等（2014）及陈子曦（2010）的研究；二是从经济体制角度出发，刘新智和刘志彬（2008）认为，开放型经济是与封闭型经济相对的一种经济形态，在开放经济的基础上，强调整体性开放，并具有显著的发展效果；三是从开放型经济发展阶段角度出发，张幼文（2005）曾指出，当代经济体特别是较大规模的经济体的发展需要经历规模扩张、结构提升及要素优化三个阶段。按照经济发展规律和世界其他国家发展的经验，我国开放型经济按照发展水平将要经历规模扩张、结构提升及要素优化三个阶段。

综合前人的研究成果，本书研究认为，可以从狭义和广义两个角度对开放型经济进行界定，狭义开放型经济主要是指经济体与外部的经济联系，主要包括外贸、外资、对外经济与对外经济政策等。广义开放型经济在狭义开放型经济的基础上，包括经济基础、经济发展目标、发展策略等，是指一个地区在以一定的经济发展水平为支撑的前提下，扩大市场开放规模，优化行业开放结构，充分参与国际分工，实现生产要素的国际流动，建立与国际规则接轨的体制环境，提升本国的自主创新能力，促进本国经济发展水平，形成持续有效的开放型经济运行机制。因此，本书从广义角度界定开放型经济内涵，具体而言，包括开放基础、开放规模、开放结构和开放效益四个指标。

2. 指标选取

（1）开放基础。地区自身经济条件是促进开放型经济快速发展的重要支撑，主要指标有人均 GDP、第二和第三产业比重、R&D 投入比重、通信业务量及交通运输效率。为体现指标的可比性，选取人均 GDP 而非 GDP 来衡量地区经济和人民生活水平，此值越高，说明开放型经济的发展基础越稳固。第二和第三产业比重体现产业结构高度化程度，第二、第三产业的发展是推动经济发展的关键，其在整个产业中所占的比重和发展质量必将影响开放型经济的发展速度和水平；R&D 投入比重用企业研发经费占地区 GDP 的比重表示；通信业务量和交通运输效率反映了与外界联系的方便程度。

（2）开放规模。开放规模反映区域开放型经济发展的广度与深度，主要指标有对外贸易额、外商直接投资（FDI）、对外直接投资（ODI）、人均固定资产投资、外资企业比重及地区劳动人数。对外贸易额是反映地区对外贸易规模的重要指标之一；外商直接投资额用实际外商直接投资金额表示，对外直接投资额用实际对外投资总额表示，二者共同反映地区的国际投资开放规模；人均固定资产投资保证了经济有持续的发展能力；外资企业比重及地区劳动人数反映了本地经济对外贸易的潜力。

（3）开放结构。开放结构指标考察开放型经济的市场结构、产业结构及资源使用结构，指标设置侧重于体现开放的质量，主要指标有外贸依存度、外资依存度、对外投资依存度和市场交易额占比。其中，外贸依存度、外资依存度、对外投资依存度反映地区经济融入全国或世界各地区的比重，直接体现了"走出去"与"引进来"之间的均衡关系；市场交易额占比反映了地区的贸易程度。

（4）开放效益。开放效益不仅体现在开放的直接经济收益上，还体现在开放对社会进步、就业等方面的间接效益上。主要指标包括外资企业就业贡献度、进出口总额占比、高新技术产值比重和旅游业情况。其中，外资企业就业贡献度反映了外资企业对于本地就业率的贡献，考虑到数据的可获得性，外资企业就业人数占本地就业总人数的比值来表示，此指标越大，说明外资企业在就业方面产生的社会效益也就越大；进出口总额占比反映一个地区的进出口贸易对于当地 GDP 的贡献程度，对增加当地财政收入所做的贡献；高新技术产值比重反映了地区通过引进高新技术对于当地经济的贡献，用高新技术产值与 GDP 的比值代替，进口国外或其他地区的高新技术产品一方面可以弥补本地区对高技术产品的需求，另一方面进口产生的示范效应和技术溢出效应都将有利于该地区的技术水平提升；旅游业情况用地区接待旅游总人数代替，间接反映了地区开放经济后的结果。

3. 权重的确定

通过上述指标体系的数据，利用熵值法来计算各个指标的权重。为了避免原始数据数值过大而影响开放型指数的准确度，首先对各指标进行标准化处理，将所有原始数据映射到 [0, 1] 的范围。由于政府部门每年只公布 GDP 的价格指数，因此以 2010 年为基期，并参考《湖南统计年鉴》公布的每一年的 GDP 平减指数，对人均 GDP、人均固定资产投资、进出口总额和高新技术产值进行平减。熵值法的具体步骤为：

（1）原始数据标准化：$x'_{ij} = \dfrac{(x_{ij} - \min x_{ij})}{\max x_{ij} - \min x_{ij}}$。

其中，x'_{ij} 为标准化后的数据，x_{ij} 为原始数据，$\min x_{ij}$ 为原始数据的最小值，$\max x_{ij}$ 为原始数据的最大值。

（2）将各指标同度量化，计算比重：$s_{ij} = \dfrac{x'_{ij}}{\sum_{i=1}^{n} x'_{ij}}$。

（3）计算各指标熵值：$e_j = -k \sum_{i=1}^{n} s_{ij} \ln s_{ij}$，$k = \dfrac{1}{\ln n}$。

（4）计算第 j 项指标的信息效用值：$g_j = 1 - e_j$。

（5）计算各指标的权重：$w_j = \dfrac{g_j}{\sum_{i=1}^{n} g_j}$。

4. 指标体系测量结果

从表 1-1 的权重可以看出，权重超过 0.05 的指标有 10 个，分别为 R&D 投入的比重、通信业务量、交通运输效率、对外贸易总额、外商直接投资、对外直接投资、地区劳动人数、外资依存度、外资企业就业贡献度和旅游业情况，根据信息熵的概念，指标波动的幅度越大，权重也就越大，说明这些指标发展迅速，是影响开放型经济的重要因素。从这些信息可以看出，对外贸易和外资利用是发展开放型经济的重要支撑。

表 1-1　区域开放型经济指标体系及权重

一级指标	二级指标	指标解释	权重
开放基础 （0.233）	人均 GDP	实际人均 GDP	0.025
	第二产业比重	第二产业 GDP/地区 GDP	0.005
	第三产业比重	第三产业 GDP/地区 GDP	0.003
	R&D 投入比重	R&D 投入经费/地区 GDP	0.062
	通信业务量	邮电业务总量	0.063
	交通运输效率	营运里程/各地州市面积	0.075
开放规模 （0.382）	对外贸易总额	进口额+出口额	0.094
	外商直接投资（FDI）	实际外商投资总额	0.085
	对外直接投资（ODI）	实际对外投资总额	0.093
	人均固定资产投资	固定资产投资/地区总人口	0.025
	外资企业比重	外资企业个数/工业企业个数	0.026
	地区劳动人数	地区劳动人数	0.079
开放结构 （0.148）	外贸依存度	对外贸易总额/地区 GDP	0.041
	外资依存度	FDI/地区 GDP	0.052
	对外投资依存度	ODI/地区 GDP	0.033
	市场交易额占比	市场交易额/地区 GDP	0.022

续表

一级指标	二级指标	指标解释	权重
开放效益 (0.237)	外资企业就业贡献度	外资企业就业人数/地区就业人数	0.063
	进出口总额占比	进出口总额/地区 GDP	0.041
	高新技术产值比重	高新技术产值/地区 GDP	0.04
	旅游业情况	接待旅游总人数	0.073

(二) 湖南省 14 个地州市开放型经济现状

1. 各地州市开放型经济指标排名

从表 1-2 的结果来看,湖南省开放型经济发展水平排名前五的分别为长沙、株洲、湘潭、郴州和衡阳。长沙作为湖南省的省会城市,相对于其他地州市更具有优势,在开放基础、开放规模和开放效益方面都居全省首位,开放结构处于全省第四名,长沙的开放型经济发展水平位居全省第一,长沙的开放型经济综合指数达到了 0.86,大于 0.6,处于开放型经济发展的高水平阶段;株洲的开放基础位于全省第二,开放规模位于全省第五,开放结构位于全省第五,开放效益位于全省第二,综合排名第二;湘潭的开放基础位于全省第三,开放规模位于全省第三,开放结构位于全省第十三,开放效益位于全省第三,综合排名第三;衡阳的开放基础位于全省第五,开放规模位于全省第四,开放结构位于全省第九,开放效益位于全省第五,综合排名第五;邵阳的开放基础位于全省第十,开放规模位于全省第七,开放结构位于全省第二,开放效益位于全省第九,综合排名第七;岳阳的开放基础位于全省第四,开放规模位于全省第九,开放结构位于全省第六,开放效益位于全省第六,综合排名第八;常德的开放基础位于全省第六,开放规模位于全省第八,开放结构位于全省第十,开放效益位于全省第十一,综合排名第九;张家界的开放基础位于全省第十三,开放规模位于全省第十二,开放结构位于全省第十四,开放效益位于全省第十二,综合排名第十四;益阳的开放基础位于全省第九,开放规模位于全省第十一,开放结构位于全省第十一,开放效益位于全省第七,综合排名第十一;郴州的开放基础位于全省第七,开放规模位于全省第二,开放结构位于全省第十二,开放效益位于全省第四,综合排名第四;永州的开放基础位于全省第十一,开放规模位于全省第六,开放结构位于全省第七,开放效益位于全省第八,综合排名第六;怀化的开放基础位于全省第十二,开放规模位于全省第十四,开放结构位于全省第三,开放效益位于全省第十三,综合排名第十三;娄底的开放基础位于全省第八,开放规模位于全省第十,开放结构位于全省第八,开放效益位于全省第十,综合排名第十;湘西州的开放基础位于全省第十四,开放规模位于全省第十三,开放结构位于全省第一,开放效益位于全省第十四,综合排名第十二。

从表1-2的结果可以看出，占据湖南省开放型经济发展水平前五的岳阳、长沙、株洲、衡阳和郴州，都位于交通发达地区，是京广线的必经之地，交通便利，经济发展迅速。自从沪昆高铁通车后，湘潭、娄底、邵阳也都得到了不同程度的发展。进一步分析表1-2的结果发现，距离长沙越近的地州市，其开放型经济水平都排在全省靠前。长沙作为湖南省省会，是湖南省的经济中心，许多高新产业和技术都需要在大城市才能发挥规模效应的优势，而与长沙的距离直接决定了知识外溢的程度，一般而言，距离长沙市越近，越能享受到知识外溢的外部性好处。因此，交通运输和知识外溢的程度决定了各地州市的开放型经济发展水平。

表1-2 2016年湖南省各地州市开放型经济发展水平评价结果

地州市	开放基础		开放规模		开放结构		开放效益		综合	
	得分	排名	得分	排名	得分	排名	得分	排名	得分	排名
长沙	0.794	1	0.97	1	0.349	4	0.993	1	0.860	1
株洲	0.265	2	0.294	5	0.293	5	0.759	2	0.367	2
湘潭	0.202	3	0.332	3	0.048	13	0.755	3	0.338	3
衡阳	0.126	5	0.329	4	0.165	9	0.482	5	0.285	5
邵阳	0.062	10	0.186	7	0.587	2	0.401	9	0.239	7
岳阳	0.164	4	0.172	9	0.255	6	0.481	6	0.230	8
常德	0.123	6	0.184	8	0.139	10	0.172	11	0.169	9
张家界	0.026	13	0.049	12	0.027	14	0.109	12	0.05	14
益阳	0.064	9	0.087	11	0.086	11	0.468	7	0.132	11
郴州	0.122	7	0.386	2	0.059	12	0.532	4	0.301	4
永州	0.049	11	0.271	6	0.180	7	0.441	8	0.240	6
怀化	0.046	12	0.010	14	0.452	3	0.060	13	0.063	13
娄底	0.077	8	0.159	10	0.165	8	0.323	10	0.167	10
湘西州	0.013	14	0.018	13	0.950	1	0.057	14	0.102	12

资料来源：《湖南省统计年鉴》(2017)。

2. 各地州市开放型经济存在的问题

对于湖南各州市来说，在国家开放发展的政策背景下，充分发挥各地区的比较优势，建设开放式发展的新湖南，促进本地经济增长仍然是各地区亟待解决的重大问题。从全省的角度看，不同地州市之间优势分布并不均衡。只有根据开放型经济指数的结果，找出各自发展的软肋，才能做到真正的"对症下药"。

相对于其他指标而言，外资利用和对外贸易是开放型经济的主要影响因素。由于外商投资工业企业生产在全国工业生产中占有重要地位，工业部门的产业结构优化升级和产品质量提升都离不开外商投资企业的作用，离不开进一步提高利用外资的质量和水平，并充分发挥外商投资在这方面的积极作用，引导外资投向和要素流入结构的改善事实上关系到宏观经济质量的提升问题。相较而言，湘西地区在旅游业发展方面位居全省前列，而外商直接投资和对外投资方面远低于湖南省的平均水平。因此，在充分发挥自身旅游业优势的基础上，应增加外商直接投资和对外直接投资，促进本地经济增长。

改革开放后，部分省内产业对外依存度普遍较高，但这并不意味着出口的产品具有很强的竞争力。相对于全国平均水平，湖南省这些领域的出口产品主要是劳动密集型产品，依靠廉价劳动力资源参与国际分工，并处于低附加值的生产环节。近几年来，高新技术产品出口增长迅速，但高新技术产品中的核心技术大都掌握在外商手中，且外商投资企业的主要高新技术产品出口占到其中的80%以上，而中国企业拥有自主知识产权的高新技术产品出口并不多。如果"中国制造"今后长期停留在贴牌加工的层面，满足于给自己制造1%~2%的利润，那么支撑湖南的出口产业就会萎缩，产业安全自然前景堪忧。

国际生产要素跨国转移，对于各地州市开放型经济的发展本来是一次机遇，我们虽然获得了某些必要的生产要素，但也吞下了环境污染的苦果，增加了生态安全的风险。具体表现为：一是某些发达国家或企业对湖南转移生产要素，其目的是将一些本国不允许生产的污染密集型的产业或产品转移到中国来，以实现其环境污染转移。二是已经落户湖南省的外商投资企业，因为加工贸易，通过"大进大出"这一过程，一方面利用我国廉价的劳动力获取利润，另一方面又把生产中的环境污染留在了中国。目前，我国的生态安全问题已日益严重，面对发达国家既定的贸易与环境政策，我们若再不采取有效举措，继续以牺牲环境资源为代价，即使我们从国际生产要素转移中得到很多好处，也无法弥补引发生态安全风险所带来的损失。

（三）创新引领开放崛起的能力测度

为了深入贯彻落实新发展理念，紧紧抓住新一轮科技革命、产业变革蕴含的历史性机遇，进一步分析创新水平对于湖南省开放崛起的能力，通过STATA软件测度出各地州市的数值，从度量的角度进一步刻画创新引领湖南开放崛起，为湖南发展擘画了"施工图"。

为了保证数据的完整性和连续性，最终选用了2010~2016年[①] 14个地州市的数据，

---

① 2010年的《湖南省统计年鉴》没有公布。

资料来源于《湖南省统计年鉴》。其中,极个别缺失的数据采用插值法补齐。

1. 测度结果

基于上述分析,表1-3列出了各地州市的创新水平对于开放崛起能力的测度结果,并将结果进行排名,着重分析了地区差异所导致能力的差异性。

表1-3 创新对于区域开放型经济的引领能力测度

地区	结果	排名
长沙	0.897	1
株洲	0.530	2
湘潭	0.516	3
衡阳	0.452	4
邵阳	0.398	6
岳阳	0.340	8
常德	0.311	9
张家界	0.189	13
益阳	0.277	10
郴州	0.415	5
永州	0.356	7
怀化	0.235	12
娄底	0.261	11
湘西州	0.127	14
均值	0.386	

2. 结果分析

从表1-3的结果来看,各地区的创新引领开放崛起能力存在差异,各地州市创新水平对于经济开放程度的贡献均值为0.386,超过平均水平的地州市有6个,依次为长沙、株洲、湘潭、衡阳、郴州和邵阳,而超过0.5的地州市只有3个,依次为长沙、株洲和湘潭。进一步分析发现,排名靠前的地州市都是位于交通发达地区和教育水平相对较高的地区。自从长株潭城际铁路通车之后,长株潭城市群更加趋向一体化发展,这种优势更加明显。

对于其他地州市而言,应该充分抓住国家开放发展的大政策,以创新促改革、促发展,促进湖南省经济的可持续性发展。通过加大教育和科技投入、招商引资和道路基础设施建设,能够更快地实现湖南省经济开放式发展。要充分发挥创新引领对于湖南开放崛起的关键作用,提升本地的创新水平,促进本地经济开放。

从整体来看,除长沙市外,湖南省的开放型经济水平依然很低,部分地州市仍然停留在开放型经济的低水平阶段。各地州市的比较优势不突出,这不仅说明湖南省开放型经济发展仍有许多工作要做,也表明湖南省的开放型经济发展仍有巨大潜力。要实施比较优势战略,提升沿边省区自我发展能力。沿边省区要结合自身的资源禀赋条件,发展具有比较优势的现代农牧业、资源精深加工业、机械制造业、旅游业、战略性新兴产业和现代服务业等。利用区位优势、资源优势和政策支持,发展面向周边国家的外向型产业集群和产业基地。通过具有比较优势产业的发展,鼓励本地企业与国内外大企业合作,引进国内外先进技术和管理经验,提高企业自主创新能力和塑造品牌,为开放型经济做实自我发展的微观基础。

四、创新引领湖南开放崛起的战略选择

创新是湖南引领发展的第一动力,开放是湖南加快崛起的必由之路,要以开放的视野谋创新,以创新的思路抓开放。全面贯彻中共十九大精神,以习近平新时代中国特色社会主义思想为指导,充分发挥"一带一部"区位优势,大力实施创新引领开放崛起战略,围绕现代化经济体系建设,以深化供给侧结构性改革为主线,加快建立现代财政制度,充分发挥财政政策和资金的带动引导作用,推进产业项目建设和转型升级,支持构建全面开放新格局,提振实体经济,厚植财源税源,推动全省经济高质量发展。创新涌潮,敢为天下先的湖南正奋力争先进位。继湖南省第十一次党代会提出"创新引领、开放崛起"战略之后,中共湖南省第十一届委员会第三次全体会议审议通过《中共湖南省委关于大力实施创新引领开放崛起战略的若干意见》。该意见提出,到2021年,湖南省人均地区生产总值达到1万美元,经济竞争力、科教创新力、文化软实力、生态承载力、开放影响力在全国领先,走在中部崛起前列,加快迈进基本现代化,建立创新型经济新体系,形成开放型经济新格局,健全复合型人才发展新机制,完善服务型政府新体制。创新引领开放崛起不能空喊口号,实施"四大创新"培育发展新动能、实施"五大人才计划"增创发展新优势、做好"五大行动"拓展开放新空间,必须落实到具体的产业和项目上。

(一)实施"创新引领开放崛起"战略是时代召唤

创新和开放是湖南全面对接国家战略的重大举措。中共十八届五中全会提出创新、协调、绿色、开放、共享五大发展理念。湖南省提出实施"创新引领开放崛起"战略,是新发展理念在湖南的具体落实,是湖南在创新型国家建设中夯实中部高地的"先行

手",也是湖南对接"一带一路"和长江经济带的"关键招"。

创新和开放是湖南积极应对"经济新常态"的科学决策。当前,湖南省经济已经进入新常态,新常态伴随着新矛盾、新问题,一些潜在风险渐渐浮出水面。要适应新常态,就必须用好创新与开放这对利器。实施"创新引领开放崛起"战略,有助于湖南省培育发展新动能,加快推进经济结构优化调整和发展动力转换,有效解决新常态下发展速度放缓、发展不足、发展不优、发展不平衡等问题。

创新和开放是湖南落实"一带一部"定位的必然要求。全面创新、深度开放,可以让湖南在东部沿海地区向中西部地区梯度发展、在长江开放经济带和沿海开放经济带协同发展中分享经验、聚集要素、抢占先机、赢得优势,进而突破瓶颈,补齐发展短板,释放发展潜力,实现区位价值向经济价值的转变,是湖南落实"一带一部"定位的必然要求。

创新和开放是湖南实现全面小康迈向基本现代化的现实需要。创新是推进供给侧结构性改革的关键举措,有利于转变经济增长方式,实现从经济大省向经济强省的转变;开放是全面发展和繁荣富强的必由之路,有助于优化资源配置,提高经济发展的质量和效率,实现从内陆大省向开放强省的转变。创新和开放是全省跨越"中等收入陷阱"、百姓脱贫解困的关键,是立足省情实际的慎重决策。

(二)实施"创新引领开放崛起"战略的基础条件

全面落实中共十九大精神,深入学习贯彻习近平新时代中国特色社会主义思想,按照五大发展理念,把握"一带一部"新定位,以深化供给侧结构性改革为主线,以推进"三个着力""四大体系""五大基地"建设为抓手,大力实施"创新引领、开放崛起"战略,以开放助推经济增长、产业转型,扩大投资、促进就业。深入领会贯彻习近平总书记在湖南视察和参加全国"两会"湖南代表团审议时的重要讲话精神,主动适应把握引领经济发展新常态,坚持稳中求进工作总基调,着力推进供给侧结构性改革,大力推进"三量齐升""四化两型""五化同步",推动经济、政治、文化、社会、生态文明建设和党的建设全面进步,为实施"创新引领开放崛起"战略筑牢坚实基础。

经济为"创新引领开放崛起"战略奠定坚实之"基"。湖南省始终坚持以经济建设为中心,主动适应引领经济发展新常态,全力稳增长、促转型,经济规模持续扩大,步入稳中有进新阶段;经济结构持续优化,进入转型发展新轨道;发展水平持续提高,跨入量质齐升新时期,为"创新引领开放崛起"战略的实施奠定了坚实基础。

科教为"创新引领开放崛起"战略开拓活力之"源"。科技创新尤其是工程技术创新的优势明显、成果显著,为推进经济社会发展由要素驱动向创新驱动转变提供了坚实的科技保障。湖南省高度重视教育事业，坚定不移地贯彻中央关于教育的方针政策，落实教育优先发展的战略地位，建设教育强省成绩突出，为实施"创新引领开放崛起"战略提供了强有力的人才支撑。

区位为"创新引领开放崛起"战略构建空间之"势"。"一带一部"的区域定位，将湖南省的发展视角扩展到全国和全球，从更广视野、更高层次上提升了区域经济定位，极大地拓展了湖南省发展的空间范围，推动湖南省进入全方位大开放新时代，为实施"创新引领开放崛起"战略构建了空间之"势"。

文化为"创新引领开放崛起"战略注入湖湘之"魂"。湖湘文化是中华文化多样性结构中的一个独具特色的组成部分。近百年来，随着湖湘人物在历史舞台上的出色表演，湖湘文化已受到世人瞩目，其中，"敢为人先，心忧天下"的湖湘文化集中体现了湖南的创新和开放精神。

环境为"创新引领开放崛起"战略营造可持续之"本"。环境是经济发展的软实力。改革开放以来，湖南积极响应党中央号召，大力推进改革开放，政务环境逐步优化，生态环境更加优美宜居，社会环境更加积极活跃，为"创新引领开放崛起"战略营造了可持续之"本"。

（三）实施"创新引领开放崛起"战略的实施路径

根据《中共湖南省委关于大力实施创新引领开放崛起战略的若干意见》以及《促进开放型经济发展的若干政策措施》，进一步明确了实施创新引领开放崛起战略的主要目标、重点任务和政策措施（下文主要来源于这两个文件）。

创新引领开放崛起的主要目标：到2021年，开放型经济新格局形成，开放影响力在全国进位争先，走在中部崛起前列，加快迈向基本现代化。开放型经济主要指标增速快于全国平均水平，进出口总额年平均增长15%以上，出口总额年平均增长10%以上，全方位开放格局和开放型经济体系形成，开放型人才发展新机制健全。人才管理体制更加科学高效，人才评价、流动、激励机制更加完善，开放型、复合型人才大量涌现，湖湘人才集群优势形成，服务开放发展的政府新体制完善。

创新引领开放崛起的重点任务：畅通"大通道"，构建内联外通综合交通体系，包括全面加快航运扩容提质，积极推进陆上交通通道设施建设，加快航空运输发展，加强集疏运体系建设，加大信息基础设施建设力度。构筑"大平台"，打造全方位高层次开放载体，包括加大口岸平台建设力度，提高口岸通关效率，强化贸易平台建设，加快申报国家自由贸易园区，加快构建湖南企业国际化经营综合服务平台，加快境外商务代表处、商会、国际友好城市建设。培育"大产业"，提升产业集群国际竞争能力，包括着力优化区域产业布局，对接500强提升产业链，大力培育市场主体和品牌，不断拓展产业市场空间。实施"大引进",促进创新引领产业转型升级,包括推进引资与引技术、引人才、引管理相结合,加大引进技术的消化、吸收和创新,对接湖南商会建设新家乡,推进参与发达国家企业并购,支持企业进口重点资源、生产资料、重大装备和零部件。稳步"走出去",不断拓展提升全球供给能力,对接"新丝路"推动"走出去",加强国际产能合作,促进国际工程承包和劳务输出。推进"大融合",实现宽领域全方位的开放发展,包括促进科教文卫融合开放,促进对内对外融合发展,促进外事、外资、外贸、外经、外宣"五外融合"。实现"大创新",增强开放发展的动力和活力,包括加速科技创新、推进产品创新、强化文化创新、深化管理创新。优化"大环境",创造开放崛起的良好软环境,深化口岸管理改革,建立健全信贸、关贸、检贸、汇贸协调联系机制,创新外商投资管理体制,完善服务体系,优化营商环境,培育开放意识。

创新引领开放崛起的政策措施:支持外贸做大做强,需要加大人才引进和培养、支持外贸综合服务发展、优化进出口结构、促进加工贸易创新发展、促进服务贸易发展。支持招大引强,支持引进重大项目和科学技术,支持引进新企业新业态。支持湘企"一带一路"重大项目,支持境外经贸合作园区。推进国际物流整体优化,支持国际航空货运突破,支持国际水运提速增效,推动国际陆路运输发展。促进跨境电商发展,支持跨境电商集聚发展和公共服务平台建设,支持跨境电商龙头企业发展,加强支撑孵化体系建设。强化金融财政支撑,强化金融支撑,强化财政保障。

(四)实施"创新引领开放崛起"战略的强大保障

为切实落实好"创新引领开放崛起"战略,推进"创新引领开放崛起"战略实施的科学化、制度化、常态化,需进一步强化组织领导、强化分工协作、促进项目落实、注重风险防控、抓好督查评估、加强宣传引导,确保"创新引领开放崛起"战略持续深入推进。

强化组织领导,健全开放型经济领导体制,完善工作机制,强化战略谋划和统筹协调,抓好战略规划,加强对外开放重要部门、重点开放区的领导班子配备和建设,整合有利于开放的机构设置和职能划分。

强化分工协作,需要对各个部门加强协调配合,通力合作,对照规划的目标、任务及战略,制定研究和细化措施,优先推进重点项目,进而全面落实各项任务,从大局出发,发挥优势,找准定位,错位发展,与实际相结合地开展工作。

促进项目落实,建立重大项目储备和优先推进项目滚动实施机制,对具备一定基础和可行性的重点合作项目,加强前期论证和可行性研究,抓关键性和标志性项目加快推进,确保在国家战略实施中抢占先机、赢得主动。

注重风险防控,创新配套保险机制,加大对出口信用保险、海外投资险的支持力度，建立健全湖南省境外公民及机构的领事保护机制工作，调动各方资源以多种形式开展预防性领事保护工作，借助领事服务推动湖南国际化发展进程。

抓好督查评估，应该对各级各个相关部门的规划实施、政策落实以及项目建设情况督促检查，及时解决问题。加强对规划落实情况的跟踪评估，适时委托专业机构采取点面结合、定量评价和定性评价相结合的方式。

加强宣传引导，使用创新宣传的模式，通过境外主流媒体、展会、推介会、文化交流等多种渠道和形式，积极宣传国家和省市"引进来"和"走出去"的方针政策，宣传介绍湖南，扩大湖湘文化的影响力。

五、创新引领湖南各区域开放崛起的路径与对策

（一）长株潭区域创新引领开放崛起的路径与对策

长株潭区域位于中国湖南省中东部，包括长沙、株洲、湘潭三市，是湖南省经济发展的核心增长极。长株潭城市群一体化是中部六省城市中全国城市群建设的先行者，被《南方周末》评价为"中国第一个自觉进行区域经济一体化实验的案例"。在行政区划与经济区域不协调的情况下，通过项目推动经济一体化，将长株潭区域打造成为中部崛起的"引擎"之一。

1. 长沙区域创新引领开放的路径与对策

（1）长沙区域创新引领开放的主要成就。2016年，湖南长沙市开放基础、开放效益评价结果居于湖南各州市之首，创新水平位于第一，开放型经济发展水平综合第一。其中GDP增长率（2016年较2015年，下同）为7.52%，GDP的平均增长率（2011~2016年，下同）为9.48%；第二产业增加值的增长率为4.15%，平均增长率为9.57%；第三产业增加值的增长率为16.63%，平均增长率为13.09%，较平均增长率来看，增长率有所上升；对外直接投资增长率为49.66%，平均增长率为24.11%，较平均增长率来看，增长率增速很快；地区就业人数增长率为-7.26%，平均增长率为-10.31%，较平均增长率来看，增长率有所上升。

（2）长沙区域创新引领开放的问题与目标定位。

1）主要影响创新引领开放的指标及问题。

创新水平虽然排名第一，但研发投入大幅减少，研发投入增长率为-18.67%，平均增长率为15.75%，较平均增长率来看，增长率下行严重；交通运输效率比较低；高新

技术减弱，高新技术总产值增长率为5.06%，平均增长率为23.68%，较平均增长率来看，增长率严重下滑；固定资产投入总额增长率为5.17%，平均增长率为11.98%，较平均增长率来看，增长率下滑严重；进出口总额增长率为-13.31%，平均增长率为9.97%，较平均增长率来看，增长率严重下滑。

2）目标定位建议。

第一，支持企业加大研发投入，大力引进创新创业人才，构建全方位立体开放新格局，不断增强支撑经济长期持续发展的综合实力。

第二，扩大城市规模，加快引进培育、支持创新创业、创新体制机制、完善服务体系协调推进。

第三，以麓谷为核心，加强高新技术和关键核心技术创新来提高长沙市的贸易竞争力。

第四，巩固新能源、高端技术装备领域等发展成果，引进和扶持有发展前景的高新技术产业企业。

（3）实施长沙区域创新引领开放的战略建议选择。

第一，支持全面创新，助推发展动能转换。引导企业加大研发投入，引导企业普遍建立研发准备金制度，推动以企业为主体的研发投入快速增长。

第二，加强交通监管力度和扩大交通运输途径，提高交通运输效益。

第三，推进高新技术开发区发展。新增公共基础设施建设融资，按一定比例给予贴息补助。

第四，提高服务水平，激发实体经济活力。降低实体经济成本，缓解中小微企业融资难问题。

2. 株洲区域创新引领开放的路径与对策

（1）株洲区域创新引领开放的主要成就。2016年，湖南省株洲市的开放基础在各地州市开放型经济发展水平评价中位于第二，开放型经济发展水平综合第二，开放效益位于第二，国内投资位于第二，其中GDP增长率为5.83%，GDP的平均增长率为9.31%；第三产业增加值的增长率为18.88%，平均增长率为13.11%，较平均增长率来看，增长率有所上升；研发投入增长率为59.55%，平均增长率为18.06%，较平均增长率来看，增长率明显上升；地区就业人数增长率为-0.99%，平均增长率为-10.99%，较平均增长率来看，增长率有所上升；高新技术总产值增长率为18.57%，平均增长率为12.79%，较平均增长率来看，增长率有所上升。

（2）株洲区域创新引领开放的问题与目标定位。

1）主要影响创新引领开放的指标及问题。

交通运输效率位于第九，交通效率较低；进出口总额减少，进出口总额增长率为

-29.26%，平均增长率为4.23%，较平均增长率来看，增长率严重下滑；第二产业增加值的增长率为-1.41%，平均增长率为9.04%，较平均增长率来看，增长率严重下滑；固定资产投入总额增长率为6.16%，平均增长率为16.90%，较平均增长率来看，增长率下滑严重；开放规模排名第五，其中对外直接投资增长率为40.87%，平均增长率为169.20%，较平均增长率来看，增长率严重下滑。

2）目标定位建议。

第一，推动出口食品农产品、出口工业产品质量安全示范区创建。

第二，要着力提高投入产出效益，把扩大投资规模与优化产业结构结合起来。

第三，在创新中谋开放，扩大开放规模，扩大有效的投资需求。

第四，转变投资发展理念，加快新旧动能转换，以动力谷建设为核心，促进传统产业转型升级。

（3）实施株洲区域创新引领开放的战略建议选择。

第一，支持对外经贸做大做强。推动出口，对省内企业实施的国家鼓励类重大对外直接投资项目和海外重点工程给予奖励。

第二，推进"五大创新"，全力打造创新发展新高地。全面推进理念、科技、产品、文化、管理等领域的创新，在创新中培育株洲发展新动能。

第三，推进"五大开放行动"，全力打造开放发展新高地。全面对接全省"五大开放行动"，加快构建开放型经济新体制，全力建设"一带一部"开放发展先行区，培育开放竞争新优势。

第四，实施"五大人才计划"，全力打造人才集聚新高地，紧密对接"芙蓉人才计划"，大力推进"五大人才计划"，全面落实"人才30条"，聚天下英才而用之。

3. 湘潭区域创新引领开放的路径与对策

（1）湘潭区域创新引领开放的主要成就。2016年，湖南省湘潭市的开放基础在各地州市开放型经济发展水平评价中位于第三，开放规模位于第三，开放型经济发展水平综合第三，其中GDP增长率为9.13%，GDP的平均增长率为10.97%；第三产业增加值的增长率为17.67%，平均增长率为14.00%，较平均增长率来看，增长率有所上升；研发投入增长率为54.43%，平均增长率为16.67%，较平均增长率来看，增长率显著上升；地区就业人数增长率为-0.09%，平均增长率为-11.54%，较平均增长率来看，增长率有所上升；旅游业收入增长率为30.95%，平均增长率为4.41%，较平均增长率来看，增长率明显上行；外资企业就业人数增长率为3.05%，平均增长率为2.08%，较平均增长率来看，增长率有所上升。

(2) 湘潭区域创新引领开放的问题与目标定位。

1) 主要影响创新引领开放的指标及问题。

开放结构位于第十三，其中市场交易额增长率为-9.98%，平均增长率为7.57%，较平均增长率来看，增长率严重下滑；国内投资减少，固定资产投入放缓，固定资产投入总额增长率为7.36%，平均增长率为18.10%，较平均增长率来看，增长率下滑严重；交通效率较低；高新技术总产值增长率为13.67%，平均增长率为18.30%，较平均增长率来看，增长率有所下滑；进出口总额增长率为-2.27%，平均增长率为0.94%，较平均增长率来看，增长率严重下滑。

2) 目标定位建议。

第一，改造固定资产投入，支持工业企业技术改造升级。

第二，加快农业供给侧结构性调整，全力推进产业项目建设。

第三，以智造谷为核心，支持企业加大研发投入，引进创新创业人才。

第四，进一步激活民间投资，落实好国家、省促进民间投资的相关政策。

(3) 实施湘潭区域创新引领开放的战略建议选择。

第一，以科技创新为核心动力，加快开发新技术。

第二，加大专业人才引进和培养，引进先进技术和自主知识产权的紧缺急需国际性人才。

第三，引导企业加大研发投入、鼓励科研设备开发共享、推动科技成果和产业化。

第四，大力推进开放行动，着力打造对外开放高地。大力推进对接500强提升产业链行动、大力推进对接"新丝路"加快"走出去"行动、大力推进对接自贸区提升大平台行动、大力推进对接湘商会建设新家乡行动、大力推进对接"北上广"优化大环境行动。

(二) 洞庭湖区域创新引领开放崛起的路径与对策

洞庭湖区域跨岳阳、益阳、常德三市，呈倒三角形分布，是连接长株潭城市群与武汉城市群的纽带，洞庭湖区是典型的鱼米之乡，物产丰富，内有丰富的自然资源。

1. 常德区域创新引领开放的路径与对策

(1) 常德区域创新引领开放的主要成就。2016年，湖南省常德市的开放基础在各地州市开放型经济发展水平评价中位于第六，其中GDP增长率为8.91%，GDP的平均增长率为9.76%；第三产业增加值的增长率为17.65%，平均增长率为14.13%，较平均增长率来看，增长率有所上升；对外直接投资增长率为66.19%，平均增长率为54.42%，较平均增长率来看，增长率增速很快；地区就业人数增长率为1.05%，平均增长率为-11.01%，较平均增长率来看，增长率有所上升；高新技术总产值增长率为19.38%，平均增长率为16.79%，较平均增长率来看，增长率有所上升。

（2）常德区域创新引领开放的问题与目标定位。

1）主要影响创新引领开放的指标及问题。

开放效益位于第十一，进出口总额增长率为-5.95%，平均增长率为18.87%，较平均增长率来看，增长率有所下滑；开放型经济等短板较为突出，旅游业在经济发展中的支撑作用还有待增强，旅游业收入增长率为-15.86%，平均增长率为17.57%，较平均增长率来看，增长率严重下滑；外资企业就业人数增长率为-22.20%，平均增长率为-7.00%，较平均增长率来看，增长率有所下滑。开放结构位于第十，其中市场交易额增长率为3.13%，平均增长率为5.80%，较平均增长率来看，增长率有所下滑。

2）目标定位建议。

第一，推进基础建设，打造发展新高地，实施重点建设项目300个，完成投资900亿元以上，全力推进100个重大项目、200个重大前期项目。

第二，推进民生改善，共享发展新成果，坚决打赢脱贫攻坚战，全市贫困村退出100个以上，脱贫5万人以上，确保石门县脱贫摘帽。

第三，推进社会治理，营造创新开放发展新环境。深化信访制度改革，压实信访工作责任，完善领导干部公开接访、依法处访、妥善息访、信访终结等工作机制。

（3）实施常德区域创新引领开放的战略建议选择。

第一，着力推进产业行动，培育发展新动能，大力推进产业立市三年行动计划，开展"产业项目建设年"活动，进一步优化产业格局，壮大产业实力，提升产业能级。

第二，着力推进对外开放，拓展发展新空间，突出精准招商，强化招商引资责任。

第三，着力推进改革创新，增强发展新活力，扎实推进改革攻坚，以供给侧结构性改革为主线，加大"三去一降一补"力度，深化"放管服"改革。

2. 益阳区域创新引领开放的路径与对策

（1）益阳区域创新引领开放的主要成就。2016年，湖南省益阳市的开放基础在各地州市开放型经济发展水平评价中位于第九，外商直接投资位于第二，交通运输效率位于第二。GDP增长率为9.73%，GDP的平均增长率为10.76%；第三产业增加值的增长率为17.73%，平均增长率为13.47%，较平均增长率来看，增长率有所上升；地区就业人数增长率为1.30%，平均增长率为-11.72%，较平均增长率来看，增长率明显上升。旅游业收入增长率为122.84%，平均增长率为7.70%，较平均增长率来看，增长率急速上涨。

（2）益阳区域创新引领开放的问题与目标定位。

1）主要问题。

投资项目进展缓慢，新增项目不足，重大项目不多，投资增速下滑，外商直接投资增长率为8.20%，平均增长率为13.44%，较平均增长率来看，增长率有所下滑；对外直接投资增长率为24.91%，平均增长率为191.66%，较平均增长率来看，增长率下滑；研发投入增力不足，研发投入增长率为-55.73%，平均增长率为21.80%，较平均增长率来看，增长率下行严重；第二产业增加值较上年减少，第二产业增加值的增长率为4.06%，平均增长率为11.34%，较平均增长率来看，增长率严重下滑；开放规模位于第十一，其中固定资产投入总额增长率为7.51%，平均增长率为17.02%，较平均增长率来看，增长率下行严重；开放结构位于第十一，其中市场交易额增长率为-5.79%，平均增长率为10.13%，较平均增长率来看，增长率严重下滑。

2）目标定位建议。

第一，狠抓投资项目落地和投产，益阳作为经济发展欠发达地区，投资拉动经济增长的主引擎作用还不可替代。

第二，加强服务促要素精准供给，建议各地各相关部门进一步加强服务，搭建政企对接、银企对接的平台，通过精准服务解决企业在资金、用工、土地等生产要素上的供给。

第三，加强对经济运行分析调度。按照年度GDP增长8.5%的目标测算，目前规模以上工业增加值、批发零售业餐饮业销售额、财政八大项支出等指标增速与目标相比还存在一定差距。

(3) 实施益阳区域创新引领开放的战略建议选择。

第一，加大对科技创新的投入，企业要加大研发投入，要充分发挥企业自主创新的主体地位作用。加大第三产业服务外包、电子商务产业的扶持力度，将其建设成益阳市战略性新兴产业。

第二，突出科技创新的重点产业和领域。把制造业作为益阳市科技创新的主战场，紧紧围绕装备制造、食品加工、电子信息等支柱产业的发展壮大，加大科技创新力度，加大柔性引智力度。

第三，提高思想认识。科技是国之利器，要牢固树立"科技是第一生产力、人才是第一资源"的思想，从创新驱动发展、科技强国"三步走"战略的高度，进一步提高对科技和人才工作重要性的认识，深化对创新机理和伦理价值的认识。

第四，建立健全引进人才、留住人才的激励机制。要精准把握人才流进流出的变化趋势，根据益阳未来发展的人才需求，分类施策，进一步细化完善相应的人才政策，建立健全引进、使用、留住人才的良性机制，用好人才存量，扩大人才增量，为益阳市参与新一轮区域竞争提供坚强的人才保障。

3. 岳阳区域创新引领开放的路径与对策

(1) 岳阳区域创新引领开放的主要成就。2016年，湖南省岳阳市的开放基础在各地州市开放型经济发展水平评价中位于第四，劳动力水平位于第三。GDP 增长率为 6.62%，GDP 的平均增长率为 9.77%；地区就业人数增长率为-2.65%，平均增长率为-10.94%，较平均增长率来看，增长率有所上升；进出口总额增长率为 31.13%，平均增长率为 22.60%，较平均增长率来看，增长率明显上升；外资企业就业人数增长率为 7.70%，平均增长率为 4.81%，较平均增长率来看，增长率有所上升。

(2) 岳阳区域创新引领开放的问题与目标定位。

1) 主要影响创新引领开放的指标及问题。

创新水平位于第十三，研发投入增长率为-19.26%，平均增长率为 19.06%，较平均增长率来看，增长率严重下滑；开放规模位于第九，国内投资位于第七，固定资产投入较上年减少，固定资产投入总额增长率为 7.55%，平均增长率为 16.48%，较平均增长率来看，增长率下行严重，投资后劲不足，投资结构不优，重大项目支撑不力；外商直接投资位于第六，外商直接投资增长率为 14.41%，平均增长率为 15.18%，较平均增长率来看，增长率有所下滑；开放结构位于第六，其中市场交易额增长率为 2.84%，平均增长率为 9.53%，较平均增长率来看，增长率明显下滑。开放效益位于第六，其中高新技术总产值增长率为 13.79%，平均增长率为 20.08%，较平均增长率来看，增长率有所下滑；旅游业收入增长率为 1.86%，平均增长率为 22.01%，较平均增长率来看，增长率严重下滑。

2) 目标定位建议。

第一，加大投资力度，使发展后劲日益增强，大力推进重大项目前期工作进度，加快重大项目开工建设，尽早落地开工。

第二，加快技术发展，使创新驱动不断强化，加强实施开放力度。促进招商项目落地，大力优化经济发展环境，加大招商引资力度，把意向项目变为签约项目，进而落地建设。

第三，加大部门配合力度。固定资产投资项目统计牵涉多个部门，建议由发改统一牵头，各部门配合，做到应统尽统，客观反映岳阳固定资产投资的真实情况。

(3) 实施岳阳区域创新引领开放的战略建议选择。

第一，加大投资力度，发展后劲日益增强，工业经济的发展离不开持续不断的工业投入。

第二，技术发展加快，创新驱动不断强化，要素驱动转变为创新驱动是工业保持核心竞争力的关键。

第三，加强实施开放力度，促使工业外向性稳步提升。岳阳作为沿江首批对外开放城市，依托湖南城陵矶新港区大力发展开放型工业经济，应该着力打造开放发展桥头堡。

(三) 大湘南区域创新引领开放崛起的路径与对策

中国湘南地区一般指湖南省（简称湘）南部地带的郴州、永州和衡阳（湖南省域中心城市、全国重要综合交通枢纽、中南重镇、湘南政治经济军事文化中心），3个地区合计34个县（县级市），土地总面积57153平方公里。

1. 郴州区域创新引领开放的路径与对策

（1）郴州区域创新引领开放的主要成就。2016年，湖南省郴州市的开放基础在各地州市开放型经济发展水平评价中位于第七，交通运输效率位于第一，其中GDP增长率为9.39%，GDP的平均增长率为10.13%；第三产业增加值的增长率为17.41%，平均增长率为12.99%，较平均增长率来看，增长率有所上升；对外直接投资增长率为59.44%，平均增长率为23.53%，较平均增长率来看，增长率增速很快；地区就业人数增长率为-0.68%，平均增长率为-11.70%，较平均增长率来看，增长率有所上升。

（2）郴州区域创新引领开放的问题与目标定位。

1）主要影响创新引领开放的指标及问题。

劳动力水平位于第七，用工成本不断提高，影响劳动力水平，外资企业就业人数增长率为-44.50%，平均增长率为-11.34%，较平均增长率来看，增长率下滑；创新水平位于第十二，创新水平较低，研发投入较上年减少，研发投入增长率为-33.55%，平均增长率为22.42%，较平均增长率来看，增长率下行严重；国内投资位于第十四位，固定资产投入总额增长率为7.30%，平均增长率为17.07%，较平均增长率来看，增长率下行；外商直接投资增长率为12.23%，平均增长率为16.68%，较平均增长率来看，增长率有所下滑；开放结构位于第十二，其中市场交易额增长率为6.08%，平均增长率为8.93%，较平均增长率来看，增长率有所下滑。

2）目标定位。

第一，加大薄弱环节的投入力度，增加对基层特别是农村地区医疗卫生、社会保障、住房保障、养老服务等的投入力度，全面提高老百姓生活质量。

第二，完善各项供给和保障制度，加大监测督导力度，实施民生项目优先政策，在财政拨付、用地规划、土地审批、建设动工等方面加快速度，特别是对农村的民生项目，做到特事特办，缩短建设周期。

第三，强化责任落实和过程督办。紧密结合各县市区的实际情况，进一步加大督查力度，及时掌握各负责单位的项目实施进展情况，督促到位，限时整改到位，严格考核奖惩制度，确保圆满完成各省市县区项目目标任务。

（3）实施郴州区域创新引领开放的战略建议选择。

第一，优化用工环境，提高员工工作和生活待遇，营造良好的企业文化和氛围，用企业文化和真情关怀吸引人才，留住人才。

第二，加强校企对接，培养企业所需要的核心人才和懂生产、懂技术、懂管理的复合型人才。

第三，提高劳动保障，要完善社会保障制度，改善企业员工的工作和生活条件，提高企业从业人员的稳定性，帮助企业留住人才。

2. 衡阳区域创新引领开放的路径与对策

（1）衡阳区域创新引领开放的主要成就。2016年，湖南省衡阳市的开放基础在各地州市开放型经济发展水平评价中位于第五，其中GDP增长率为10.40%，GDP的平均增长率为9.90%，较平均增长率来看，增长率有所上升；第三产业增加值的增长率为23.08%，平均增长率为14.31%，较平均增长率来看，增长率有所上升；地区就业人数增长率为-1.77%，平均增长率为-12.46%，较平均增长率来看，增长率有所上升。高新技术总产值增长率为18.29%，平均增长率为16.38%，较平均增长率来看，增长率有所上升；旅游业收入增长率为34.03%，平均增长率为1.25%，较平均增长率来看，增长率明显上涨；外资企业就业人数增长率为42.86%，平均增长率为14.90%，较平均增长率来看，增长率急速上涨。

（2）衡阳区域创新引领开放的问题与目标定位。

1）主要影响创新引领开放的指标及问题。

创新水平位于第十，研发投入增长率为-14.56%，平均增长率为10.25%，较平均增长率来看，增长率下行严重；劳动力水平位于第八，外商直接投资位于第十一，投资增长压力较大，外商直接投资增长率为11.21%，平均增长率为16.25%，较平均增长率来看，增长率有所下滑；国内投资位于第九，固定资产投入总额增长率为7.35%，平均增长率为20.53%，较平均增长率来看，增长率下行严重；开放规模位于第四，对外直接投资增长率为36.54%，平均增长率为45.89%，较平均增长率来看，增长率下滑；开放结构位于第九，交易额消极，消费回升动力不足，其中市场交易额增长率为4.53%，平均增长率为6.82%，较平均增长率来看，增长率有所下滑。开放效益位于第五，进出口总额增长率为-14.70%，平均增长率为23.43%，较平均增长率来看，增长率严重下滑。

2）目标定位建议。

第一，提升传统产业与发展新兴产业双轮驱动，对传统产业实施技术改造升级，加快培育发展新动能。

第二，增强投资发展后劲，聚焦重点产业，全面落实"强责任、抓服务、保要素、优环境"各项措施，确保全市"13513"重大产业项目引领推进计划取得实效。

第三，力促消费增速回升。应从培育新兴消费热点、鼓励支持商业模式创新、引导消费回流入手,实现消费增速稳步提升。

(3)实施衡阳区域创新引领开放的战略建议选择。

第一,加强对中小企业的政策扶持力度,创造有利的研发环境,提升企业研发热。

第二,建立区域创新体系,打造科技研发孵化园区,结合科技产业力量,打造科技创业服务机构,以促进科技成果转化、培养高科技企业为宗旨。

第三,支持"一带一路"重大项目。支持联盟抱团"走出去",支持有序开展重点领域对外投资、对外承包工程。

3. 永州区域创新引领开放的路径与对策

(1)永州区域创新引领开放的主要成就。2016年,湖南省永州市的开放基础在各地州市开放型经济发展水平评价中位于第十一,其中GDP增长率为10.00%,GDP的平均增长率为10.11%;第三产业增加值的增长率为17.28%,平均增长率为12.99%,较平均增长率来看,增长率有所上升;外商直接投资增长率为14.60%,平均增长率为13.65%,较平均增长率来看,增长率上升;地区就业人数增长率为2.00%,平均增长率为-12.51%,较平均增长率来看,增长率有所上升。

(2)永州区域创新引领开放的问题与目标定位。

1)主要影响创新引领开放的指标及问题。

高新技术、研发投入等部分指标不及预期,研发投入增长率为-22.00%,平均增长率为79.92%,较平均增长率来看,增长率下行严重;开放基础、开放规模、开放效益、开放结构仍需优化,开放规模位于第六,其中固定资产投入总额增长率为7.25%,平均增长率为15.48%,较平均增长率来看,增长率下行严重;开放效益位于第八,其中高新技术总产值增长率为75.39%,平均增长率为48.78%,较平均增长率来看,增长率下滑;进出口总额增长率为14.10%,平均增长率为41.10%,较平均增长率来看,增长率下滑。

2)目标定位建议。

第一,做足做实产业文章,重点强化园区支撑,搞好高新技术园区建设。

第二,全面深化开放合作,热情"引进来",着力引进一批投资能力强的行业龙头企业、成长性好的小微企业,形成全市经济增长新动能,主动"走出去",充分研究宏观经济形势,分析政策导向,把握经济增长"风口"。

(3)实施永州区域创新引领开放的战略建议选择。

第一,用四个创新:科技创新、产品创新、文化创新、管理创新,培育发展新动能,落实创新引领,培养创新思维,树立开放发展新理念,早谋划永州市"五大开放行动"和"五通对接践行方案",拓展开放新空间。

第二,创新人才工作机制,加强开放型人才队伍建设,实现永州开放崛起,急需大量有较强创新创业能力、具有引领带动作用的开放型人才。

第三，筑牢开放发展基础，提高开放发展水平，一要提升招商质效，创新招商方式；二要加强开放承接对接，提升产业链；三要立足县区实际，走差异化发展之路。

第四，深化合作，畅通对外通道，加强开放平台建设。一要主动对接"一带一路"；二要加速推进"拓口兴岸"工程；三要加快交通、物流平台建设；四要推动园区升级；五要做大做强电商；六要创新融资平台，振兴实体经济。

（四）大湘西区域创新引领湖南开放崛起的路径与对策

大湘西，即"湘西地区"，是对包括张家界市、湘西土家族苗族自治州、怀化市以及邵阳市、永州市的部分县市在内的整个湖南西部地区的统称。而对湖南整个经济格局的现实状况而言，这里更为同质的特点则是地域偏僻，发展滞后。湘西地区是湖南省主要的欠发达地区、少数民族地区和生态脆弱地区，同时也是承接东西部、连接长江和华南经济区的枢纽区，具有突出的区位特征和重要的战略地位。

1. 张家界区域创新引领开放的路径与对策

（1）张家界区域创新引领开放的主要成就。2016年，湖南省张家界的开放基础在各地州市开放型经济发展水平评价中位于第十三，创新水平位于第二，劳动力水平位于第六，其中GDP增长率为9.77%，GDP的平均增长率为10.52%；第三产业增加值的增长率为12.93%，平均增长率为12.07%，较平均增长率来看，增长率有所上升；地区就业人数增长率为0.09%，平均增长率为-12.05%，较平均增长率来看，增长率急速上升。其中市场交易额增长率为1.50%，平均增长率为0.53%，较平均增长率来看，增长率有所上升。其中高新技术总产值增长率为26.39%，平均增长率为15.61%，较平均增长率来看，增长率有所上升；旅游业收入增长率为60.56%，平均增长率为11.36%，较平均增长率来看，增长率急速上涨。

（2）张家界区域创新引领开放的问题与目标定位。

1）主要影响创新引领开放的指标及问题。

旅游业收入较上年明显增多，但需要进一步做大做强，旅游业收入增长率为60.56%，平均增长率为11.36%，较平均增长率来看，增长率急速上涨；研发投入增长率为-43.60%，平均增长率为26.18%，较平均增长率来看，增长率下行严重；开放规模位于第十二，进出口总额增长率为21.18%，平均增长率为21.62%，较平均增长率来看，增长率有所下滑；外商直接投资位于第十三，外商直接投资增长率为10.04%，平均增长率为16.16%，较平均增长率来看，增长率有所下滑；国内投资位于第十三，固定资产投入总额增长率为3.13%，平均增长率为11.78%，较平均增长率来看，增长率明显下滑，交通运输效率位于第十二。

2）目标定位建议。

第一，提高居民收入，拓宽消费热点，严格执行最低工资收入标准，注重提高中低收入人群的收入，提高一线职工的收入，扎实推进脱贫攻坚，缩小收入差距，调动各类消费群体的消费积极性。

第二，发展新型业态，创新融合发展，要大力推进电子商务发展，鼓励传统零售企业建立网上销售平台，线上线下融合，推动品牌企业开设网络旗舰店，提供方便、快捷、实惠的商品。

第三，紧抓旅游购物，促进弹性消费，加大政策支持力度，做好旅游购物市场规划，打造有特色、成规模、高品质的旅游产品集聚地，与假日消费、节庆消费、系列旅游营销活动相结合，实现旅游与市场销售的良性互动循环，促进全市消费市场的发展。

第四，加强部门合作，做实限额以上文章。强化商务、税务、工商等部门的合作，齐力抓好商贸个转企、小升规工作，充实完善入库企业。积极培育成长型企业，加强扶持奖励，及时为企业排忧解难。

（3）实施张家界区域创新引领开放的战略建议选择。

第一，加大招商引资力度，抓好企业运行调度及服务，加快推进传统工业转型升级。

第二，用新技术、新业态改造升级传统工业，加快推进现代服务业发展，促进服务业与制造业的融合发展。

第三，助力全域旅游发展。全域融合抓旅游，加快建立和完善旅游业主导、三次产业深度融合发展和实体经济、科技创新、现代金融、人力资源协同发展的现代化产业体系。

2. 娄底区域创新引领开放的路径与对策

（1）娄底区域创新引领开放的主要成就。2016 年，湖南省娄底市的开放基础在各地州市开放型经济发展水平评价中位于第八，创新水平位于第五，交通运输效率位于第五。其中 GDP 增长率为 7.67%，GDP 的平均增长率为 11.09%；第三产业增加值的增长率为 15.83%，平均增长率为 13.83%，较平均增长率来看，增长率有所上升；地区就业人数增长率为 4.09%，平均增长率为 -12.01%，较平均增长率来看，增长率有所上升。

（2）娄底区域创新引领开放的问题与目标定位。

1）主要影响创新引领开放的指标及问题。

主要指标持续下行，GDP、第二产业增加值较上年减少，第二产业增加值的增长率为 2.77%，平均增长率为 9.43%，较平均增长率来看，增长率下滑；第三产业增长支撑不强，当前全市第三产业发展仍然规划引导不力、投入力度不足、内部结构不优。开放规模位于第十,国内投资位于第十二,固定资产投入总额增长率为8.26%,平均增长率为17.71%,较平均增长率来看,增长率下行严重;开放结构位于第八,其中市场交易额增长率为2.44%,平均增长率为11.33%,较平均增长率来看,增长率下滑。开放效益位于第十,其中高新技术总产值增长率为13.36%,平均增长率为6.12%,较平均增长率来看,增长率急速下滑;进出口总额增长率为-8.90%,平均增长率为-3.12%,较平均增长率来看,增长率下滑;旅游业收入增长率为-64.23%,平均增长率为2.16%,较平均增长率来看,增长率急速下滑。

2)目标定位建议。

第一,抓实经济运行的预警研判和调研调度,抢抓四季度生产、投资、消费的黄金期,认真对账,找准差距,倒排工期,集中攻坚,重点突破,把各项工作抓实、抓细、抓到位。

第二,做好工业企业的稳产达产和支撑保障,要把握机遇,瞄准高精尖产品,大力引进高新技术项目,加快产品结构调整和升级换代,扩大竞争优势。

第三,抓实第三产业的规划引领和要素投入,要进一步转变思想观念,强化第三产业发展的规划引领,科学规划布局,突出各县市区发展重点,强化规划执行效果和引导作用。

第四,落实重要项目的引进和竣工投产,要进一步调动民间投资积极性,进一步放宽市场准入制度,简化行政程序,创新投资模式,激发民间投资潜力和创新活力,促进民间投资健康发展,实现政府投入与民间资本的互相促进补充。

(3)实施娄底区域创新引领开放的战略建议选择。

第一,要突出重点项目、高新技术产业项目以及生产性服务业项目,鼓励企业技术创新和转型升级。

第二,要激发民间资本的活力,鼓励民间资本公平参与基础设施、公共服务等领域投资建设。

第三,全面提升技术科技创新能力,一是创新引领产业转型升级;二是强化企业创新主体地位;三是促进科技成果转化;四是构建区域创新公共服务体系;五是培养和集聚各类创新人才。

第四,全面提高对外开放水平,提高招商引资质量和水平,培育外贸竞争优势,加快开放型经济平台建设。

3. 怀化区域创新引领开放的路径与对策

(1)怀化区域创新引领开放的主要成就。2016年,湖南省怀化市的开放基础在各地州市开放型经济发展水平评价中位于第十二,开放结构位于第三,其中GDP增长率为8.48%,GDP的平均增长率为10.40%;第二产业增加值的增长率为18.75%,平均增长率为 12.77%，较平均增长率来看，增长率有所上升；地区就业人数增长率为-0.55%，平均增长率为-12.76%，较平均增长率来看，增长率有所上升；市场交易额增长率为 3.63%，平均增长率为 2.31%，较平均增长率来看，增长率有所上升。

（2）怀化区域创新引领开放的问题与目标定位。

1）主要影响创新引领开放的指标及问题。

部分指标未达目标，GDP 增速较平均增速低 1.92 个百分点；第三产业增加值增长缓慢；第二产业增加值的增长率为-1.02%，平均增长率为 9.46%，较平均增长率来看，增长率严重下滑；创新水平位于第九，研发投入增长率为-2.62%，平均增长率为 112.34%，较平均增长率来看，增长率急速下降。开放规模位于第十四，国内投资位于第十，固定资产投入总额增长率为 7.33%，平均增长率为 14.36%，较平均增长率来看，增长率下行严重；外商直接投资位于第十四，外商直接投资增长率为-62.83%，平均增长率为 0.13%，较平均增长率来看，增长率严重下滑；开放效益位于第十三，其中高新技术总产值增长率为 1.58%，平均增长率为 13.39%，较平均增长率来看，增长率下滑；进出口总额增长率为 43.71%，平均增长率为 10.94%，较平均增长率来看，增长率下滑；旅游业收入增长率为 24.22%，平均增长率为 49.73%，较平均增长率来看，增长率下滑。

2）目标定位建议。

第一，抓产业促发展，围绕产业提升目标，在全市迅速掀起产业发展热潮，切实加强推进工业转型升级，努力壮大四大支柱产业，加快新兴产业的培育和发展。

第二，抓招商添后劲，充分利用怀化市的各项优势资源和优惠政策，不断优化招商引资和产业发展环境，大力开展形式多样的招商活动，招大商、引强商、选优商，以增强怀化市经济发展后劲。

第三，抓民生补短板。按照"两不愁、三保障"的要求，补齐贫困村基础设施和产业发展"短板"，切实促进群众增收，确保完成 2018 年脱贫"摘帽"目标任务。

第四，抓项目增投资，紧紧围绕 2018 年确定的 364 个重点产业项目，积极创造条件，做好要素保障，推动尽快开工。

（3）实施怀化区域创新引领开放的战略建议选择。

第一，强化重点指标督促调度，建议进一步做好重点指标的跟踪分析。

第二，增强经济发展各项动能，通过优化服务，强化调度，形成项目带动项目、项目带动企业、企业带动产业的良好氛围，不断增强经济发展动能。

第三，推动经济创新升级发展。引导传统工业做好改造升级，通过设备更新、人才引育、市场拓展、产学研结合等方式，加大创新力度。

4. 邵阳区域创新引领开放的路径与对策

（1）邵阳区域创新引领开放的主要成就。2016年，湖南省邵阳市的开放基础在各地州市开放型经济发展水平评价中位于第十，劳动力水平位于第一，国内投资位于第三，交通运输效率位于第三。其中GDP增长率为9.56%，GDP的平均增长率为10.61%；第三产业增加值的增长率为13.83%，平均增长率为13.43%，较平均增长率来看，增长率有所上升；外商直接投资增长率为17.43%，平均增长率为16.52%，较平均增长率来看，增长率有所上升；地区就业人数增长率为-2.94%，平均增长率为-12.62%，较平均增长率来看，增长率有所上升。

（2）邵阳区域创新引领开放的问题与目标定位。

1）主要影响创新引领开放的指标及问题。

经济运行总体平稳，但经济下行压力仍在加大，受宏观经济下行影响，各项主要指标增长幅度均出现不同程度的放缓，第二产业增加值的增长率为7.02%，平均增长率为10.32%，较平均增长率来看，增长率有所下滑；可持续发展能力亟待加强，突出表现在各种要素制约上；创新水平位于第七，企业创新能力仍显不足，竞争能力有待提升，研发投入增长率为-26.12%，平均增长率为35.32%，较平均增长率来看，增长率下行严重；高新技术产业发展缓慢，高新技术总产值增长率为5.06%，平均增长率为23.68%，较平均增长率来看，增长率严重下滑。

2）目标定位建议。

第一，邵阳是湘中湘西南的经济文化中心，发挥邵阳作为湖南地理中心的区位优势，突出传统优势产业，发展新兴产业。

第二，建成"三纵三横一连"的铁路运输网、"三纵三横两连"的高速公路网络、"一东一西"两支线机场的航空运输网。

第三，作为湖南省域副中心城市，以近期建设"双百"城市、远期建设大城市为目标，加快推进东部城市群建设，形成以市区为核心的城市组团，将邵阳建设成湘西南地区市区面积最大、人口最多、市容市貌最美、经济规模最大的城市。

（3）实施邵阳区域创新引领开放的战略建议选择。

第一，提升创新动力，不断改善企业发展环境，支持和鼓励创业创新。一是要不断改善企业发展环境，支持和鼓励创业创新；二是要推进科技创新平台建设；三是要大力发展科技交易市场平台；四是推进创新型企业培育，促进开放。

第二，激发消费活力。一是要加快收入分配制度改革、税收体制改革；二是要积极引导和促进中小企业、各类实体经济、各种服务业加快发展；三是要加快发展各项社会事业；四是要培育壮大龙头企业。

第三，化解短板压力。一是补齐指标短板；二是补齐贫困短板；三是补齐县域短板。

5. 湘西区域创新引领开放的路径与对策

（1）湘西区域创新引领开放的主要成就。2016年，湖南省湘西州的开放基础在各地州市开放型经济发展水平评价中位于第十四，开放结构位于第一，其中GDP增长率为6.41%，GDP的平均增长率为7.81%；地区就业人数增长率为-1.97%，平均增长率为-12.35%，较平均增长率来看，增长率有所上升。其进出口总额增长率为5.09%，平均增长率为-5.68%，较平均增长率来看，增长率上升；旅游业收入增长率为47.14%，平均增长率为43.90%，较平均增长率来看，增长率有所上升。

（2）湘西区域创新引领开放的问题与目标定位。

1）主要影响创新引领开放的指标及问题。

开放规模位于第十三，固定资产投入总额增长率为7.44%，平均增长率为10.55%，较平均增长率来看，增长率下行；外商直接投资增长率为-81.75%，平均增长率为5.12%，较平均增长率来看，增长率下滑；对外直接投资增长率为20.29%，平均增长率为82.75%，较平均增长率来看，增长率下滑；开放效益位于第十四，其中高新技术总产值增长率为-24.98%，平均增长率为5.56%，较平均增长率来看，增长率下滑；创新水平位于第十四，劳动力水平位于第十一，外商直接投资位于第十二，国内投资位于第十一，交通运输效率位于第十四。

2）目标定位建议。

第一，进一步明确旅游业在湘西州国民经济中的支柱产业地位，继续大力实施旅游推进战略，充分发挥旅游业的支柱产业作用，扩大旅游农业和渔业规模，培育成长能力。

第二，旅游零售业、旅游住宿和餐饮业，结构单一，需优化结构。

第三，走好全域旅游示范区创建这盘棋，充分发挥旅游的带动作用，使旅游与其他相关产业深度融合、相融相盛，形成新的生产力和竞争力。

（3）实施湘西州区域创新引领开放的战略建议选择。

第一，推动产业转型升级。着力推进新型工业、新型矿业等新兴产业加快发展。

第二，做优特色小镇，立足资源优势，坚持特色发展，强化规划引导和产业带动，打造一批因势利导、因地制宜、因城迷人的风情小镇、特色小镇。

第三，坚守"542"发展思路，以开放的视野谋创新，以创新的思路抓开放，把加快发展作为第一要务，把精准扶贫作为最大民生，把深化改革作为关键动力，把全面从严治党作为根本保证。

参考文献

[1] 陈子曦. 中国各省市区开放型经济水平比较研究[J]. 地域研究与开发, 2010, 29（5）: 5-10.

[2] 高书丽, 阮铃雯. 技术创新对我国出口贸易影响的实证研究 [J]. 经济前沿, 2009 (5): 55-59.

[3] 高照军, 张宏如. 开放式创新视角下的内向型与外向型模式选择过程机理研究 [J]. 科学学与科学技术管理, 2017, 38 (10): 92-106.

[4] 刘新智, 刘志彬. 开放型经济的运行机理及其发展路径研究——以吉林省为例 [J]. 西南农业大学学报 (社会科学版), 2008, 6 (6): 26-30.

[5] 石丽静, 洪俊杰. 开放式创新如何影响企业自主研发绩效？[J]. 经济评论, 2017 (6): 53-65.

[6] 武靖州. 振兴东北应从优化营商环境做起 [J]. 经济纵横, 2017 (1): 31-35.

[7] 余道先, 刘海云. 技术创新的贸易效应研究：一个文献综述 [J]. 财贸研究, 2007 (5): 65-72.

[8] 约瑟夫·阿洛伊斯·熊彼特. 经济发展理论 [M]. 北京：商务印书馆, 1990.

[9] 张二震, 戴翔. 关于构建开放型经济新体制的探讨 [J]. 南京社会科学, 2014 (7): 6-12.

[10] 张幼文. 经济全球化与国家经济实力——以"新开放观"看开放效益的评估方法 [J]. 国际经济评论, 2005 (5): 5-9.

[11] 张幼文. 要素的国际流动与开放型发展战略——经济全球化的核心与走向 [J]. 世界经济与政治论坛, 2008 (3): 1-10.

创 新 篇

- 区域创新体系构建与湖南区域综合创新能力评价
- 创新创业文化培育与湖南推进对策
- 知识产权保护与湖南创新发展绩效
- 科技创新成果转移转化运行机制与湖南推进对策

第二章
区域创新体系构建与湖南区域综合创新能力评价

一、引　言

随着世界经济发展越发呈现出区域化特征，新的国际分工也更多地按照区域竞争力进行布局。在科技日新月异的当今形势下，创新能力已经成为各地区建立国际竞争优势的决定性因素（李妃养，2018）。作为区域创新能力提升的基础，区域创新体系的建设被各个地区提升到战略高度。同时，适合特定区域经济发展的区域创新体系在带动区域经济发展中，具有推动区域产业结构升级、形成区域竞争优势、实现区域经济跨域式发展等功能。

区域创新体系的研究是以区域经济理论和创新理论为基础的，主要研究特定时空范围内的创新问题，以求通过创新获得区域内经济的协调和快速发展（李林，2017）。创新是一个地区保持经济持续增长与持久竞争力的源泉和动力，也是推动区域经济发展的决定性因素和获得市场竞争优势的主要来源。加强区域创新体系的建设，是提高区域创新能力、增强区域竞争力、完善国家创新体系的重要保证，区域创新能力日益成为地区经济获取国际竞争优势的决定性因素之一（何精华，2007）。区域创新体系理论及实践研究成为当前学术界关注的热点和焦点问题。由此，对区域综合创新能力进行科学评价显得尤为重要，成为区域创新能力研究的出发点和核心问题之一。

在2017年全球创新报告中，中国的国际排名从2016年的25位上升到2017年的22位，这说明中国的创新能力稳步提升。中共十九大报告强调，要大力实施创新驱动战略，提高全要素生产率，着力加快建设实体经济、科技创新、现代金融、人力资源协同发展的产业体系，着力构建市场机制有效、微观主体有活力、宏观调控有度的经济体制，不断增强我国经济创新力和竞争力。对于湖南而言，进一步扩大开放、加快发展开放型经济，是抢抓当前国际国内结构调整和产业转移重大机遇、增强湖南省长远竞争力的迫切需要。通过深化科技体制改革，实施科技创新工程，完善政策体系，优化创新环境，加快创新型湖南建设。建设创新型湖南是湖南省委省政府贯彻落实国家创新驱动战略、实现发展方式转变的重大战略举措，是湖南区域发展战略的核心。近年来，湖南坚持把创新作为发展的第一驱动力，强力打造"创新型湖南"新名片，有效促进了全省综合实力和核心竞争力的不断提升。

因此，在"一带一路"的大背景下，对于湖南省各地州市来说，如何充分利用自身的区位优势与有力政策，加快区域创新体系的构建，提升区域创新能力，促进本地经济发展成为亟待解决的重大战略问题，并对全省有效发挥现有科技资源优势，提升区域创新能力，建设创新型湖南，实现由科技大省向科技强省转变具有重要的现实意义和理论价值。从全省的角度来看，构建区域创新体系是推动区域发展和科技进步的一种战略思路。因此，需要正确、客观地揭示和评价湖南各地州市区域创新能力的现状，发现制约区域创新能力提高的因素与区域创新优势之所在，研究从区域创新体系构建的角度来分析提升湖南综合区域创新能力的有效途径，并制定科学合理的区域创新政策。

二、区域创新体系的概述

区域创新体系的研究是将区域经济理论与创新理论相结合，研究特定时空范围内的创新问题，以期通过创新取得区域内经济的协调和快速发展。区域创新体系是国家创新体系的有机组成部分，是国家创新体系动力的重要源泉，构建区域创新体系还是促进经济发展的重要手段。为了适应区域优化和个性化的需要，现在我国许多地区和城市都在着手构建和培育本区域的创新体系。

（一）区域创新体系的含义

20世纪90年代以来，一些专家学者在参与城市、区域开发与管理及国家创新体系研究过程中，开始关注创新体系建设与区域发展的密切关系，由此区域创新体系作为国家创新体系研究的一个重要内容被提出来，并得到学术界和各国政府的高度重视。

英国卡迪夫大学的库克教授（Philip Nicholas Cooke，1994）对区域创新体系做了详细的阐述，他认为区域创新体系源于演化经济学，它强调了企业经理在面临经济问题的社会互动中不断学习和改革而进行的选择，从而形成了企业的发展轨道。这种互动超越了企业本身，它涉及大学、研究所、教育部门、金融机构、法律保障等。当一个区域内形成了这些机构部门的频繁互动时，就可以认为形成了一个区域创新体系。同时，我国一些学者开始探讨区域创新体系问题，并提出了自己的看法。廖杰等（2009）认为，区域创新体系是在一国内的一定地域范围内，将新的区域经济发展要素或这些要素的新组合引入区域经济体系，创造一种更为有效的资源配置方式，实现新的体系功能，使区域内经济资源得到更有效利用，从而提高区域创新能力，推动产业结构升级，形成区域竞争优势，促进区域经济跨域式发展。

目前普遍的看法是：区域创新体系是指一个区域内参加新技术发展和扩散的企业、大学、研究机构、中介服务机构以及政府组成的，为创造、储备、使用和转让知识、技能和新产品的相互作用的网络体系，是国家创新体系的基础和重要组成部门。具体而言，区域创新体系就是在一定区域，由企业、高等院校、科研院所、政府部门、中介机构、培训组织、金融机构、行业协会等要素构成，旨在实现合理配置资源、优化产业机构、提升区域整体竞争优势、大力促进区域经济社会发展一体化的有机整体。

（二）区域创新体系的构成

区域创新体系是一种开放式的系统，是国家创新体系中的子系统。从构成要素上看，区域创新体系由以下要素构成（王松，2013）：

（1）主体要素。即创新活动的行为主体，主要有企业、高等院校、科研机构、各类中介组织和地方政府五大主体。其中，企业是技术创新的主体，也是创新投入、产出以及收益的主体，是创新体系的核心。作为由五大行动主体构成的网络型组织，存在着清晰的区域创新网络，区域创新体系的形成要依赖各个参与者在创新活动中所结成的网络关系。区域创新体系的参与者借助产业网络和社会网络或者遵循共同的技术范式形成了一个创新网络，在这个网络中，企业运用所掌握的创新资源开发新的产品和技术，形成区域创新体系的产出。

（2）功能要素。即行为主体之间的关联与运行机制，包括制度创新、技术创新、管理创新的机制和能力。第一层次是各主体的内部运行机制，主要是激励机制；第二层次是主体之间构建联系紧密、运行高效的"管道"机制，关键是解决好信息、知识存量的高效流动、创新合作和技术外溢等问题，形成企业、科研机构与学校、政府以及中介机构之间的信息高效流动、资源合理分配、能够发挥各自优势的机制。

（3）环境要素。即创新环境，包括体制、基础设施、社会文化心理和保障条件等。

环境要素是企业创新活动的基本背景，是维系和促进创新的保障因素。环境因素一般可以分为硬环境和软环境两个方面，其中硬环境主要指科技基础设施；软环境包括市场环境、社会历史文化和制度环境。处理好要素与要素、要素与系统的结合关系，对于发挥区域创新系统的功能、提高区域创新体系的效率至关重要。

(三) 构建区域创新体系的影响因素和基本原则

1. 构建区域创新体系的影响因素

区域创新体系的建设过程是一个各地寻找创新空间和特色的过程。由于各地在自然资源、人力成本、产业基础以及文化环境等方面存在着差异，各地区的创新体系结构也会千差万别，只有利用本地的特色资源、文化资源，利用本地人民的独特创造性，才有可能产生真正的创新产业，真正提高区域创新能力。从湖南省的实际情况出发，影响区域创新体系构成的主要因素如下：

一是地区经济发展战略。区域经济发展战略是指为促进区域经济及其他要素协调发展而进行的全局性决策，是对区域经济发展方向、步骤、阶段的根本性决策。一般包括战略目标、发展步骤、战略措施等。目前，湖南省不同区域根据其各方面条件及发展阶段的不同，采取了不同的发展战略。构建区域创新体系必须以区域经济发展战略为指导，而区域经济发展又必须以区域创新为重要战略手段，二者相辅相成，互不可缺。

二是区域产业的本地因素即产业集群。区域产业的专业化程度是一个地区能否形成自己特色创新体系的一个重要前提。在以前，湖南省的产业结构不合理，众多地区不管本地是否有产业基础，都把少数几个制造业作为自己的支柱产业，从而导致产业结构趋同比例相当高。如今，一些地区蕴含的无形的、适宜创新的本地因素正积极发挥作用，出现了极具竞争力的产业集群。比如，长沙的麓谷、株洲的动力谷、湘潭的智造谷等。这些无形的专有因素的核心是当地化的学习机制和隐性知识与技术的分享机制，这也是产业集群形成竞争优势的重要来源。

2. 构建区域创新体系的基本原则

一个良好的区域创新体系应该是一个高效率的适应当地实际区域性创新的动力源，是一个以创新应用为核心，以促进技术进步与经济增长、提高区域竞争力和可持续发展能力为目的，以市场机制为基础、企业为主体、政府为引导的高效率的开放型体系，为有效实现上述目标，构建区域创新体系应遵循以下几个基本原则（杜鹏程，2009）：

一是长远性和渐进性的原则。区域创新体系的构建和运行，不仅要考虑近期实施的需要，更主要的是要考虑区域经济发展的可持续性要求，必须采取渐进式、阶段性推进和有限目标的方式。

二是以市场机制为基础的原则。让企业作为创新投入的主体,让市场作为创新体系的资源配置基础,充分发挥企业的创新积极性和能动性以及市场的创新导向性。

三是创新政策和市场力量相结合的原则。在市场机制建设尚不完善的欠发达地区,以政府的政策来弥补市场在创新过程中存在的不足。在市场力量能够充分发挥作用的领域,政府不要过多介入。

四是避免趋同,突出个性的原则。要适应当地的区域经济资源禀赋和产业结构的自身特点,有的放矢地制定区域创新政策,构建各具特色的区域创新体系。

五是开放与合作的原则。加强体系间的合作,促进创新资源和创新成果快速流动,是区域创新活动的行为主体参与合作的有效途径。

三、区域创新能力评价指标体系

(一)区域创新能力评价的目的和内容

为了促进各地区域创新能力体系的建设,有必要从区域创新体系的框架出发,动态而客观地评价各地的创新能力。

1. 区域创新能力的内涵

对于区域创新能力的内涵,国内学术界尚没有达成共识。有学者认为,区域创新能力实际是指区域发展和运用科学技术的能力。这种观点强调应用科技层面的原创性,源于熊彼特对创新五种形式的界定。而在《中国科技发展报告》中,将其归结为区域科技投入能力、科技资源配置能力和科技应用能力的总和。很显然,任何科技创新活动都是在特定区域的历史和社会条件下进行的,是与整个社会大体系密不可分的多主体行为过程,区域创新过程实质上是区域创新体系的功能体现。

按照体系论的观点,区域创新体系是国家创新体系的子体系,其运行状态和功能的正常与否直接关系到国家创新体系的质量和效率(黄德森,2017)。因此,借鉴国家创新评价理论,建立一套科学合理的指标体系,并运用它来评估区域创新能力,一方面为地方政府检测区域创新体系功能,优化调整区域创新资源提供可靠依据;另一方面评估指标体系的建立也是对创新本质和内涵理解的进一步深入,是对创新理论的发展。

2. 区域创新能力评价的目的

对湖南省内各地州市的创新能力进行评价是一个复杂的工作,它涉及创新能力的各个方面，对于各地州市的创新工作的指导作用是很强的。这其中一项核心的工作是设计区域创新能力评价体系和评价方法。评价指标体系和评价方法的恰当与否直接影响到开展区域科技创新工作的成效，直接影响到一个地区提高创新能力工作的方向。

3. 区域创新能力评价的内容

结合区域创新能力评价的主要目的，从区域创新体系的角度构建创新指标体系，从创新环境、创新投入、创新产出和创新绩效四个方面对湖南14个地州市的综合创新能力进行评价。

（二）区域创新能力指标体系的建立与湖南各二级指标的统计分析

为了保持研究结果的连续性和可比性，本书大部分沿用了《2017湖南创新发展研究报告》中的区域综合创新能力评价指标体系。还有一小部分评价指标是根据湖南省的实际情况，再结合《2016中国区域创新能力评价报告》中的创新指标体系建立的。这些创新指标体系分为两个层次。第一层次反映区域创新总体发展情况；第二层次反映区域创新环境、创新投入、创新产出和创新绩效四个领域的发展情况。为了能够真正地反映湖南省14个地州市创新能力的大小，本书共选取了21个指标体系，这些指标都是结合地方实际情况选取的。为了便于后文的说明，将各指标用英文大写字母进行说明。为了减少由于权重的差异而引起的判断误差，本书中的二级指标的权重相同。一级指标由于对综合创新能力影响大小的不同，所以应设定不同的权重进行区分。经过综合考虑，将创新环境和创新投入的权重都设为0.15，将创新产出和创新绩效的权重都设为0.35（见表2-1）。

表2-1 区域综合创新能力评价指标体系

一级指标	二级指标	权重
创新环境 （0.15）	A. 科技活动人员占年平均就业人员的比重（人/万人）	1/5
	B. 人均GDP（元/人）	1/5
	C. 互联网用户数（万户）	1/5
	D. 教育支出占公共财政支出的比重（%）	1/5
	E. 公共图书馆图书总藏量（千册）	1/5
创新投入 （0.15）	F. 规模以上工业企业每万人R&D人员全时当量（人年/万人）	1/5
	G. R&D经费内部支出占GDP的比重（%）	1/5
	H. 规模以上工业企业R&D经费内部支出/研发人数（万元/人）	1/5
	I. 规模以上工业企业R&D经费占主营业务收入比重（%）	1/5
	J. 规模以上工业企业办科技机构数所占比重（%）	1/5

续表

一级指标	二级指标	权重
创新产出 (0.35)	K. 全部 R&D 项目（课题）数（项）	1/6
	L. 专利授权数（件）	1/6
	M. 发表科技论文数（篇）	1/6
	N. 每万人 R&D 人员技术合同成交金额（亿元/万人）	1/6
	O. 新认定的总的商标数（件）	1/6
	P. 规模以上工业企业新产品开发项目数（项）	1/6
创新绩效 (0.35)	Q. 第三产业增加值占 GDP 的比重（%）	1/5
	R. 规模以上工业企业新产品销售收入占主营业务收入的比重（%）	1/5
	S. 单位 GDP 能耗（吨标准煤/万元）	1/5
	T. 劳动生产率（万元/人）	1/5
	U. 高新技术产业对经济增长的贡献率（%）	1/5

1. 创新环境

该领域主要反映创新驱动发展所必备的人力、财力等基础条件的支撑情况，以及政策环境对创新的引导和扶持力度，共设五个评价指标，分别是：A 表示科技活动人员占年平均就业人员的比重（人/万人），B 表示人均 GDP（元/人），C 表示互联网用户数（万户），D 表示教育支出占公共财政支出的比重（%），E 表示公共图书馆图书总藏量（千册）。

科技活动人员数占年平均从业人员的比重反映出湖南省就业人员的综合素质和人力创新资源的情况，2016 年湖南省各地州市科技活动人员数占年平均从业人员的比重如图 2-1 所示。从图 2-1 可以看出，比值由高到低的排名依次为：长沙、株洲、湘潭、岳阳、常德、郴州、衡阳、益阳、邵阳、娄底、永州、怀化、张家界、湘西。相对而言，排名前三的长株潭三个地州市的科技活动人员占年平均就业人员的比重远远高于其他地州市。比值排名第一的长沙达到了每 1 万从业人员中有 898 个科技活动人员，而比值排在最后一名的湘西每 1 万从业人员中仅有 44 个科技活动人员。由此得出，科技活动人员占年平均从业人员的比重存在地区差异。

发展经济学中常用人均 GDP 作为衡量经济发展状况的指标，是最重要的宏观经济指标之一，它可以反映出一个国家或地区的经济实力，也可以反映出经济增长与创新能力发展之间相互依存、相互促进的关系。因此，人均 GDP 可以作为衡量区域创新环境的指标之一。2016 年湖南省各地州市人均 GDP 的比较如图 2-2 所示。从图 2-2 可以看出，湖南省 14 个地州市人均 GDP 排名由高到低依次为：长沙、湘潭、株洲、岳阳、常德、郴州、衡阳、娄底、益阳、张家界、永州、怀化、邵阳、湘西。从图 2-2 可以

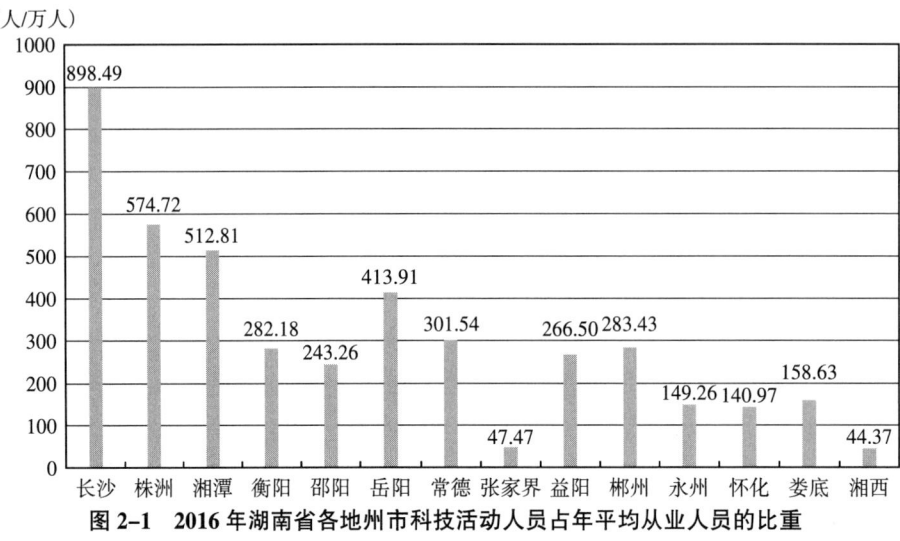

图 2-1　2016 年湖南省各地州市科技活动人员占年平均从业人员的比重

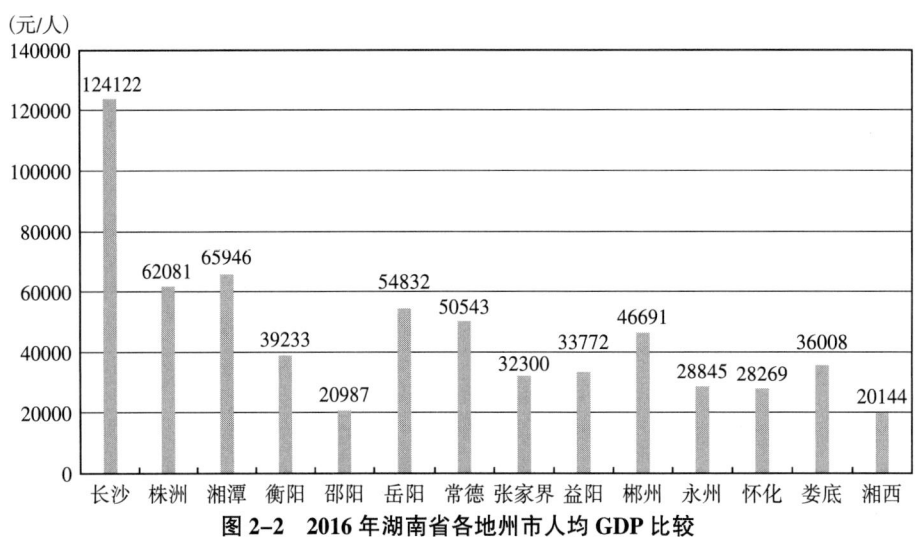

图 2-2　2016 年湖南省各地州市人均 GDP 比较

看出，长沙市的人均 GDP 达到了 124122 元/人，远远高于湖南省其他地州市的人均 GDP。湘潭、株洲、岳阳、常德四个地州市的人均 GDP 也都超过了 50000 元/人，说明其经济发展状况还算可以。而永州、怀化、邵阳、湘西的人均 GDP 都没有超过 30000 元/人，其经济发展水平还有待提升。

互联网用户数通常用来衡量地区创新环境，可以反映社会利用信息通信技术来创建、获取、使用和分享信息及知识的能力以及信息化发展对社会经济发展的推动作用。由图 2-3 可以看出，2016 年湖南省 14 个地州市互联网用户数的排名依次是：长沙、常德、衡阳、岳阳、邵阳、郴州、株洲、永州、怀化、益阳、娄底、湘潭、湘西、张家界。其中互联网用户数排名第一的长沙拥有 222.23 万户，远远高于排名第二的常德的用户数,这说明长沙的信息化比较发达。排名前三位的长沙、常德、衡阳的互联网用户数占湖南省 2016 年全省互联网用户数的 38.45%。而排名后三位的张家界、湘西、益阳占湖南省 2016 年全省互联网用户数的 10.89%,这说明互联网的普及率存在地区差异。

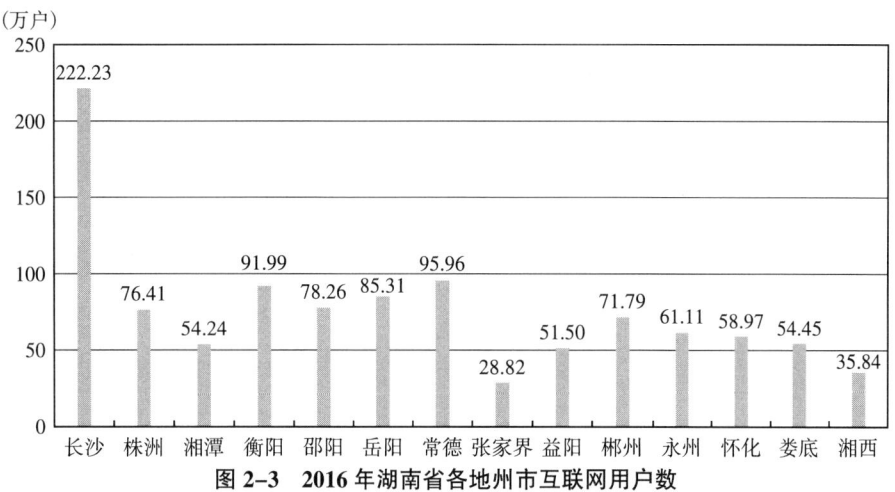

图 2-3　2016 年湖南省各地州市互联网用户数

教育支出占公共财政支出的比重是衡量一个地区的教育水平的基础线,是创新环境的一个衡量指标,它反映一个地区对教育投入的大小,反映政府对教育的支持力度以及重点、关键和前沿领域的规划和引导作用。从图 2-4 可以看出,2016 年湖南省各地州市教育支出占公共财政支出的比重排名依次是:永州、怀化、娄底、郴州、邵阳、衡阳、益阳、湘西、长沙、张家界、常德、株洲、岳阳、湘潭。从总体上看,湖南省 14 个地州市的教育支出占财政支出的比重差距不是很大。

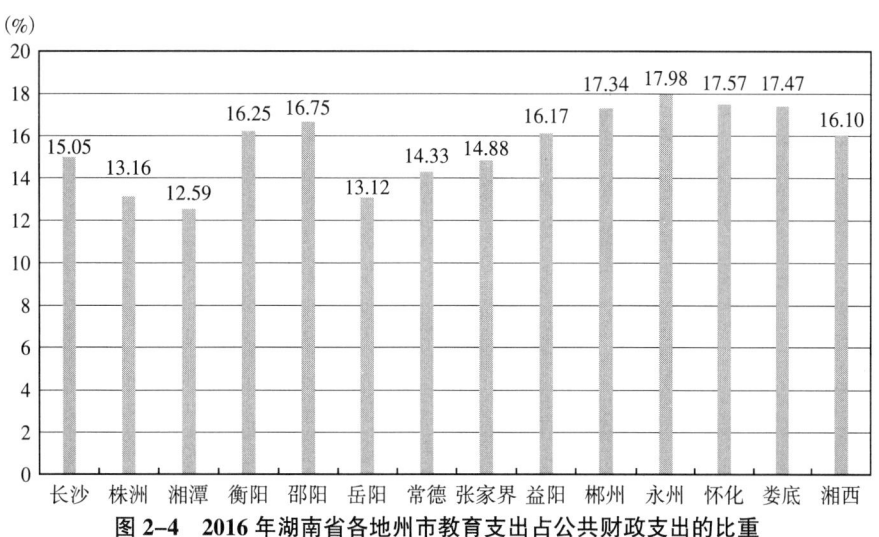

图 2-4　2016 年湖南省各地州市教育支出占公共财政支出的比重

公共图书馆图书总藏量是创新环境的一个重要指标，该指标从侧面反映了企业的创新环境情况。由图2-5可以看出，2016年湖南省各地州市公共图书馆图书总藏量的排名依次为：长沙、株洲、衡阳、邵阳、怀化、永州、常德、郴州、湘潭、岳阳、益阳、湘西、娄底、张家界。排名第一的长沙公共图书馆图书总藏量为3665千册，是排在最后一名张家界的12倍左右。湖南省排名前三的地州市公共图书馆图书总藏量数占全省总数的34%，而排名靠后的三个地州市公共图书馆图书总藏量数仅占全省总数的10%。由此可见，2016年湖南省各地州市公共图书馆图书总藏量存在严重的地区差异性。

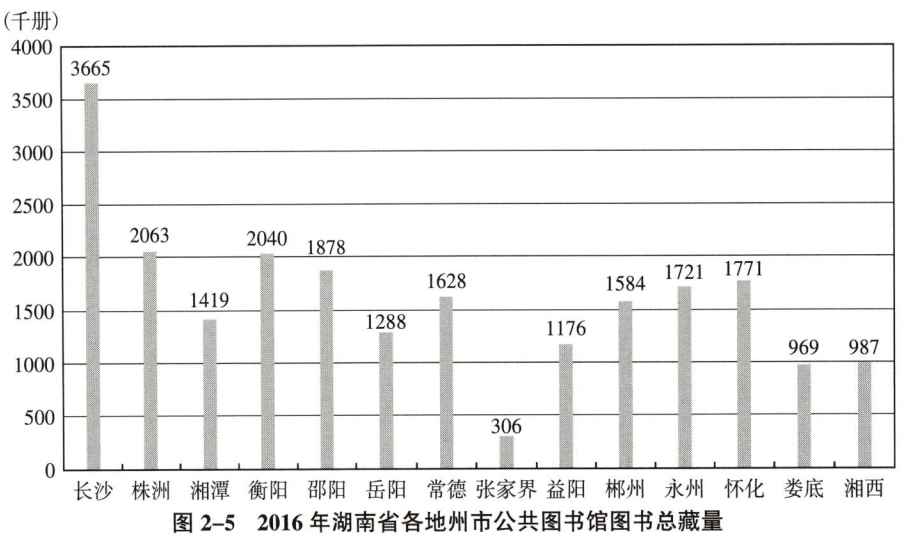

图2-5 2016年湖南省各地州市公共图书馆图书总藏量

2. 创新投入

该领域通过创新的人力财力投入情况、企业创新主体中发挥关键作用的部门（即研发机构）的建设情况以及创新主体的合作情况来反映区域创新体系中各主体的作用和关系。该领域共设五个评价指标，分别是：F表示规模以上工业企业每万人R&D人员全时当量（人年/万人），G表示R&D经费内部支出占GDP的比重（%），H表示规模以上工业企业R&D经费内部支出/研发人数（万元/人），I表示规模以上工业企业R&D经费占主营业务收入比重（%），J表示规模以上工业企业办科技机构数所占比重（%）。

规模以上工业企业每万人R&D人员全时当量是规模以上工业企业R&D人员全时当量与规模以上工业企业R&D人员之比，每万人R&D人员全时当量反映的是自主创新人力的投入规模和强度，是衡量创新投入的一个指标。由图2-6可知，2016年湖南省14个地州市规模以上工业企业每万人R&D人员全时当量排名为：益阳、湘潭、邵阳、常德、娄底、郴州、岳阳、湘西、衡阳、长沙、株洲、怀化、张家界、永州。根据排名可知，排名第一的益阳为 7690.93 人年/万人，而排名最后的永州为 3978.03 人年/万人，两者相差 3712.90 人年/万人，相差较大，说明 2016 年湖南省各地州市自主创新人力的投入规模相差较不平稳。

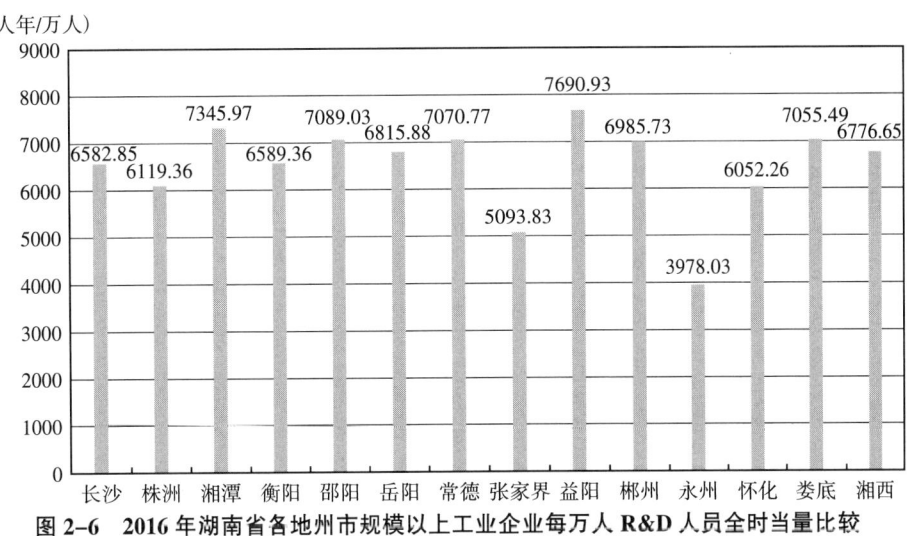

图 2-6　2016 年湖南省各地州市规模以上工业企业每万人 R&D 人员全时当量比较

R&D 经费内部支出占 GDP 的比重是用来衡量创新投入的另一个指标，它是反映一个国家或者地区科技投入水平的核心指标，也是我国科技中长期科技发展规划纲要中的重要指标。从图 2-7 可以看出，2016 年湖南省各地州市 R&D 经费内部支出占 GDP 比重的排名是株洲、岳阳、湘潭、长沙、常德、邵阳、益阳、郴州、娄底、衡阳、永州、怀化、张家界、湘西。全省只有株洲、长沙、湘潭、岳阳、常德五个地州市的

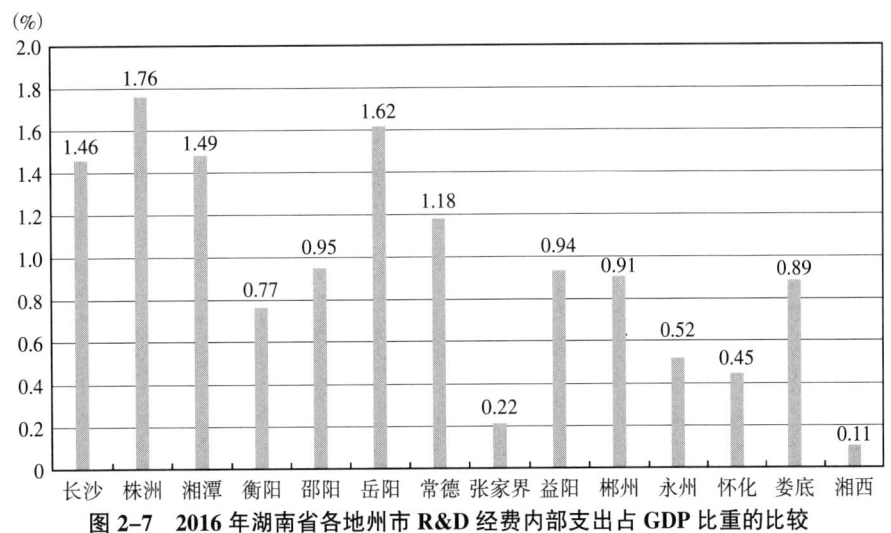

图 2-7　2016 年湖南省各地州市 R&D 经费内部支出占 GDP 比重的比较

R&D 经费内部支出占到 GDP 比重的 1% 以上，其他地州市的 R&D 经费内部支出不足 GDP 比重的 1%，最小的是湘西，仅为 0.11%，这说明湖南省各地州市的 R&D 投入强度极度不平衡，存在严重的地区差异性。

规模以上工业企业每个 R&D 活动人员的 R&D 经费内部支出是用来衡量创新投入的一个指标，在一定程度上可以代表一个地区的创新能力，是用来反映一个地区在增强原始创新能力上所做的努力。由图 2-8 可以看出，2016 年湖南省各地州市规模以上企业每个 R&D 活动人员的 R&D 经费内部支出的排名依次是：娄底、常德、岳阳、湘潭、郴州、株洲、益阳、怀化、张家界、邵阳、衡阳、长沙、永州、湘西。从图 2-8 可以看出，湖南省各地州市每个 R&D 活动人员的 R&D 经费内部支出大部分都在 20 万元/人到 40 万元/人之间，局部来看，各地州市的原始创新能力分布差异不大，但从排名第一的娄底与排名最后的湘西相差为 32.19 万元/人来看，相差还是较大的，所以就湖南省全省而言，其原始创新能力的差异较大。

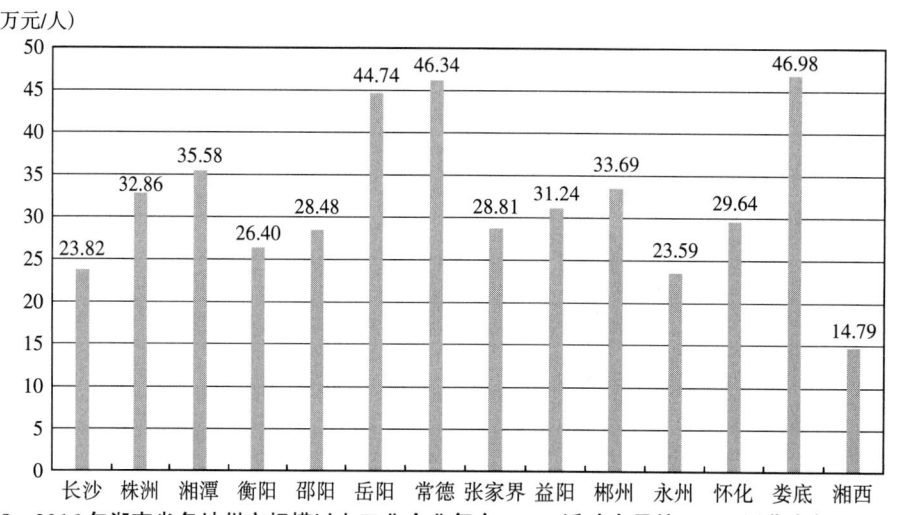

图 2-8 2016 年湖南省各地州市规模以上工业企业每个 R&D 活动人员的 R&D 经费内部支出比较

企业是创新互动的主体，而工业企业又在企业创新活动中占主导地位。规模以上企业 R&D 经费与规模以上工业企业主营业务收入之比反映了创新活动主体的经费投入情况，是衡量一个地区创新投入的指标。由图 2-9 可以看出，2016 年湖南省各地州市规模以上企业 R&D 经费内部支出占主营业务收入比重的排名依次是：常德、长沙、株洲、衡阳、岳阳、湘潭、张家界、邵阳、永州、娄底、益阳、怀化、郴州、湘西。排名前三的常德、长沙、株洲创新活动主体经费投入相差不大，其余各地州市的创新活动经费投入都超过了 0.6%，但是湘西仅为 0.25%，所以，就湖南省而言，要加大对湘西的投入和支持力度。

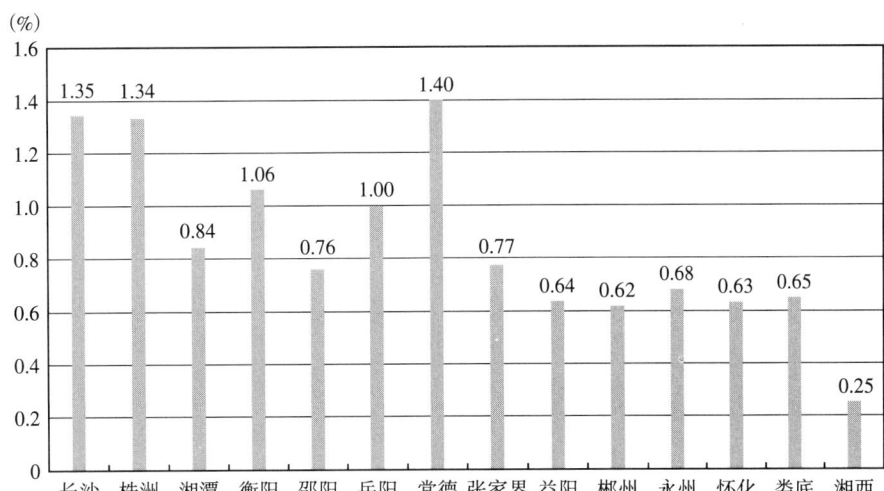

图2-9 2016年湖南省各地州市规模以上工业企业R&D经费内部支出占主营业务收入比重的比较

规模以上工业企业办科技机构数所占比重是规模以上企业办科技机构数与规模以上企业数之比。企业办科技机构是指企业自办（或与外单位合办），管理上同生产系统相对独立（或者单独核算）的专门科技活动机构，主要任务是从事科技活动，该指标从侧面反映了企业持续开展科技活动的能力，是衡量创新投入的指标。由图2-10可以看出，2016年湖南省各地州市规模以上工业企业办科技机构数所占比重排名为：长沙、岳阳、郴州、衡阳、永州、张家界、益阳、常德、株洲、邵阳、娄底、怀化、湘西、湘潭。从图2-10中可以看出，湖南省各地州市规模以上工业企业办科技机构数所占比重分为两个梯队，第一梯队是长沙、岳阳、郴州、衡阳、永州，比重都超过了14%；第二梯队为张家界、益阳、常德、株洲、邵阳、娄底、怀化、湘西、湘潭，比重都未超过12%；同一梯队内部之间相差不大，但是从排名第一的长沙是排名最后湘潭的4

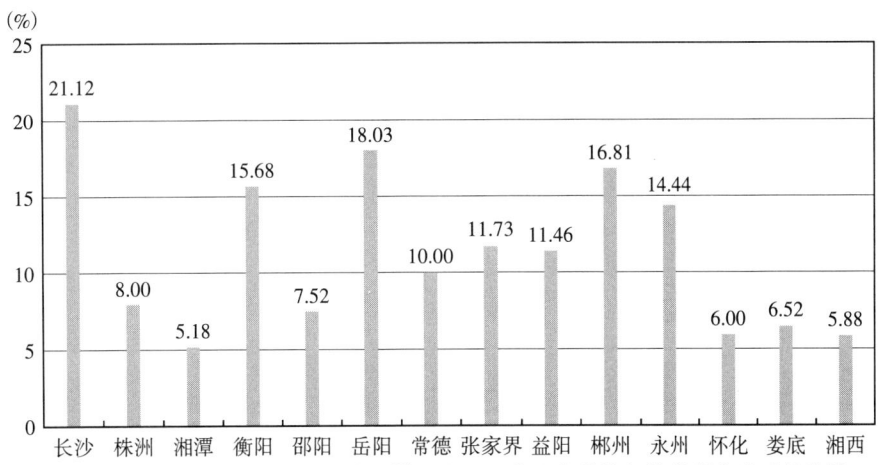

图2-10 2016年湖南省各地州市规模以上工业企业办科技机构数所占比重的比较

倍来看，湖南省 2016 年各地州市规模以上工业企业办科技机构数所占比重的地区差异化整体还是比较大的。

3. 创新产出

该领域通过论文、专利、商标、技术成果成交额反映创新中间产出结果，该领域共设六个评价指标，分别是：K 表示全部 R&D 项目（课题）数（项），L 表示专利授权数（件），M 表示发表科技论文数（篇），N 表示每万人 R&D 人员技术合同成交金额（亿元/万人），O 表示新认定的总的商标数（件），P 表示规模以上工业企业新产品开发项目数（项）。

全部 R&D 项目（课题）数是指研发活动项目的数量，是衡量地区创新产出的一个指标，该指标反映了研发活动的产出水平和效率。由图 2-11 可以看出，2016 年湖南省各地州市全部 R&D 项目（课题）数排名依次为：长沙、常德、株洲、岳阳、衡阳、湘潭、益阳、郴州、邵阳、永州、怀化、娄底、湘西、张家界。从图 2-11 可以看出，排名第一的长沙的 R&D 项目数占了全省 R&D 项目数的 40.09%，而排名最后的张家界仅占全省的 0.49%，差距非常大。由此可见，湖南省 2016 年的 R&D 活动项目主要集中在某些地州市，导致地区差距非常大。

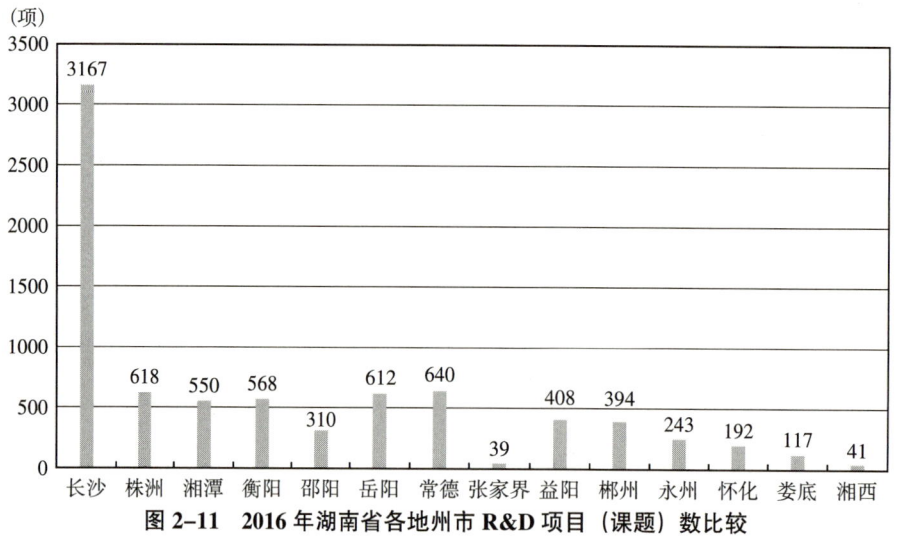

图 2-11　2016 年湖南省各地州市 R&D 项目（课题）数比较

专利授权数是指国内职务专利授权数，专利授权数是创新活动中间产出的又一重要成果形式，同时也是反映研发活动的产出水平和效率的重要指标。由图 2-12 可以看出，2016 年湖南省各地州市专利授权数排名依次是：长沙、株洲、岳阳、衡阳、常德、湘潭、郴州、益阳、永州、邵阳、娄底、张家界、怀化、湘西。从图 2-12 可以看出，排名第一的长沙在 2016 年的专利授权数为 8392 件，比排名第二的株洲多了 5236 件，相差非常大，说明长沙研发活动的产出水平很高。其中，长沙的专利授权数占了全省总数的45.99%，而且是排名最后的湘西的267倍。由此可见，湖南省各地州市的研发水平存在着非常大的地区差异。

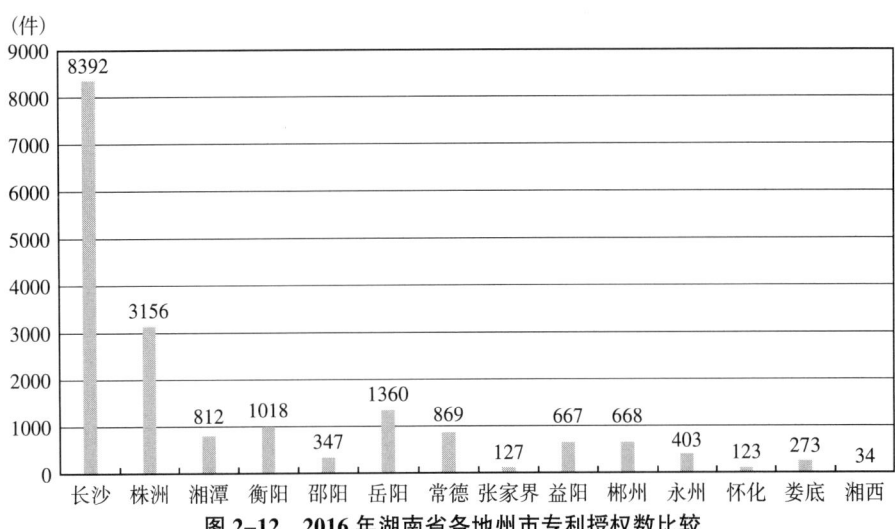

图2-12 2016年湖南省各地州市专利授权数比较

科技论文是指事业单位立项的由科技项目产生的并在有正规刊号的刊物上发表的学术论文，科技论文是创新活动中产出的重要成果形式之一。该指标反映出研发活动的产出水平和效率。由图2-13可以得出，2016年湖南省各地州市发表论文数排名为：长沙、衡阳、湘潭、株洲、益阳、常德、娄底、岳阳、邵阳、怀化、湘西、永州、郴州、张家界。其中排名前三的长沙、衡阳、湘潭，占湖南省2016年各地州市总共发表科技论文的75.49%，排名后三名的永州、郴州、张家界，仅占湖南省2016年各地州市

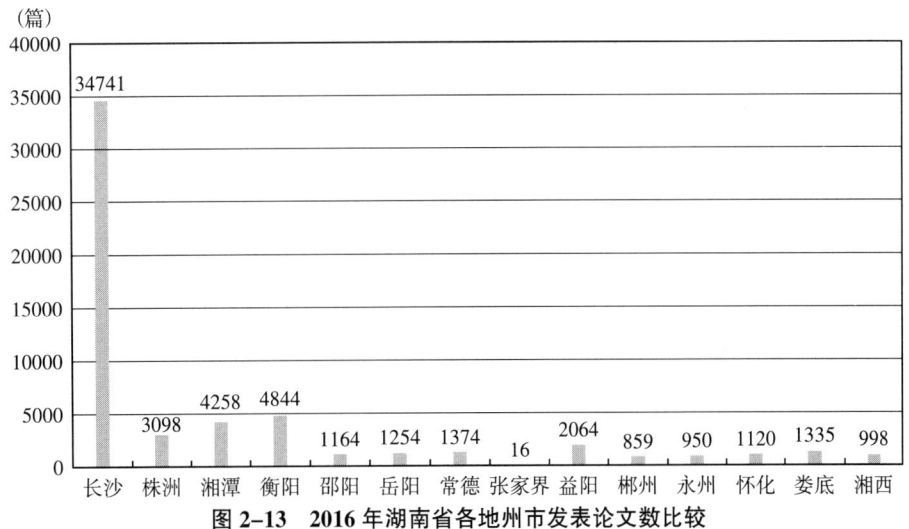

图2-13 2016年湖南省各地州市发表论文数比较

总共发表科技论文的 3.14%。发表科技论文篇数第一的长沙是排名最后的张家界的 2171 倍,由此可见,2016 年湖南省各地州市发表科技论文数具有明显的地区差异。

技术市场成交额是指全国技术市场合同成交项目的总金额,是衡量创新产出的一个指标。该指标反映技术转移和科技成果转化的总体规模。由图 2-14 可以看出,2016 年湖南省各地州市每万人 R&D 人员技术合同成交额排名为:湘潭、张家界、株洲、衡阳、怀化、常德、益阳、邵阳、娄底、长沙、湘西、永州、郴州、岳阳。排名前三的湘潭、张家界、株洲每万人 R&D 人员技术合同成交额超过 10 亿元,而排名靠后的永州、郴州、岳阳每万人 R&D 人员技术合同成交额均未达到 1 亿元。这说明湖南省各地州市每万人 R&D 人员技术合同成交额存在着地区差异。

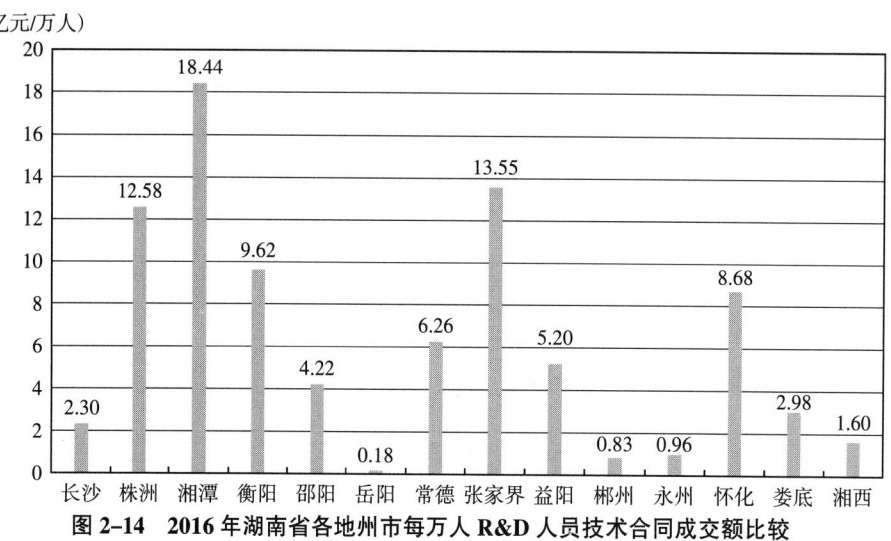

图 2-14　2016 年湖南省各地州市每万人 R&D 人员技术合同成交额比较

商标拥有量指企业拥有的在国内外知识产权部门注册的受知识产权保护的商标数量。该指标在一定程度上反映出企业自主品牌的拥有情况和自主品牌的经营能力,是创新产出的一个指标。由图 2-15 可以看出,2016 年湖南省各地州市新认定的总的商标数排名依次为:长沙、株洲、岳阳、邵阳、郴州、益阳、常德、衡阳、湘潭、永州、娄底、怀化、湘西、张家界。除了排名第一的长沙和排名最后的张家界的新认定的商标数分别为 2794 件和 196 件外,其余地州市新认定的商标数相差不是很大。

新产品开发是指从研究选择适应市场需要的产品开始到产品设计、工艺制造设计,直到投入正常生产的一系列决策过程。从广义而言,新产品开发既包括新产品的研制,也包括原有的老产品的改进与换代。新产品开发是企业研究与开发的重点内容,也是企业生存和发展的战略核心之一。企业新产品开发的实质是推出不同内涵与外延的新产品,是衡量创新产出的一个指标。从图 2-16 可以看出,2016 年湖南省各地州市规模

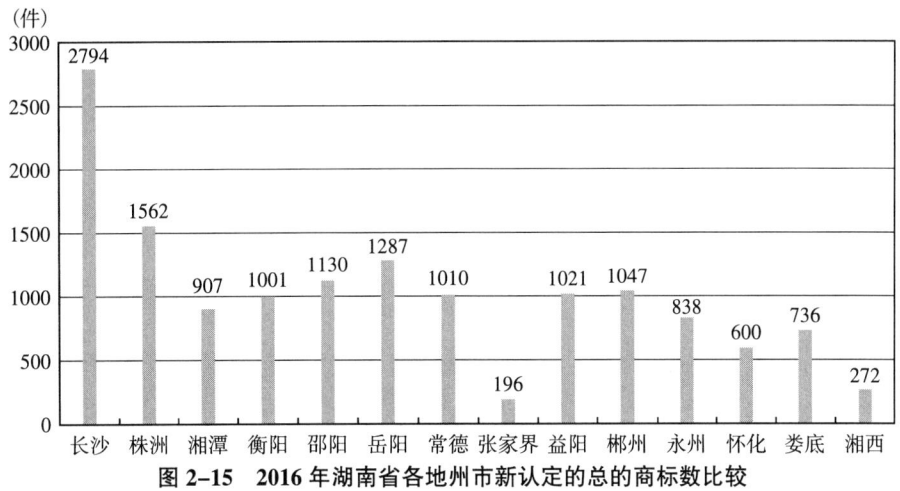

图 2-15 2016 年湖南省各地州市新认定的总的商标数比较

以上工业企业新产品开发项目数由高到低排名依次是：长沙、株洲、衡阳、常德、湘潭、益阳、岳阳、永州、邵阳、郴州、怀化、娄底、张家界、湘西。从图 2-16 可以清楚地发现，长沙市在 2016 年规模以上工业企业新产品开发项目数为 3345 项，占了全省总数的 43.82%；而排名最后的湘西规模以上工业企业新产品开发项目数仅为 39 项，占全省总数的 0.51%。由此可见，湖南省规模以上工业企业新产品开发项目主要集中在某些地州市，两极分化比较严重。

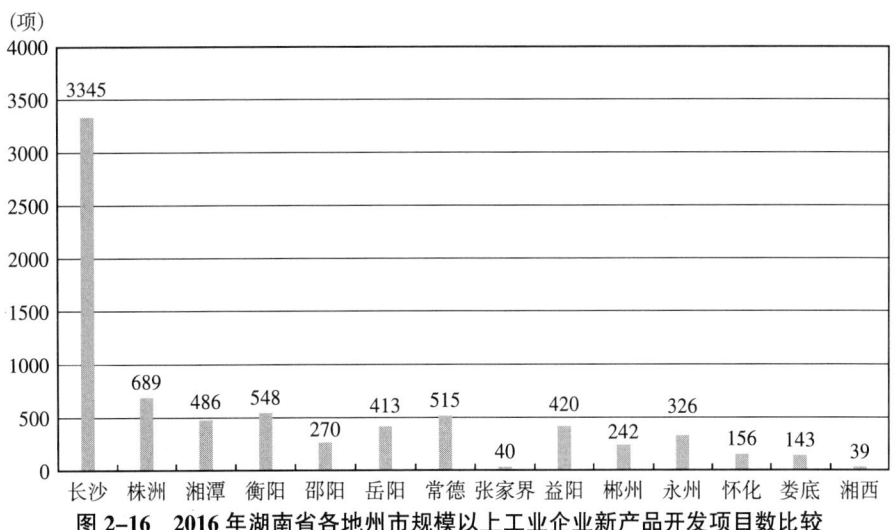

图 2-16 2016 年湖南省各地州市规模以上工业企业新产品开发项目数比较

4. 创新绩效

该领域通过产品结构调整、产业国际竞争力、节约能源、经济增长方面，反映创新对经济社会发展的影响，该领域共设五个评价指标，分别是：Q 表示第三产业增加值占GDP的比重（%），R表示规模以上工业企业新产品销售收入占主营业务收入的比重（%），S表示单位GDP能耗（吨标准煤/万元），T表示劳动生产率（万元/人），U表示高新技术产业对经济增长的贡献率（%）。

第三产业增加值占GDP的比重反映一个地区的产业结构，比重的变化代表了该地区产业结构升级的水平。该指标用于反映创新对产业结构调整的效果，是衡量创新成效的指标。从图2-17可以看出，2016年湖南省各地州市第三产业增加值占GDP的比重排名依次为：衡阳、张家界、怀化、长沙、常德、永州、益阳、株洲、湘潭、郴州、岳阳、邵阳、娄底、湘西。由图2-17可得，除了排名第一的衡阳第三产业增加值占GDP的8.40%和排名最后的湘西第三产业增加值占GDP的4.06%外，其余地州市第三产业增加值占GDP比重都在5%~8%。所以从总体上来看，湖南省各地州市的差异不大。

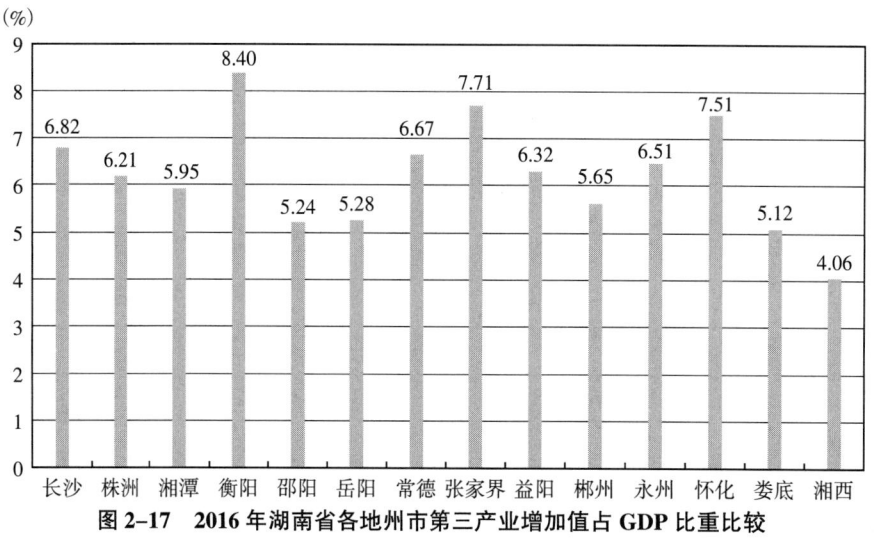

图2-17　2016年湖南省各地州市第三产业增加值占GDP比重比较

新产品销售收入是指企业在主营业务收入和其他业务收入中销售新产品实现的收入，反映企业创新成果，即将新产品成功推向市场的指标。新产品的销售对提高经济效益具有一定作用，并且在一定区域或行业范围内具有先进性、新颖性和适用性。从图2-18可以看出，2016年湖南省各地州市规模以上工业企业新产品销售收入占主营业务收入的比重排名由高到低依次为：长沙、岳阳、常德、衡阳、株洲、娄底、湘潭、郴州、永州、益阳、邵阳、张家界、怀化、湘西。其中长沙、岳阳、常德、衡阳四个地州市的比重都超过了20%，仅有邵阳、张家界、怀化、湘西四个地州市的比重没有超过10%。由此可以看出，2016年湖南省各地州市规模以上工业企业创新成果具有明显的地域差异。

第二章　区域创新体系构建与湖南区域综合创新能力评价

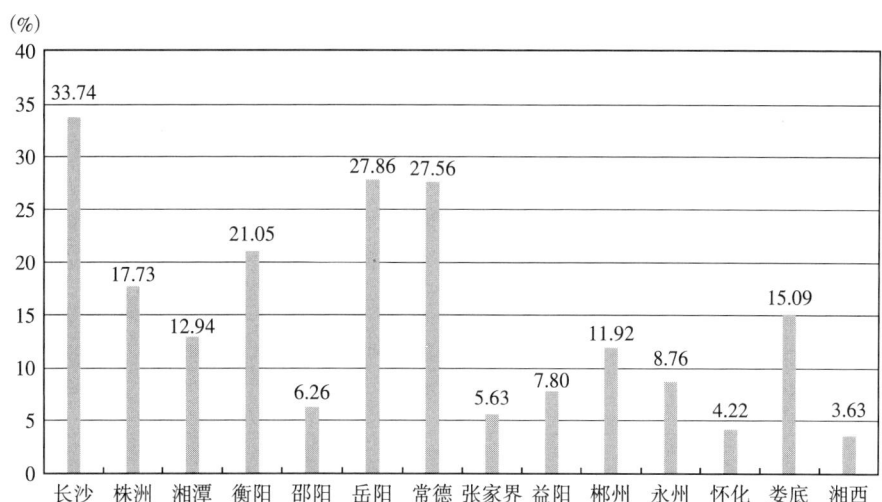

图 2-18　2016 年湖南省各地州市规模以上工业企业新产品销售收入占主营业务收入的比重比较

单位 GDP 能耗指每产出万元国内生产总值所消耗的以标准煤计算的能源。节约能源是企业技术创新的目的之一，创新是节约能源的途径和保障，对节约能源起决定性作用。该指标反映创新对降低能耗的效果，该指标越小表明创新对降低能耗的效果越明显，是衡量创新成效的一个指标。从图 2-19 可以看出，2016 年湖南省各地州市单位 GDP 能耗效率排名依次为：长沙、张家界、永州、湘西、怀化、株洲、常德、衡阳、邵阳、益阳、郴州、湘潭、岳阳、娄底。由此可以看出，2016 年湖南省各地州市单位 GDP 能耗除了娄底、岳阳、湘潭较高外，其他地州市差别不大。

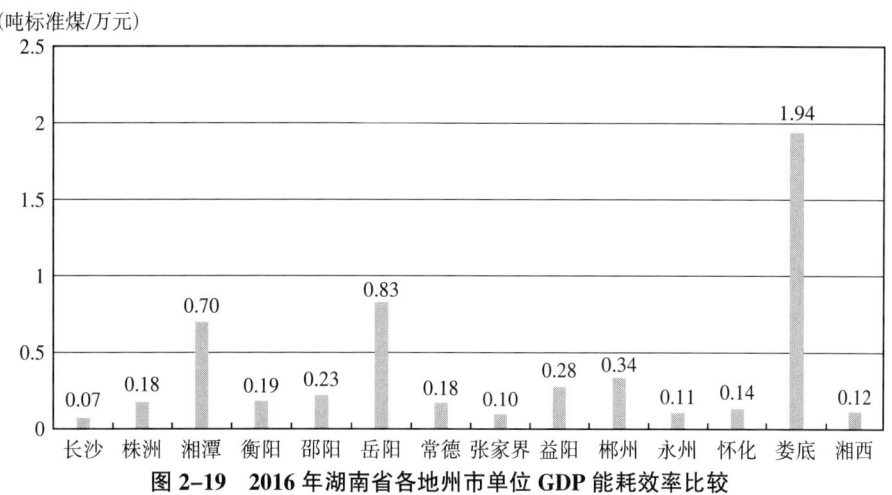

图 2-19　2016 年湖南省各地州市单位 GDP 能耗效率比较

劳动生产率是指一定时期内工业总产值与年平均从业人员之比。创新是影响劳动生产率的重要因素，提高劳动生产率是企业创新的目的之一。该指标反映创新对工业经济发展的促进作用，是衡量创新成效的一个指标。从图 2-20 可以看出，2016 年湖南省各地州市劳动生产率由高到低的排名依次为：常德、长沙、郴州、湘潭、怀化、张家界、衡阳、娄底、岳阳、湘西、永州、益阳、株洲、邵阳。其中，常德、长沙、郴州、湘潭、怀化五个地级市劳动生产率都超过了 50 万元/人，张家界、衡阳、娄底、岳阳、湘西、永州、益阳的劳动生产率都在 30 万~50 万元/人，剩下的株洲和邵阳两个地州市的劳动生产率没有达到 30 万元/人。所以从总体来看，湖南省各个地州市的发展较为均衡。

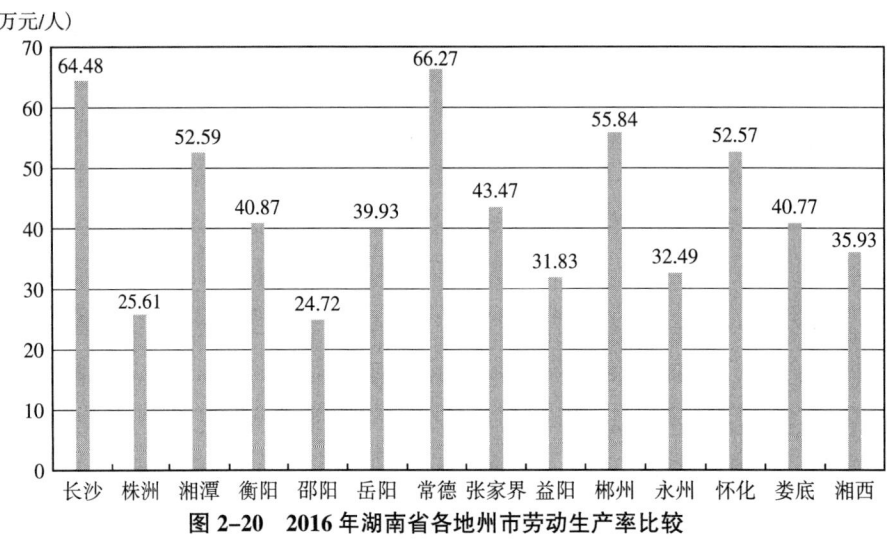

图 2-20　2016 年湖南省各地州市劳动生产率比较

高新技术产业对经济增长的贡献率指广义技术进步对经济增长的贡献份额，是地区高新技术产业增加值的增量与地区 GDP 增量之比，即扣除了资本和劳动力之外的其他因素对经济增长的贡献，是衡量科技竞争实力和科技转化为现实生产力的综合性指标。由图 2-21 可以看出，2016 年湖南省各地州市高新技术产业对经济增长的贡献率排名为：株洲、永州、湘潭、郴州、岳阳、益阳、衡阳、邵阳、娄底、常德、长沙、张家界、怀化、湘西。其中，株洲高新技术产业增量对地区生产总值增量的贡献率达到了 63.69%；而最引人注目的是湘西高新技术产业增量对地区生产总值增量的贡献率是-17.19%。由此可见，湖南省各地州市高新技术产业对经济增长的贡献率存在明显的地区差异。

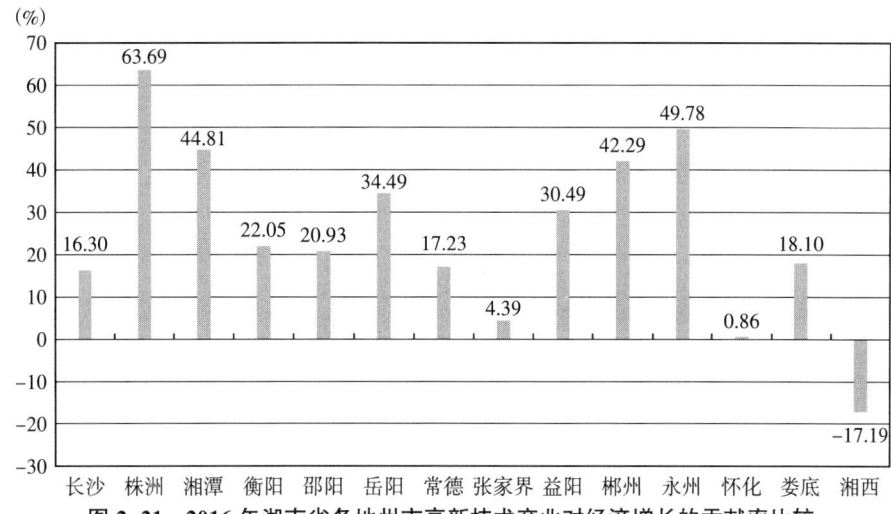

图 2-21 2016 年湖南省各地州市高新技术产业对经济增长的贡献率比较

四、湖南省 14 个地州市区域创新测度及评价分析

（一）各地州市区域综合创新能力排名

运用主成分分析法计算各地州市的得分情况并进行排名，首先对各地州市在每个指标下的原始数据采用 z-score 进行标准化处理，具体步骤就是先算出原始数据的均值和标准差 s_i，然后根据公式 $z_{ij}=(x_{ij}-x_i)/s_i$ 对数据进行标准化处理。其中，z_{ij} 为标准化后的变量值，x_{ij} 为实际变量值。其次将标准化后的数据同时加上一个正数，因为标准化处理后的数据有正有负，这样就可以得到全部都是正数的值，这些正数就是每个地州市在各指标下的位置，即为这个地州市就这个指标在湖南省的排名。最后根据指标体系中给出的权重算出二级指标的各地州市的相对位置，再根据二级指标在指标体系中的权重计算出 2016 年湖南省 14 个地州市综合创新能力的相对位置，得到各层次的结果进行比较分析。由上述方法可得到 2016 年湖南省各地州市在各创新指标中的排名（见表 2-2）。

由表 2-2 可以看出，各地州市按照本报告的得分方法得出的排名情况与原始数据的排名情况是一样的，即本书的得分排名方法是可行的。进一步地，根据一级指标在指标体系中的权重计算出每个地州市的综合得分及其排名，如表 2-3 所示。

表 2-2 2016年湖南省各地州市在各创新指标中的排名

地州市	A	B	C	D	E	F	G	H	I	J	K	L	M	N	O	P	Q	R	S	T	U
长沙	1	1	1	9	1	10	4	12	2	1	1	1	1	10	1	1	4	1	1	2	11
株洲	2	3	6	12	2	11	1	6	3	9	3	2	4	3	2	2	8	5	7	13	1
湘潭	3	2	11	14	9	2	3	4	6	14	6	6	3	1	9	5	9	7	12	4	3
衡阳	7	7	3	6	3	9	10	11	4	4	5	4	2	4	8	3	1	4	8	7	7
邵阳	9	13	5	5	4	3	6	10	8	10	9	10	9	8	4	9	12	11	9	14	8
岳阳	4	4	4	13	10	7	2	3	5	2	4	3	8	14	3	7	11	2	13	9	5
常德	5	5	2	11	7	4	5	2	1	8	2	5	6	6	7	4	5	3	6	1	10
张家界	13	10	14	10	14	13	13	9	7	6	14	12	14	2	14	13	2	12	2	6	12
益阳	8	9	12	7	11	1	7	7	11	7	7	8	5	7	6	6	7	10	10	12	6
郴州	6	6	7	4	8	6	8	5	13	3	8	7	13	13	5	10	10	8	11	3	4
永州	11	11	8	1	6	14	11	13	9	5	10	9	12	12	10	8	6	9	3	11	2
怀化	12	12	9	2	5	12	12	8	12	12	11	13	10	5	12	11	3	13	5	5	13
娄底	10	8	10	3	13	5	9	1	10	11	12	11	7	9	11	12	13	6	14	8	9
湘西	14	14	13	8	12	8	14	14	14	13	13	14	11	11	13	14	14	14	4	10	14

资料来源：根据《湖南统计年鉴》(2017) 计算而来。

表 2–3 各一级指标得分和综合得分及其排名

地州市	创新环境		创新投入		创新产出		创新绩效		综合	
	得分	排名	得分	排名	得分	排名	得分	排名	得分	排名
长沙	4.29	1	2.94	3	4.02	1	2.63	1	3.41	1
株洲	2.20	2	2.63	4	1.85	2	2.07	8	2.10	2
湘潭	1.84	9	2.42	5	1.62	3	2.38	3	2.04	4
衡阳	2.18	3	2.32	7	1.42	4	2.37	4	2.01	5
邵阳	1.96	6	2.03	10	1.05	8	1.25	13	1.40	12
岳阳	1.83	10	3.18	1	1.16	6	2.33	6	1.97	6
常德	1.97	5	3.03	2	1.25	5	2.55	2	2.08	3
张家界	1.01	14	1.50	11	0.93	11	1.75	11	1.32	13
益阳	1.70	12	2.30	9	1.15	7	1.70	12	1.60	9
郴州	2.16	4	2.40	6	0.96	10	2.18	7	1.78	7
永州	1.96	7	1.31	13	0.87	12	1.88	9	1.45	11
怀化	1.90	8	1.19	12	0.97	9	1.81	10	1.49	10
娄底	1.73	11	2.31	8	0.83	13	2.35	5	1.72	8
湘西	1.27	13	0.94	14	0.60	14	0.74	14	0.80	14

由表2-3可以看出，长沙在创新环境、创新产出、创新绩效三个一级指标的排名均位于全省第一，但是在创新投入方面相对2015年来说下降了两个名次，排在了第三名，在总的排名中仍居于全省第一；株洲在创新环境中排名第二，在创新投入中排名第四，在创新产出中排名第二，与2015年相比波动不大，但创新绩效的排名下降了，在总的排名中仍居于全省第二；湘潭在创新产出和创新绩效这两个一级指标中排名全省第三，与2015年相比有很大的进步，但是其在创新环境中排名相对靠后，位于全省第九，所以湘潭在这一方面有待加强，总体来说综合排名与2015年相比提升了三个名次，位于全省第四；衡阳在创新产出和创新绩效中均排名第四，在创新环境中排名全省第三，在创新投入中排名全省第七，综合排名与2015年相比有些波动，位于全省第五；邵阳在创新投入和创新绩效中排名相对靠后，分别位于全省第十和第十三，在创新环境中排名位于全省第六，总排名与2015年相比有所下降，位于全省第十二；岳阳在创新投入中名列前茅，排名第一，在创新产出和创新绩效中排名均位于全省第六，综合排名与2015年相比有所下降，排名全省第六；常德在创新投入和创新绩效中的排名与2015年相比均有所提升，均位于全省第二，在综合排名中也提升到全省第三的位置；张家界在创新投入、创新产出和创新绩效中排名均位于全省第十一，在创新环境中排名为全省第十四，综合排名为全省第十三；益阳在创新环境和创新绩效中排名均

靠后，位于全省第十二，在创新产出中排名位于全省中间位置，为全省第七，综合排名位于全省第九；郴州在创新环境中排名靠前，为全省第四名，在创新投入和创新绩效中排名分别位于全省第六和第七，而在创新产出中排名相对靠后，位于全省第十，综合排名位于全省第七；永州在创新环境和创新绩效中排名分别为全省第七和第九，在创新投入和创新产出中排名靠后，分别为全省第十三和第十二，综合排名为全省第十一；怀化在创新产出和创新绩效中排名相对于2015年有较大的进步，分别为全省第九和第十，综合排名相对2015也有所提升，为全省第十；娄底在创新环境和创新产出中排名相对靠后，分别位于全省第十一和第十三，在创新绩效中排名有较大的提升，为全省第五，综合排名相对2015年也有较大的提升，为全省第八；湘西在四个一级指标中排名均位于全省后面位置，在创新投入、创新产出和创新绩效中排名均处于全省最后位置，在综合排名中也处于全省最后一名。

（二）湖南省各地州市2016年创新发展进步程度综合评价

为了消除区域资源和禀赋差异对区域创新发展综合能力的影响，我们继续构建区域创新发展努力指数来测度各地州市推进发展的努力程度。具体方法是用创新发展各三级指标报告期数据（2016年）除以基期数据（2015年），得到各三级指标指数，再按照创新指标体系中各三级指标在二级指标体系中的权重加权得到各地州市的二级创新指标指数；用同样的方法，把各二级指标按照相应的权重求和，得到四个一级指标的指数，最后把四个一级指标指数求加权和，得到各区域创新发展总指数，并把总指数称为"进步指数"，它可以反映各地州市在推进区域创新发展进程中的努力程度。各地州市每个二级指标指数、一级指标指数和总指数如表2-4和表2-5所示。

由表2-5中的总指数可以得出，各地州市的进步程度排名依次为：张家界、湘潭、娄底、衡阳、永州、湘西、怀化、邵阳、益阳、郴州、株洲、常德、岳阳、长沙。2016年，湖南省各地州市进步指数排名与2015相比，张家界仍居于全省第一，湘潭、衡阳、娄底、湘西的排名均有上升，其中湘潭从2015年的十四名上升到2016年的第二名，娄底从2015年的十二名上升到2016年的第三名，其他地州市的排名均有所下降。

表 2-4 湖南省 14 个地州市二级指标努力指数

地州市	A	B	C	D	E	F	G	H	I	J	K	L	M	N	O	P	Q	R	S	T	U
长沙	1.08	1.08	1.23	1.15	0.46	0.85	0.89	0.97	0.98	1.02	1.10	1.01	0.97	1.22	0.68	1.21	1.03	1.04	1.04	1.22	0.28
株洲	2.54	1.06	1.11	1.39	1.38	0.94	0.97	0.90	1.05	1.16	1.01	1.01	1.06	1.41	1.23	0.91	1.39	0.92	1.00	1.12	1.88
湘潭	1.67	1.09	1.16	1.39	1.03	1.00	1.50	1.31	1.69	1.00	1.76	1.03	0.95	12.2	1.63	1.45	1.25	1.39	0.90	1.25	1.21
衡阳	1.12	1.10	1.20	1.13	1.04	0.99	1.15	1.03	1.36	1.00	1.23	0.98	1.01	2.97	1.30	1.01	1.72	0.81	0.85	1.10	4.44
邵阳	1.23	1.10	1.20	0.96	1.04	0.98	1.32	1.22	1.49	0.83	1.12	1.01	1.27	2.10	2.94	1.06	1.02	1.68	0.84	1.26	0.56
岳阳	1.56	1.07	1.19	1.16	1.04	0.95	1.00	0.92	1.16	0.97	1.11	0.95	0.81	1.00	2.14	1.03	0.85	0.93	0.92	1.11	1.04
常德	0.88	1.09	1.13	1.17	1.04	1.02	1.05	1.00	1.20	1.03	1.26	0.97	1.02	1.70	1.71	1.25	1.31	1.00	0.76	1.15	0.81
张家界	0.46	1.10	1.21	1.10	1.31	0.87	1.68	1.14	2.09	1.19	2.44	1.18	3.20	4.74	8.91	1.90	1.11	1.08	0.90	1.17	3.88
益阳	1.15	1.10	1.20	0.94	1.04	0.89	1.03	1.08	1.14	1.25	1.80	1.12	1.93	1.36	2.43	1.32	1.36	0.87	0.91	1.14	0.54
郴州	1.33	1.09	1.16	0.86	1.05	0.94	1.21	1.05	1.43	1.03	1.28	0.96	1.09	0.09	3.85	1.27	1.33	1.15	0.87	1.22	0.97
永州	1.01	1.10	1.23	0.81	1.03	0.69	1.79	1.36	2.26	1.15	1.53	1.10	1.35	0.43	3.69	1.87	1.46	2.32	0.79	1.20	0.94
怀化	1.11	1.08	1.19	0.77	1.05	0.94	1.32	0.89	1.51	1.19	1.37	1.54	1.46	0.80	4.20	1.58	1.55	0.85	0.87	1.15	0.08
娄底	1.02	1.08	1.21	0.85	1.03	1.01	1.02	1.11	0.96	1.13	1.04	1.00	1.48	2.87	5.33	1.42	1.03	1.12	0.92	1.20	1.48
湘西	0.92	1.06	1.19	0.74	1.02	1.25	1.00	0.68	1.48	0.96	1.52	0.40	0.80	4.09	7.56	1.18	0.65	1.12	0.90	1.46	-1.37

表 2-5 湖南省 14 个地州市一级指标进步指数和总指数及其排名

地州市	创新环境		创新投入		创新产出		创新绩效		2016年总指数		2015年总指数
	得分	排名	得分	排名	得分	排名	得分	排名	得分	排名	排名
长沙	1.00	13	0.94	14	1.03	14	0.92	12	0.97	14	10
株洲	1.50	1	1.01	12	1.11	13	1.26	4	1.20	11	7
湘潭	1.27	2	1.30	3	3.17	2	1.20	5	1.91	2	14
衡阳	1.12	4	1.11	7	1.42	10	1.78	1	1.45	4	5
邵阳	1.11	5	1.17	5	1.58	8	1.07	8	1.27	8	3
岳阳	1.20	3	1.00	13	1.17	12	0.97	10	1.08	13	11
常德	1.06	8	1.06	10	1.32	11	1.01	9	1.13	12	8
张家界	1.04	12	1.39	2	3.73	1	1.63	2	2.24	1	1
益阳	1.09	7	1.08	8	1.66	7	0.97	11	1.24	9	6
郴州	1.10	6	1.13	6	1.42	9	1.11	7	1.22	10	9
永州	1.04	11	1.45	1	1.66	6	1.34	3	1.42	5	4
怀化	1.04	9	1.17	4	1.82	5	0.90	13	1.28	7	2
娄底	1.04	10	1.05	11	2.19	4	1.15	6	1.48	3	12
湘西	0.99	14	1.07	9	2.59	3	0.55	14	1.41	6	13

五、提升区域综合创新的对策建议

在前文分析、研究的基础上，我们知道要想提升湖南省区域创新能力，首先必须解决好全省各地州市存在的制约区域创新能力提升的突出的"共性问题"。目前，湖南省区域创新平台建设还不太完善，企业的创新能力还有待提高，地方财政科技投入所占比重较低，因此，提升全省的区域创新能力必须加强区域创新平台体系的建设，培育企业创新主体，增加科技创新投入，形成以知识创新为源泉，以技术创新为动力，以制度创新为核心，以服务创新为支撑，创新资源优化配置，创新要素良性互动，适应社会主义市场经济要求的区域创新体系。

从全省来看，长沙的创新投入排名与 2015 年相比下降了两个名次，其余指标排名均位于全省第一，作为省城，长沙的创新发展能力极强，但是也要加大创新投入。株洲在创新绩效上排名下降，应该不断加大产品设计与生产的科学技术投入，不断全面提高劳动者的整体素质与工作技能，依靠科技进步，不断节约能源与材料，降低物化劳动消耗，提高劳动生产率。湘潭在创新投入和创新绩效中排名均有进步，但在创新环境中的排名太过靠后，政府应当增加财政科技拨款、R&D 经费支出投入，多方筹措资金用于科技教育，提高教育支出占公共财政支出的比重。衡阳的区域创新发展与2015 年相比均有进步，但在创新绩效这个指标上仍有很大的上升空间，如提高劳动生产率等。邵阳在创新投入和创新绩效中排名相对靠后，政府应当鼓励规模以上工业企业办科技机构，完善创新创业政策体系，提高规模以上工业企业的 R&D 经费占主营业务收入的比重。岳阳在创新绩效中排名略微靠后，可以加快调整产业结构、产品结构和能源消费结构，建立节能型工业，加快发展低能耗、高附加值的第三产业，降低单位 GDP 能耗。从整体情况来看，常德在区域创新发展上取得了进展，但在创新环境上可以进一步优化，可以加大对 R&D 活动的整体投入，加快培育和发展战略性新兴产业，为经济发展提供新动力。张家界的区域创新发展在创新环境、创新投入、创新产出和创新绩效上都有待提高，可以巩固旅游优势，调整优化内部结构，推进关键环节和重点领域的改革，提高对外开放合作水平，加大招商引资力度。益阳在创新绩效方面有待加强，通过加大自主创新项目的研发力度、深化自主创新体制改革、建立自主创新交流等一系列措施，增强区域的核心竞争力。郴州在创新产出上可以进一步提高，培育创新企业，打造创新驱动战略实施主体，完善创新体系，推进产业技术创新成果的转化。永州应加大对创新的投入，加强企业之间的交流，推动骨干企业、重点企业、龙头企业的科研水平不断提升，最终以高质量的创新产出替代原有的机械化产出，最终拉动创新成效产生质的飞跃。怀化要加强创新的投入，可以强化企业创新的主体地位，加强核心关键技术攻关，深化产学研合作，加大对 R&D 经费支出的投入，增大 R&D 经费占主营业务收入的比重。娄底在创新产出上稍有不足，可以加大 R&D 经费的投入，引入优秀人才，提高 R&D 项目数和专利授权数，推进技术革新改造。湘西科技创新能力不足，创新力度不够，政府可以实施优惠政策鼓励企业创新，突破发展，建立和完善创新创业服务平台，也可以继续发挥地区优势，加快旅游创意产业的发展。

根据各地州市的绩效评价结果分析以及区域创新发展目标定位，从各地州市的区域发展共性，提出以下建议：

（一）坚持市场主导、政府引导的原则

在区域创新系统的发展过程中，政府起着十分关键的作用，然而政府的作用不是以直接组织创新活动为主。在区域创新中一定要坚持以市场需要为导向，发挥市场配置资源的基础性作用，加快科技资源流动和技术转移，强化企业的市场创新主体地位。政府不能只围绕科技支撑发展和引领未来的关键问题，提供公共科技物品，包括完善创新机制、优化创新环境、搭建公共平台、组织公益科技和应用基础研究等，在产业发展、资源配置、资金流向等微观方面也应该发挥市场的主导作用。

事实上，政策干预往往会出现两种偏差：一种是政府的干预力度不够，因而缺乏时效；另一种是政府的干预力度过大，形成对市场机制的破坏。为避免这两种偏差，湖南省政府创新政策发挥作用必须遵从以下"创新原则"：最大限度地发挥企业家精神和企业家的首创作用；激活企业的竞争意识和创新意识；坚持以市场为导向，发挥中小企业的积极性和能动作用；因地制宜，发挥各地创新资源的优势，突出重点，引导高新技术产业集群式发展；以政府大型计划为核心，促进高新技术创新及创新成果的转化。

（二）加强创新平台体系建设

任何创新活动都是在一定平台条件下产生的，良好的平台条件是催生创新成果的温床，也是区域创新系统发展的重要基石。创新的平台条件包括促进创新的物质和信息基础设施以及各种形式的科技服务中介机构。在培育和发展湖南省区域创新体系的过程中，要通过加强创新基础设施建设，构建信息网络平台，完善科技服务中介体系，保障信息联通、信息共享和信息传播，实现生产要素的自由流动，实现信息、人才、资本的自由平等交换。

加强创新基础设施建设，构建区域科技资源共享平台。一是要继续加强物质性基础设施建设，为各类经济主体主动和高效地进行技术创新提供物质保障。诸如信息网络、大学、企业、重点实验室、开发园区等，既是技术创新所必要的基本条件，也是技术扩散的重要渠道。政府应重视这些设施的建设，不断增加这些机构的重要科学仪器等固定资产投资，改善研究环境。二是要培育完善的技术市场和创新技术设施。湖南省技术市场尽管发展迅速，但仍然比较粗糙，不够规范，因此当前要加强市场基础建设，建立符合科技发展规律和市场经济运行规律的技术市场体系，尤其注意建设和完善农业科技推广服务网络。建议在长沙建立湖南省技术产权交易中心和跨省技术交易网络，为科技成果与经济的结合、创新型中小企业成长提供支撑平台。

完善科技中介服务体系。科技中介服务体系是创新活动和科技成果转化的一支不可或缺的重要力量，是联系科技和经济的重要纽带。在湖南省现阶段创新系统和科技产业化中，中介机构和支撑服务体系还很薄弱，不能满足企业技术创新的需要。因此，湖南省迫切需要完善科技中介服务体系来加强中部地区产学研的紧密联系和创新主体之间的互动，在创新内涵上强化经济概念。湖南省应充分利用科研院所改革的机遇，大力促进和支持有条件的科研院所转为科技中介服务机构，鼓励和支持有条件的科技人员、技术经纪人以股份制或合伙形式，成立技术经纪人公司或技术经纪人事务所，从事科技中介服务。在此基础上，完善科技中介服务种类，推动科技中介服务向技术集成、产品设计、工艺配套以及指导企业建立治理结构、完善经营机制等服务领域拓展，不断创新服务形式和服务手段，为企业创新提供个性化、多样化、系统化、高层次的综合服务。

（三）培育科技型中小企业创新主体

在现有发展模式下，湖南省企业的创新主体地位较弱，必须进一步加强。而中小企业尤其是民营科技企业是最活跃的创新群体，是技术创新的重要源泉。目前我国65%以上的发明专利是中小企业获得的，80%的新产品是中小企业开发的。为此，湖南省应努力为中小企业尤其是民营科技企业的创新活动创造良好的环境，提供必要的政策支持，从而推动企业成为创新的主体。

发挥财政投资的主导作用。省级财政在中小企业发展基金中保证部分资金用于民营科技企业贷款担保基金，为民营科技企业提供政府贴息贷款。通过采用财政补助、税收、价格等政策，积极引导和鼓励各金融机构开展金融产品创新，完善民营经济金融服务，切实发挥银行内设中小企业信贷部门的作用，扩大为民营经济服务的范围，提高对有市场、有效益、有信用的民营经济的贷款比重。鼓励政策性银行依托地方商业银行等中小金融机构和担保机构，开展以中小民营科技企业为主要服务对象的转贷款、担保贷款等业务。鼓励符合条件的民营企业采取发行企业债券，以股权融资、项目融资等方式筹集资金，拓宽直接融资渠道，推动各类资本的流动和重组。

为中小企业创新提供技术支撑。鼓励科技中介为中小企业服务，鼓励技术交易市场向中小企业转让技术成果，对于这些科技中介和技术交易市场可以给予一定的政策优惠。制定高等教育和科研机构对中小企业的开放方法，为中小企业提供必要的技术开发设备及试验条件。利用退休的技术人员力量，组成技术专业网络，为中小企业提供技术诊断、技术指导和技术交流。发挥在职科技人员的作用，鼓励科技人员在完成本职工作的前提下，在中小企业兼职从事研究开发和成果转化活动。此外，中小企业的行业协会等有关机构要积极开办技术学校，对中小企业的技术人员和职工分批分期进行培训；大学也要充分利用现有的教学力量，以函授、计算机远程教学等多种形式为中小企业培训技术人员。

（四）切实促进高新技术产业的发展

目前，湖南省高新技术产业经济贡献进入"滞留期"，高新技术增加值占地区GDP的增加值比重增长缓慢，对经济增长的拉动作用乏力。为加快湖南省高新区和高新技术产业发展，建议采取以下措施：

推进高新技术园区管理体制创新。要确保持续竞争能力，高新区应保持管理体制的持续创新，逐步使高新区由"招商引资、支撑服务"的行政组织向"全面开发、运营服务"的企业化组织转变，使园区在规划与开发、招商引资、管理与公关、资源配置、政策导向、人事管理等方面保持运作的高效性和运营的协调性。此外，还可以借鉴发达地区的做法，实行"政区合一"，将高新技术区和经济开发区合为一体。高新区"政区合一"是指高新区与地方政府合二为一，也包括经济开发区与当地的高新技术产业园区合二为一，"两块牌子一套班子"，统一领导，统一财政，统一管理。"政区合一"的实质是建立为区域经济发展服务的统一机构，从而解决高新区因无行政职能发展受条块分割管理体制制约的问题。

拓宽融资渠道，满足高新技术产业科技创新不同阶段的资金需要。资金是制约湖南高新技术产业科技创新的"瓶颈"。湖南高新技术产业要有更大的发展，必须改革和完善现有高新技术产业投融资体制。首先，湖南省高新技术产业尚处于发展的初级阶段，因此全面加强政府在高新技术产业科技创新投融资体制中的作用尤为重要。各级政府必须充分发挥财政资金的作用，在一个较长的时间内逐步提高科技支出占财政支出的比重，提高政府在R&D活动经费中的投入比重。其次，要充分用好、用活政府对高新技术产业发展实施的财政、金融、税收等优惠政策，采取多种综合有效措施，促进企业逐步成为技术创新和科技投资的主体。最后，要根据湖南的实际，通过政府的积极引导和扶持，以市场化为原则，积极培育具有高成长性的高新技术企业。

以高新区和特色基地为载体，以集群模式大力推动高新技术产业发展。高新技术产业集群是指关联密切的高新技术企业与相关机构在一定地域范围内集中，集聚区内企业生产经营具有明显的专业化分工，市场交易与竞争已经形成密集的合作网络，是区域内部逐步积淀而形成的产业间较强创新动力的集聚体。目前，湖南省高新区产业仍然没有形成上下游配套、产业链条完备的产业集群。应根据本省高新区资源禀赋，合理选择主导产业，形成具有关联效应的产业链条和产业集群，并通过产业集群提高生产率、扩大企业自主创新能力、增强产业竞争力和区域影响力，最终发挥出推动经济增长、技术创新和科技进步的作用。可以以长沙国家高新区为基础，发展先进制造产业集群和电子信息产业集群；以长沙国家级经济开发区为依托，发展新材料产业集群；以株洲国家高新区为基础，发展轨道交通、有色金属、化工材料和电子信息产业集群；湘潭省级高新区可发展机电一体化产业和生物医药产业集群；浏阳生物医药圈则主要发展现代中药和基因医药产业。加大创新的投入，提高全省各地州市的创新绩效。

（五）加强区域合作，提高系统开放度

湖南省创新联系主要集中在本省，经济开放度低，要使创新系统的发展模式不断推进和完善，应该不断加强区域合作，提高系统开放度。

推进与中部其他省份的跨区域科技经济合作。鉴于科技资源的稀缺性以及由于科技资源分割而造成有限的资源得不到充分利用的现象，湖南省迫切需要进行跨区域的科技合作与交流，应集中有限的资源联合开展科技攻关，促进科学发展和技术进步。湖南省可以与中部其他省份对那些资源同质、具有共性技术攻关联系的区域科技项目进行合作。

加强与东西部的互动与协调。湖南省与东西部经济发展阶段的差别和资源禀赋的差异，为其与东西部合作提供了客观基础，并通过东西互动促进自身的发展。一方面，湖南省是西部大开发的桥梁与中转站之一，与西部地区在资源、资金、市场、技术、信息等方面存在"位差"。它在与东部地区主动挂靠、搭车前进即承接东部"能量"的同时，可以利用"位差"向西部地区辐射"能量"，进行多种形式的联合，通过"东引西进"或"东进西拓"以增强湖南活力。此外，湖南省还要学习东部提升创新能力的经验。近年来，东部地区不断推进区域科技合作、提升政府行政效率、改善创新环境，在鼓励创新、提升区域创新能力方面积累了丰富的经验。湖南省应借鉴其他地区的经验与周边各省加强经济交流与合作，使科技合作与交流领域不断扩大。

参考文献

[1] Philip Nicholas Cookc. Regional Innovation Systems: Institutional and Organization Dimensious [J]. Research Policy, 1994 (26): 475-491.

[2] 杜鹏程, 孔德玲. 泛长三角区域创新能力比较与创新体系构建 [J]. 安徽大学学报（哲学社会科学版），2009, 33 (5): 139-145.

[3] 何精华. 构建区域创新体系提升综合竞争力 [J]. 上海教育, 2007 (Z2): 11-12.

[4] 湖南省 2017 年国民经济与社会发展统计公报 [EB/OL]. http: //www.hntj.gov.cn/tjfx/tjgb/jjfzgb/201803/t20180313_4970734.html.

[5] 湖南省创新发展研究院. 2017 年创新发展研究报告——创新驱动与湖南"十三五"发展 [M]. 北京：经济管理出版社, 2017.

[6] 湖南省统计局. 湖南省统计年鉴 2017 [M]. 北京：中国统计出版社, 2017.

[7] 黄德森, 杨朝峰. 基于空间效应的区域创新能力收敛性分析 [J]. 软科学, 2017, 31 (1): 44-48.

[8] 贾春香. 内蒙古科技创新能力的提升路径——基于对《中国区域创新能力评价报告 2015》的研究 [J]. 科学管理研究, 2017, 35 (3): 75-78.

[9] 李妃养, 黄何, 陈凯. 广东各地市创新能力评价研究 [J]. 科研管理, 2018, 39 (S1): 111-121.

[10] 李林, 胡宇萱, 曾立. 科技兴军视角下区域军民融合创新体系研究 [J]. 科学管理研究, 2017, 35 (2): 62-65.

［11］廖杰，顾新.区域创新体系的构建模式研究［J］.科技管理研究，2009，29（12）：17-19.

［12］王松，胡树华，牟仁艳.区域创新体系理论溯源与框架［J］.科学学研究，2013，31（3）：344-349.

［13］赵炎，徐悦蕾.上海市张江高新区创新能力评价研究［J］.科研管理，2017，38（S1）：90-97.

第三章
创新创业文化培育与湖南推进对策

一、引 言

推进大众创业、万众创新,是发展的动力之源,也是富民之道、公平之计、强国之策,对于推动经济结构调整、打造发展新引擎、增强发展新动力、走创新驱动发展道路具有重要意义,是稳增长、扩就业、激发亿万群众智慧和创造力,促进社会纵向流动、公平正义的重大举措。2017年,政府出台了《国务院关于做好当前和今后一段时期就业创业工作的意见》(国发〔2017〕28号)、《关于强化实施创新驱动发展战略进一步推进大众创业万众创新深入发展的意见》(国发〔2017〕37号)等一系列文件,就推动"创新创业"发展进行了系统部署。2016年两会政府工作报告中明确提出,"充分释放全社会创业创新潜能,着力实施创新驱动发展战略,促进科技与经济深度融合,提高实体经济的整体素质和竞争力"。为在更大范围、更高层次、更深程度上推进大众创业万众创新,政府出台《国务院关于大力推进大众创业万众创新若干政策措施的意见》《关于发展众创空间推进大众创新创业的指导意见》《关于建设大众创业万众创新示范基地的实施意见》等文件,加快发展新经济、培育发展新动能、打造发展新引擎。在当前和今后一段时期,"创新创业"既是经济增长的新引擎,也是提高就业质量、保民生的关键力量。

创新是指一个从新思想的产生到产品设计、试制、生产、营销和市场化的一系列活动。创新表现为不同参与者和机构(包括企业、政府、学校、科研机构等)之间交互作用的网络。创业有广义和狭义之分，广义的创业是指创业者的各项创业实践活动，其功能指向国家、集体和群体的大业。狭义的创业是指创业者的生产经营活动，主要是开办企业、开创个体和家庭的小实业体。创新是创业的基础，没有创新，创业就会像无源之水，无本之木，没有生机活力，创新的成效也只有通过未来的创业实践来检验；创业是创新的载体和表现形式，创新研发实力是创业的根本支撑，创业的成败根本依仗创新教育的根基扎实程度；创新是对人的发展总体的把握，创业看重的是对人的价值的具体体现（周博文和张再生，2018）。创新推动创业，创业依靠创新，二者相互促进又相互制约，是密不可分的辩证统一体。

推进创新创业，是培育和催生经济社会发展新动力的必然选择。随着我国资源环境约束日益强化，要素的规模驱动力逐步减弱，传统的高投入、高消耗、粗放式发展方式难以为继，经济发展进入新常态，需要从要素驱动、投资驱动转向创新驱动。推进创新创业，是扩大就业、实现富民之道的根本举措。我国有13亿多人口、9亿多劳动力，每年高校毕业生、农村转移劳动力、退役军人数量较大，人力资源转化为人力资本的潜力巨大，但就业总量压力较大，结构性矛盾凸显。推进创新创业是激发全社会创新潜能和创业活力的有效途径。目前，我国创业创新理念还没有深入人心，创业教育培训体系还不健全，善于创造、勇于创业的能力不足，创新文化培育氛围不够浓厚，鼓励创新、宽容失败的良好环境尚未形成。2016~2020年，是建设创新型湖南，实现创新驱动、内生增长的重要攻坚时期，必须主动适应和引领经济发展新常态，最大限度地释放全民创新创业热情，加快推进以科技创新为核心的全面创新。

二、创新文化的重要引领支撑作用

（一）创新文化在创新驱动发展中的重要作用

创新驱动发展是立足全局、面向全球、聚焦关键、带动整体的国家战略。创新驱动是创新成为引领发展的第一动力，以科技创新为核心，与制度创新、管理创新、商业模式创新、业态创新和文化创新紧密互动和联动的全面创新。正如德国柏林科学技术研究院（2016）编著的《文化 vs 技术创新：德美日创新经济的文化比较与策略建议》所提出的，"一切创新经济都根植于其特定的文化土壤"。文化是国家（区域）间组织能力、制度能力乃至创新能力差异的重要根源。创新文化在创新驱动发展中发挥重要作用。

创新文化是创新驱动发展的原动力。创新文化贯穿并影响创新活动的全过程。精神、理念、价值观对创新主体起先导作用，是创新驱动发展的"灵魂"。没有文艺复兴，就没有欧洲近代的科技革命；没有多元价值观的"共振"，就没有美国的硅谷。创新文化是国家（区域）创新体系的最终决定力和影响力。

创新文化为创新驱动发展营造"软环境"。一切创新活动都要有一定的环境支撑，尤其需要良好的制度环境和社会氛围。创新活动活跃、创新能力较强的区域普遍拥有良好的创新文化，尤其是崇尚创新、包容个性、宽容失败的观念、制度和环境。创新文化通过广泛集聚区域内外各创新要素，为创新驱动发展营造良好的创新环境（王晓红和张旌，2011）。

创新文化为创新驱动发展提供"文化力"。"文化力"包括智力因素、精神力量、传统文化等要素，对经济社会发展具有推动力、凝聚力和导向力的作用。创新文化的"文化力"体现在：教育和科技为创新驱动发展提供智力支持；理念、信仰和价值观为创新驱动发展提供精神向导和动力；创新文化在传统文化的创造性转化和创新性发展中不断发展壮大。

（二）创新文化对创新创业实践的引领与支撑

习近平总书记指出，"创新是一个民族进步的灵魂，是一个国家兴旺发达的不竭动力，也是中华民族最深沉的民族禀赋。在激烈的国际竞争中，唯创新者进，唯创新者强，唯创新者胜"。要求"在全社会积极营造鼓励大胆创新、勇于创新、包容创新的良好氛围"，"坚持用创新文化激发创新精神、推动创新实践、激励创新事业""让创新在全社会蔚然成风"。创新文化既是软实力，又是硬实力。创新文化是一切创新创造的精神源泉，是创新驱动发展的根基（乡声，2014）。一切创新活动都离不开创新文化的支撑和引领。创新文化对于创新创业实践起到了引领和支撑的重要作用，主要体现在营造良好的创新创业氛围和弘扬宝贵的创新创业精神。

营造良好的创新创业氛围。创新创业文化，作为与社会创新创业有关的意识形态、文化氛围，其培养和建设意义非凡。创新文化可以理解为"崇尚创新、宽容失败、敢为人先、勇于冒险"的创新意识和创新理念，在文化观念上，树立创新才能变革，创新才能持续发展、竞争发展的观念，增强企业家创新自信和定力，依靠创新理念改变人们的生活习惯和生活方式，形成"鼓励创新、宽容失败"的社会共识和良好风气。在文化宣传上，通过舆论宣传等方式对杰出创新人物、重大创新成果以及优秀创新企业进行宣传，提升全社会的关注度，进一步激发全社会的创新创业热情和创造活力。

弘扬宝贵的创新创业精神。中华文化历来强调推陈出新，强调"天行健，君子以自强不息"。《大学》开篇就提出"新民"为大学之道。汤之《盘铭》中曰:"苟日新,日日新,又日新。"创新文化继承发扬奋勇争先、崇尚一流、不甘落后的优良传统,努力营造勇于创新、宽容失败的良好氛围,不断增强开拓进取、锐意创新的信心和勇气,始终保持严谨求实、勇于创新、敢为人先的科学精神,不畏艰险、勇攀高峰的探索精神,团结协作、淡泊名利的团队精神,鼓励怀疑精神和批判精神,尊重和善待新生事物,不应轻易怀疑武断否定它们,而应热情鼓励和积极支持各种新想法、新尝试、新发现、新发明,从而提升创新创业能力,推动"大众创业、万众创新"。

三、湖南的创新创业实践现状分析

2014年9月,李克强总理在第九届"夏季达沃斯论坛"的开幕致辞中提到"大众创业、万众创新",之后中共十九大报告和"十三五"规划也明确提出要推进创新创业,这表明了我国对创新创业的高度重视。在国家政策的号召和引领下,各行各业都加入了创新创业的队伍,纷纷开始了创新创业的实践。湖南省也积极响应国家政策号召,努力建设创新型湖南,实施创新驱动发展战略,发挥科技创新在全面创新中的引领作用,进行创新创业实践,促进大众创业和万众创新。对于湖南创新创业实践情况,主要从创新创业平台建设、创新创业成果展示、创新创业人才资源三个方面进行现状分析。

(一)创新创业平台建设

1. 创新研发平台建设

为推进"大众创业,万众创新",湖南省致力于加强平台建设,如表3-1所示,湖南省目前拥有国家工程实验室9个、国家工程研究中心3个、国家"2011协同创新中心"11个、国家级重点实验室18个、省级重点实验室160个、国家级工程技术研究中心15个、省级工程技术研究中心282个、省部共建国家重点实验室培育基地4个、湖南省重点实验室培育基地6个、博士生工作站108个、院士工作站45个、科普基地25个。湖南省平台建设日趋完善,具有强大的科研实力和较好的发展前景。

2. 创业孵化平台建设

近年来,湖南省高度重视科技企业孵化器、众创空间作为创新创业重要载体的作用,加大对申报创建工作的扶持力度,推动各类创新要素的高效融合,激发全社会创新创业活力,营造良好的创业氛围,湖南省孵化器和众创空间保持持续稳健的发展形

表 3-1 湖南省创新研发平台情况

单位：个

平台类型	数量
国家工程实验室	9
国家工程研究中心	3
国家"2011 协同创新中心"	11
国家级重点实验室	18
省级重点实验室	160
国家级工程技术研究中心	15
省级工程技术研究中心	282
省部共建国家重点实验室培育基地	4
湖南省重点实验室培育基地	6
博士生工作站	108
院士工作站	45
科普基地	25

资料来源：湖南省科技厅。

势，已逐步成为湖南省调整产业结构、优化经济生态环境的重要抓手和支撑力量。如表 3-2 所示，2017 年，湖南省纳入科技部火炬统计各类科技企业孵化器和众创空间的数量分别为 71 家、136 家，同比分别增长 51.06%、156.60%，增幅明显。其中，国家级孵化器数量为 19 家，省级孵化器数量为 52 家；国家备案众创空间数量为 47 家；国家级高新区为 8 家、省级高新区为 24 家、星创天地为 45 家、可持续发展试验区为 41 家、双创示范基地为 24 家。

表 3-2 湖南省创业孵化平台情况

单位：个

平台类型 \ 年份	2015	2016	2017
国家级孵化器	0	18	19
省级孵化器	39	50	52
众创空间	—	54	136
国家级高新区	0	6	8
省级高新区	15	16	24
星创天地	—	67	45
可持续发展试验区	39	39	41
双创示范基地	20	20	24

注：众创空间、星创天地 2016 年启动，之前无数据。
资料来源：湖南省科技厅。

3. 湖南省科研设施和科研仪器开放共享服务平台

如表3-3所示，湖南省科研设施和科研仪器开放共享服务平台中，总计仪器数量7461台，管理机构368家，促进科创资源共享，给创新创业人员提供更优质的服务，促进创新创业。长沙市拥有仪器数量最多，有5188台，占总数的69.53%，其次为湘潭市，拥有仪器数量689台，占总数的9.23%，后有衡阳市和株洲市，仪器数量分别为442台和333台，分别占总数的5.92%和4.46%，其他地区仪器数量相对较少，由此说明各地区科研硬件设施条件具有差异。长沙市管理机构有213家，占总数的57.88%，其次为株洲市和湘潭市，分别拥有管理机构31家和22家，分别占总数的8.42%和5.98%，其他地区管理机构在10~20家，由此可见，湖南省各地区管理水平和对管理的重视程度也存在差异。

表3-3 湖南省科研仪器与管理机构情况

地区	仪器数量（台）	管理机构（家）
长沙	5188	213
湘潭	689	22
衡阳	442	18
株洲	333	31
岳阳	220	19
常德	133	15
湘西自治州	120	6
邵阳	89	6
娄底	65	6
永州	59	7
郴州	46	9
益阳	41	11
怀化	36	5
总计	7461	368

资料来源：湖南省科研设施和科研仪器开放共享服务平台。

4. 创新创业教育实践平台

2016~2017学年，全省依托高校建设了82个大学生创新训练中心，评建了15个大学生创新创业孵化示范基地，组建了湖南省大学生创新创业孵化基地联盟，推动各市州、高校建设了120个大学生创新创业实践基地。如湖南商学院先后与湖南湘江新区、省发改委等开展多层次的校地合作，建立了长沙市首个跨境电商人才培养基地，该校依托湘江新区申报的校地合作试点单位获省级立项，以此为基础申报的"全国高校实践育人创新创业基地"获国家立项。湖南文理学院依托 200 多个校外实习基地建立校外创新创业实训基地,构筑创新创业实战平台,先后已有 40 多个学生创业项目无障碍入驻。长沙理工大学高标准建成大学生创新创业园,整体建筑面积达 8068 平方米,园区分为大学生创新区和创业区,现有 62 个创新创业团队入园孵化。[1]

2015~2016 学年,全省共立项建设了 88 个大学生创新训练中心。各高校依托各类实验(实训)场所和实习基地,通过校企、校地合作,为学生创新创业实践提供平台和指导。全省建立了总面积达 5000 平方米的湖南省大学生创新创业孵化基地。湖南省每年择优评选 20 个左右创新创业带动就业省级示范基地。中南大学、南华大学、湖南大学科技园有限公司成为 2015 年湖南省首批 25 家创新创业带动就业示范基地;中南大学学生创新创业指导中心、湖南大学书院九号获批湖南省首批 15 个众创空间试点单位。吉首大学设立了创新创业专项资金,建设了 22 个大学生科技实践创新工作室,建立了 156 个校外实践基地,组建了"创新创业协会""大学生创业自强社"等各种类型的学生创新创业社团。[2]

(二)创新创业成果展示

2012~2016 年,随着创新创业环境的优化,创新创业资源得到有效运用,湖南省创新创业取得了突破性的进展,科技成果产出水平显著提高,转化应用率有所提升,成果显著。

1. 科技报告项目情况

如表 3-4 所示,湖南省目前拥有国家科技重大专项 21 项、国家重点基础研究发展计划 168 项、国家高技术研究发展计划 202 项、国家科技支撑计划 96 项、国家国际科技合作专项 21 项、国家重大科学仪器设备开发专项 3 项、省级自然科学基金 122 项、省级科技重大项目 205 项、省级重点研发计划 563 项、技术创新引导专项 124 项、创新平台与人才专项 2 项,总计科技报告项目 1527 项,科技报告项目成果显著。

表 3-4 湖南省分部门科技报告项目情况

单位:项

项目类型	数量
国家科技重大专项	21
国家重点基础研究发展计划	168
国家高技术研究发展计划	202

---

[1] 资料来源:湖南省教育厅:《湖南省普通高校:2016~2017 学年本科教学质量分析报告》。
[2] 资料来源:湖南省教育厅:《湖南省普通高校:2015~2016 学年本科教学质量分析报告》。

续表

项目类型	数量
国家科技支撑计划	96
国家国际科技合作专项	21
国家重大科学仪器设备开发专项	3
省级自然科学基金	122
省级科技重大项目	205
省级重点研发计划	563
技术创新引导专项	124
创新平台与人才专项	2
总计	1527

资料来源：湖南科技报告共享服务系统。

如表3-5所示，湖南省分地区科技报告项目成果也相当显著，以长沙为首，拥有项目381项，占全省科技报告项目的51.84%。由此可以看出长沙市科技研究能力强，项目成果多；排名第二的为湘潭市，拥有项目56项，占全省科技报告项目的7.62%；衡阳市拥有项目50项，占全省科技项目的6.80%，排在全省第三；永州市、张家界市、娄底市和益阳市科技项目数量较少，分别为9项、12项、17项和19项，稍显弱势，科技研发实力有待加强。由此可以看出，湖南省总体科研能力在稳步提升，但是各地区科研能力具有明显差异，较弱地区应采取有效措施提升相应能力。

表3-5 湖南省分地区科技报告项目情况

单位：项

地区	项目数量
长沙	381
娄底	17
郴州	22
永州	9
怀化	26
湘西自治州	38
株洲	42
湘潭	56
衡阳	50
邵阳	20
岳阳	21
常德	22

续表

地区	项目数量
张家界	12
益阳	19
总计	735

注：相关部门和地市的科技报告工作正在启动和开展之中，各项目（课题）承担单位正在陆续递交，科技报告数量将陆续增加。
资料来源：湖南科技报告共享服务系统。

2. 三种专利授权情况

专利指标是衡量创新活动产出的重要指标，在一定程度上代表了一个区域对新技术市场的竞争能力。首先，从总量上看，2012~2017年，湖南省专利授权总量由23212项增加到37916项，呈现稳步增长态势。图3-1显示，2017年湖南省专利授权总量37916项，比2012年增长63.35%。2017年湖南省授权的三种专利中，实用新型最多，为20337项；其次是外观设计，为9670项；发明专利最少，为7909项。这三种专利占授权总量的比重分别是53.64%、25.5%、20.86%，三者之间存在着较大的差距。分专利类型来看，2017年湖南省发明、外观设计、实用新型专利授权量为7909项、9670项、20337项，与2012年相比分别增加了4556项、3085项、7063项，增长率分别为135.88%、46.85%、53.21%。湖南省发明专利授权在数量上一直处于较低水平，是三大专利中数量最少的，近年来随着发明专利申请量的增加和审查效率的提高，授权数量得到了明显提升。可见，在湖南省的授权专利中，技术含量较高的发明专利的地位也在不断提升。

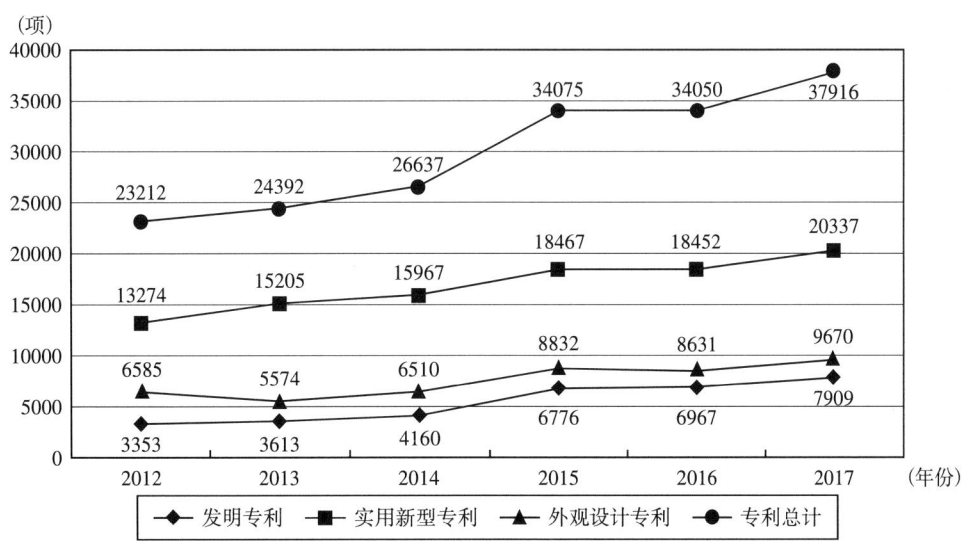

图3-1 2012~2017年湖南省三种专利授权数
资料来源：《湖南统计年鉴》（2013~2017），湖南省知识产权局数据。

如表 3-6 所示，湖南省专利授权数以长沙市为首，总计 17170 项，占湖南省总数的 45.28%，其中发明、实用新型、外观设计分别为 4873 项、9978 项、2319 项，由此可以看出长沙市科研实力十分强劲。其次为株洲市和湘潭市，分别排第二和第三，专利分别有 3728 项和 2315 项，占湖南省总数的 9.83% 和 6.11%，按类型来分，株洲市仍然排名全省第二，而湘潭市外观设计专利则相对落后。专利授权数主要集中在长株潭地区，其他地区专利授权数量相对较少，说明其科研创新能力有待进一步提升，使各地区科研创新实力趋于平稳快速增长。由此可以看出，各地区研究能力具有明显差异。

表 3-6　2017 年湖南省分地区专利授权数量情况

单位：项

地区	发明	实用新型	外观设计	总计
长沙	4873	9978	2319	17170
株洲	919	1867	942	3728
湘潭	577	1422	316	2315
衡阳	331	1461	874	2666
邵阳	86	589	1091	1766
岳阳	215	860	707	1782
常德	163	876	553	1592
张家界	34	171	143	348
益阳	160	795	596	1551
郴州	194	694	328	1216
永州	82	367	797	1246
怀化	67	439	380	886
娄底	106	591	446	1143
湘西自治州	101	225	171	497
其他	1	2	7	10
总计	7909	20337	9670	37916

资料来源：湖南省知识产权局数据。

由表 3-7 可以看出，分部门来看，专利授权主体是企业，拥有专利 18049 项，占湖南省总数的 47.6%，其次为高等院校，拥有专利 7308 项，分别占总数的 19.27%，科研单位和机关团体专利授权数较少，分别为 369 项和 277 项，分别占总数的 0.97% 和 0.73%；个人专利授权数成果也相当显著，拥有项目 11913 项，占湖南省总数的 31.42%。分地区来看，各地区情况略有差异，但特征与总体趋势一致，即高等院校和企业是专利授权的主体部门，科研单位和机关团体专利授权数相对较少，有待提升，个人专利授权成果较佳。

表 3-7 2017 年湖南省分部门专利授权数量

单位：项

地区	部门					非部门
	高等院校	科研单位	企业	机关团体	部门总计	个人
长沙	4176	315	9722	206	14419	2751
株洲	330	36	2611	8	2985	743
湘潭	1029	1	909	4	1943	372
衡阳	422	4	857	24	1307	1359
邵阳	129	2	419	3	553	1213
岳阳	53	0	731	2	786	996
常德	148	3	509	3	663	929
张家界	96	0	100	0	196	152
益阳	344	1	594	6	945	606
郴州	55	1	605	7	668	548
永州	55	4	180	5	244	1002
怀化	165	2	303	8	478	408
娄底	152	0	328	0	480	663
湘西自治州	154	0	177	1	332	165
其他	0	0	4	0	4	6
总计	7308	369	18049	277	26003	11913

资料来源：湖南省知识产权局数据。

3. 技术合同交易情况

据统计，2017 年湖南省共登记技术交易合同 5723 项，较 2016 年的 3976 项增加了 43.94%；累计成交额 203.11 亿元，同比大幅度增长 92.30%；其中技术交易额 125.60 亿元，相比 2016 年同期大幅度增长，增幅为 150.47%，如表 3-8 所示。

表 3-8 湖南省技术合同交易情况

	2016 年	2017 年	增长率（%）
交易量（项）	3976	5723	43.94
成交额（亿元）	105.62	203.11	92.30
技术交易额（亿元）	50.15	125.60	150.47

资料来源：湖南省科技厅。

从表 3-9 可以看出，2017 年湖南省各地州市吸纳的技术成果以长沙市为首，共吸纳各类技术 2449 项，成交额达 86.93 亿元，占全省吸纳总额的 50.52%；技术交易额 65.56 亿元，占全省的 53.02%。由此可以看出，长沙市技术交易活动十分活跃。同时，长沙市 2017 年输出技术成果 3496 项，技术合同成交额 102.53 亿元，占全省比重 50.48%，较上年同期增长达 349.96%，居全省首位。说明长沙市技术需求市场巨大，正逐步向创新型都市转变。全省吸纳技术排第二的为邵阳市，吸纳各类技术 136 项，成交额 12.32 亿元，占全省技术吸纳成交额的 7.16%；其中技术交易额 4.46 亿元，占全省的 3.60%。常德市也是个技术吸纳大市，2017 年共吸纳各类技术 262 项，成交额 11.42 亿元，占全省技术吸纳成交额的 6.64%，排全省第三；技术交易额 8.57 亿元，占全省的 6.93%。技术输出排第二、第三名的株洲和湘潭在技术吸纳方面稍显弱势，技术成交额分别为 6.13 亿元和 8.60 亿元，居全省各地州市技术吸纳的第四名和第六名。

表 3-9　2017 年湖南省各地州市技术合同交易情况

地区	交易量（项）	成交额（亿元）	技术交易额（亿元）
长沙	2449	86.93	65.56
邵阳	136	12.32	4.46
常德	262	11.42	8.57
湘潭	413	10.74	8.60
郴州	350	10.68	5.77
株洲	499	7.64	6.13
永州	158	6.86	6.56
衡阳	257	6.51	6.29
岳阳	376	4.85	3.80
怀化	319	4.82	2.05
益阳	192	4.02	2.11
娄底	127	2.18	1.69
湘西自治州	174	1.75	1.43
张家界	50	1.38	0.65
合计	5762	172.08	123.65

资料来源：湖南省科技厅。

（1）从合同类别来看，四类合同均大幅增长。2017 年，四类合同较上年同期均大幅度增长。其中技术服务合同成交额增幅 111.35%，成交额达 141.85 亿元，居四类合同之首；技术开发合同增幅 31.19%，成交额 30.17 亿元，居第二位；技术转让合同增幅 163.05%，成交额 24.45 亿元，位居第三；技术咨询合同增幅 6.91%，成交额 6.64 亿元，位列第四，如表 3-10 所示。

表 3-10　湖南省分类别技术合同交易情况

合同类别	交易量（项）			成交额（亿元）			技术交易额（亿元）		
	2016年	2017年	增长率(%)	2016年	2017年	增长率(%)	2016年	2017年	增长率(%)
技术开发	2223	2191	-1.44	23.00	30.17	31.19	20.03	26.10	30.32
技术转让	207	221	6.76	9.29	24.45	163.05	8.51	23.61	177.48
技术服务	1350	2700	100.00	67.12	141.85	111.35	18.03	72.26	300.89
技术咨询	196	611	211.73	6.22	6.64	6.91	3.58	3.63	1.24
合计	3976	5723	43.94	105.62	203.11	92.30	50.15	125.60	150.47

资料来源：湖南省科技厅。

（2）从卖方城市来看，技术交易仍集中在长株潭地区。按技术合同交易地区统计，如表 3-11 所示，2017 年技术交易仍集中在长株潭地区，技术合同成交额达 164.00 亿元，占全省交易总额的 80.74%。其中，长沙市技术合同成交额 102.53 亿元，较上年同期增长 349.96%，占全省比重 50.48%，居全省首位；株洲市技术合同成交额 35.20 亿元，同比增幅 15.11%，占全省交易总额的 17.33%，居全省第二位；湘潭市技术合同成交额 26.27 亿元，相比 2016 年增长 5.10%，占全省的 12.93%，居全省第三位。

表 3-11　湖南省技术合同交易卖方城市情况

卖方城市	交易量（项）			成交额（亿元）			技术交易额（亿元）		
	2016年	2017年	增长率(%)	2016年	2017年	增长率(%)	2016年	2017年	增长率(%)
长沙	2757	3496	26.80	22.79	102.53	349.96	21.86	85.99	293.28
株洲	187	326	74.33	30.58	35.20	15.11	5.61	8.93	59.36
湘潭	145	602	315.17	25.00	26.27	5.10	3.07	3.92	27.74
常德	55	67	21.82	8.42	8.60	2.21	5.76	6.59	14.47
郴州	159	228	43.40	3.57	7.29	104.47	3.50	4.30	22.81
衡阳	57	163	185.96	5.07	5.75	13.45	5.07	5.74	13.18
怀化	367	285	-22.34	3.08	3.81	23.62	0.86	0.85	-1.59
益阳	78	127	62.82	2.66	3.57	34.25	0.69	1.74	153.33
岳阳	94	286	204.26	0.22	3.27	1381.33	0.22	1.61	627.70
邵阳	5	22	340.00	2.50	3.25	29.94	2.30	2.77	20.37
永州	22	21	-4.55	0.42	1.33	216.86	0.42	1.31	216.15
娄底	20	25	25.00	0.59	1.27	117.29	0.41	1.12	170.83
张家界	7	21	200.00	0.58	0.63	9.15	0.23	0.40	78.74
湘西自治州	23	54	134.78	0.16	0.34	104.54	0.15	0.33	120.19
总计	3967	5723	43.94	105.62	203.11	92.30	50.15	125.60	150.47

资料来源：湖南省科技厅。

(3)从卖方性质来看,企业依旧是技术合同交易主体。按卖方性质统计,如表3-12所示,技术交易主体仍以企业为主导。企业法人输出3739项,成交额174.32亿元,比上年增长107.25%,占各类主体总输出额的85.82%;高等院校输出成果相较于2016年增长显著,输出1252项,成交额7.75亿元,增幅279.17%;科研机构输出成果较2016年也实现了增长,输出301项,成交额4.99亿元,比上年增长22.60%。

表3-12 湖南省技术合同交易卖方性质情况

卖方性质	交易量(项)			成交额(亿元)			技术交易额(亿元)		
	2016年	2017年	增长率(%)	2016年	2017年	增长率(%)	2016年	2017年	增长率(%)
高等院校	664	1252	88.55	2.04	7.75	279.17	2.01	7.70	283.77
科研机构	217	301	38.71	4.07	4.99	22.60	3.83	4.55	18.55
企业法人	2606	3739	43.48	84.11	174.32	107.25	32.61	101.28	210.57
其他法人	489	431	-11.86	15.40	16.05	4.22	11.69	12.08	3.30
总计	3976	5723	43.94	105.62	203.11	92.30	50.15	125.60	150.47

资料来源:湖南省科技厅。

(4)从买方省份来看,省内技术交易占比重最大。从技术成果输出的地域分布统计来看,如表3-13所示,2017年省内技术交易仍占比重最大。输出且在湖南本省转化的技术成果3343项,成交额77.10亿元,占全省成交额的37.96%,较2016年增长83.75%。输出到国外的成果仅56项,但成交额达12.57亿元,增幅为14.25%。另外,输出到省外的技术交易主要集中在北京、江苏、贵州、四川及山东等省市。

表3-13 湖南省技术合同交易买方省份情况

买方省份	交易量(项)			成交额(亿元)			技术交易额(亿元)		
	2016年	2017年	增长率(%)	2016年	2017年	增长率(%)	2016年	2017年	增长率(%)
湖南省	2456	3343	36.12	41.96	77.10	83.75	27.64	55.32	100.15
北京市	231	328	41.99	2.70	10.38	283.98	2.55	8.42	230.86
江苏省	74	123	66.22	5.19	9.93	91.26	0.64	2.60	307.59
贵州省	30	57	90.00	0.33	9.77	2878.98	0.31	4.00	1203.72
四川省	48	49	2.08	0.35	9.67	2655.29	0.35	9.45	2591.41
山东省	66	94	42.42	3.34	9.37	180.19	1.85	2.07	11.98
广东省	269	405	50.56	4.28	7.75	80.92	2.01	6.18	207.56
江西省	55	77	40.00	9.19	7.34	-20.22	0.35	0.84	138.04
上海市	56	105	87.50	0.57	6.68	1065.47	0.42	3.57	752.23

续表

买方省份	交易量（项）			成交额（亿元）			技术交易额（亿元）		
	2016年	2017年	增长率(%)	2016年	2017年	增长率(%)	2016年	2017年	增长率(%)
甘肃省	12	28	133.33	15.76	5.77	-63.37	0.48	2.23	365.00
其他省份	639	1058	65.57	10.93	36.78	236.51	6.79	20.46	201.33
国外	40	56	40.00	11.00	12.57	14.25	6.76	10.46	54.63
总计	3976	5723	43.94	105.62	203.11	92.30	50.15	125.6	150.47

资料来源：湖南省科技厅。

4. 双创平台成果转化情况

（1）孵化器和众创空间成果转化情况。

湖南省孵化器和众创空间保持持续稳健的发展态势，已逐步成为湖南省调整产业结构、优化经济生态环境的重要抓手和支撑力量。如表3-14所示，孵化器和众创空间发展规模扩大、孵化能力提升、运营效益提高。

1）发展规模扩大。2017年，湖南省纳入科技部火炬统计各类科技企业孵化器和众创空间的数量分别为71家、136家，同比分别增长51.06%、156.60%，增幅明显。其中，国家级孵化器数量为19家，省级孵化器数量为41家；国家备案众创空间数量为47家，省级众创空间为62家。目前，湖南省科技企业孵化器孵化面积为286.82万平方米，在孵企业数量为4747家，创业导师1023人；众创空间孵化总面积为59.81万平方米，提供工位数26015个，创业导师3570人，创业团队和企业数量5277家。

2）运营效益提高。2017年，湖南省科技企业孵化器和众创空间通过调整产业结构和优化资源配置，注重发展新材料、电子信息、生物医药、移动互联网等新兴产业，进一步优化收入结构，提升运行效益，孵化器年度总收入达到6.88亿元，同比增长3.51%；众创空间年度总收入达到2.92亿元，同比增长134.93%。

3）孵化能力提升。湖南省科技企业孵化器和众创空间积极搭建创新创业生态服务体系，为入驻团队和初创企业提供投融资、政策咨询、检验检测等服务。2017年，湖南省各类孵化器中获得孵化基金投资的在孵企业数量为383家，同比增长37.77%，在孵企业获得风险投资额6.4亿元，是2016年的1.45倍；众创空间获得投融资的团队及企业数量为630家，同比增长135.96%，举办创新创业活动4347次，是2016年的2.34倍。目前，湖南省孵化器和众创空间孵化培育能力进一步提高，逐步向规模化、专业化发展。

表 3-14　孵化器和众创空间成果转化情况

	孵化器	众创空间
孵化面积（万平方米）	286.82	59.81
企业数量（家）	4747	5277
创业导师（人）	1023	3570
年度总收入（亿元）	6.88	2.92
获得投融资企业数量（家）	383	630
举办创新创业活动（次）	—	4347

资料来源：湖南省科技厅。

（2）高新园区成果转化情况。

2017 年，湖南省启动实施高新区创新驱动发展提质升级三年行动，在全省高新区组织实施"创新型产业集群培育、科技创新服务体系建设、体制机制改革创新"三大工程，高新区建设和发展实现了"量质齐升"，成为湖南省实施创新引领战略的关键载体、推动产业转型升级的重要引擎和促进创新创业的核心平台。

1）高新园区提质升级速度加快。湖南省制定出台了《湖南省高新技术产业开发区创新驱动发展提质升级三年行动方案（2017~2019 年）》，促进高新区率先实现中高速发展、迈向中高端水平。第一，经济贡献大。全省高新区以占全省 0.33% 的土地面积，集聚了全省 1/3 的高新技术企业，创造了全省近 1/3 的工业总产值和出口总额。其中，国家级高新区工业用地地均税收和人口密度最高，工业用地建筑系数和地均税收增幅最大。第二，发展速度快。2017 年前三季度，全省高新区实现高新技术产业主营业务收入 5561.48 亿元，占全省园区的 39.9%。2017 年，科技部发布的全国高新区排名显示，湖南省国家高新区在全国的排名均有提升，其中长沙高新区在全国排第 13 位，较上年提升 3 位；株洲高新区排第 23 位，较上年提升 5 位。第三，创新能力突出。全省近 70% 的省级以上技术研发平台集聚在高新区。2017 年，全省高新区专利申请量占全省省级以上产业园区的 54.97%，专利授权量占 40.53%。其中，长沙高新区、株洲高新区分别名列全省省级以上产业园区专利申请量和专利授权量的第一、第三位。

2）全省产业园区创新驱动发展成效明显。在全省产业园区发展综合评价指标体系中加大创新驱动指标权重，推进全省产业园区转型升级、创新发展。2017 年前三季度，全省园区实现高新技术产业主营业务收入 13954.96 亿元，同比增长 18.3%，提高 1.2 个百分点。高新技术产业企业期末从业人数 122.1 万人，占全省园区期末从业人数的 37.3%。R&D 经费内部支出 474.71 亿元，同比增长 20.5%，提高 5.8 个百分点。

5. 创新创业教育成果情况

2016~2017 学年，湖南省普通本科高校学生共发表学术论文 1783 篇，其中新建本科院校学生发表论文622篇；学生共发表作品1703项，其中新建本科院校224项；学生申请发明专利或软件著作权803项，其中新建本科院校73项；湖南省本科院校学生共获得本科生创新活动技能竞赛省级及以上奖励3000项，其中获得国际级奖励66项，国家级奖励1176项，省级奖励1758项。在2016年"创青春"全国大学生创业大赛中，湖南省高校共获得金奖4项、银奖7项、铜奖27项。吉首大学软件工程专业近3年学生参与软件开发项目393项，学生获得软件著作权74项102人次，成功孵化学生创业项目7个，其中2015届毕业生段子明开办创业公司融资3000万元，注册资金1亿元。①

2015年，湖南省全省立项资助664项。在2015年全国大学生创新创业年会上，湖南省8篇学术论文和5个项目参加大会交流。2008年以来，省教育厅立项资助创新实验项目5405个，34所本科院校参加了国家级大学生创新创业训练计划，全省高校还立项校级项目17810项。②

(三) 创新创业人才资源

归根结底，创新创业能力的竞争实际上就是人才资源的竞争，湖南省具有良好的区位优势和创新创业环境，省内拥有数家科研机构、高等院校和国家重点实验室，研究人员等创新创业人才资源十分丰富，有效运用人才资源并发挥其对湖南省创新创业实践的作用，将有效促进湖南省的经济发展和科技创新水平。

1. 专家型人才情况

湖南省聚集了大量专家型人才，由表3-15可知，2016年湖南省拥有"湖湘青年"89人，较2015年增长率为43.55%；在湘院士71人，较2015年增长率为16.39%；"百人计划"221人，较2015年增长率为58.99%；"千人计划"91人，较2015年增长率为8.33%；"三区人才"1000人，较2015年增长率为8.70%。另外，湖南省共有独立科研与技术开发机构252个，省科技创新创业团队40个，较2015年增长率为60%，其中，2个创新团队、2个人才培养示范基地入选国家创新人才推进计划。创新型人才队伍不断壮大，为湖南科技创新提供了强大的智力支持。

表3-15 湖南省专家型人才情况

人才类型	2015年	2016年	增长率（%）
"湖湘青年"	62	89	43.55
"在湘院士"	61	71	16.39
"百人计划"	139	221	58.99

① 资料来源：湖南省教育厅：《湖南省普通高校：2016~2017学年本科教学质量分析报告》。
② 资料来源：湖南省教育厅：《湖南省普通高校：2015~2016学年本科教学质量分析报告》。

续表

人才类型	2015年	2016年	增长率（%）
"千人计划"	84	91	8.33
"三区人才"	920	1000	8.70
省科技创新创业团队	25	40	60

资料来源：湖南省科技厅。

2. 研究生毕业生情况

湖南有众多高校，培养了众多高学历人才，他们接受了良好的教育并且拥有较强的创新创业能力，给他们提供良好的创新创业环境和政策支持，可以带来更多的创新创业成果。表3-16选取了湖南省的几所高校代表来对研究生毕业就业质量进行统计，由表3-16可知，研究生就业率普遍较高，以中南大学为例，毕业研究生就业率达到了98.82%，但是我们也可以看到，在湖南省就业的人数却相对较低，为1981人，占毕业研究生总数的37.06%。另外，研究生创业率普遍偏低，湖南大学创业人数为13人，创业率为0.39%；湖南师范大学创业人数为7人，创业率为0.31%。总体看来，湖南省高校研究生就业率普遍较高，但是留在湖南就业发展的比例偏低，尤其是创业率。

表3-16 湖南省2017届毕业研究生人才流动情况

高校名称	毕业生（人）	就业人数（人）	就业率（%）	留湘人数（人）	留湘比例（%）	创业人数（人）
中南大学	5346	5282	98.82	1981	37.06	—
湖南大学	3347	3265	97.55	1386	41.41	13
湖南师范大学	2261	2070	91.55	753	33.30	7
湖南中医药大学	545	517	94.86	200	36.70	2
湘潭大学	1897	1778	93.73	958	50.50	7
湖南科技大学	446	420	94.17	284	63.68	—
湖南工业大学	322	314	97.52	195	60.56	1
南华大学	978	930	95.09	—	—	—

资料来源：各学校就业信息网。

3. 本科毕业生情况

湖南有众多高校，培养了众多高学历人才，本科生也是进行创新创业的重要人力资源，他们拥有较强的创新创业能力，给他们提供良好的创新创业支持，可以带来更多的创新创业成果。表3-17选取了湖南省的几所高校代表来对本科毕业生就业质量进行统计，由表3-17可知，本科生就业率普遍较高，以中南大学为例，本科毕业生就业率达到了98.02%，但是我们也可以看到，在湖南省就业的人数却相对较低，为1064人，占本科毕业生总数的24.80%。另外，本科毕业生创业率普遍偏低，湖南大学创业人数为14人，创业率为0.29%；湖南师范大学创业人数为22人，创业率为0.42%。总体来看，湖南省高校本科毕业生就业率普遍较高，但是留在湖南就业发展的比例偏低，尤其是创业率。

表3-17 湖南省2017届本科毕业生人才流动情况

高校名称	毕业生（人）	就业人数（人）	就业率（%）	留湘人数（人）	留湘比例（%）	创业人数（人）
中南大学	7916	7759	98.02	1064	24.80	—
湖南大学	4911	4721	96.13	608	12.38	14
湖南师范大学	5284	5038	95.34	2847	53.88	22
湖南商学院	3652	3505	95.97	2002	62.27	35
湖南中医药大学	2621	2387	91.07	1502	57.31	5
湘潭大学	5708	5308	92.99	1327	23.25	9
湖南科技大学	6378	5892	92.38	1524	23.89	46
湖南工程学院	3782	3631	96.01	1156	30.57	—
湖南工业大学	6858	6247	91.09	2311	35.32	65
南华大学	6410	6059	94.52	1718	26.8	58

资料来源：各学校就业信息网。

四、湖南省创新创业实践存在的问题及原因分析

大众创业、万众创新是一项系统工程，需要来自国家、社会、企业、风险投资组织以及家庭等多层面、多维度的支持。目前，湖南省创新创业实践虽然取得了很大的成效，但是经过实践发现，其实践过程中还存在着诸多问题。

（一）双创文化氛围营造有待加强

1. 创新创业精神还需进一步加强

创新创业从来都不是轻松的，也无法一劳永逸，甚至布满坎坷和荆棘，需要勇于开拓的创新精神、坚韧不拔的奋斗精神以及百折不挠的进取精神，主要体现为企业家精神培育和学生创新创业精神培育。湖南省拥有众多企业家人才，企业家群体的产生和日益壮大并逐渐走向成熟，自身能力和素质在不断提高，企业家精神得到培育锻炼和释放，但这都是一种自发的企业家精神培育和成长过程，缺乏系统的研究、组织和

规划引导，另外，湖南省经济还在高速发展中，市场经济体制和相关制度还不够完善，企业家精神培育还处于一种零散的、自发的、无组织的状态，尊重企业家精神、研究倡导企业家精神、主动培育激发企业家精神的社会文化氛围尚未形成。学生创新创业教育有待进一步加强，现在高校高度重视创新创业教育，已经在课程设置、资源安排和社会实践等方面做出了一系列的改进完善，但这还不够，高校应该举行相关活动来培育学生的创新创业精神，让他们感受到进行创新创业所需要的精神和能力素质，为后续的创新创业提供足够的精神动力（马永斌和柏喆，2015）。

2. 独特的创新创业文化有待进一步形成

湖南省对于创新创业平台建设以及创新创业人才培养投入了大量的资源，也取得了非常好的成果，但是湖南省对于文化培养的重视程度还不够，未从文化层面提升社会对创业创新者的认可和尊重，也未将创新创业文化与湖南特色文化有效地结合起来，并进行充分的文化宣传。另外，政府、社会、企业、高校应多方面共同参与，创建新的民族风尚和价值体系（曹再兴，2015），从而塑造激励创业的文化环境，使鼓励创业、支持创业、投身创业成为社会价值取向，让人们在创造财富的过程中，更好地实现精神追求和自身价值。

3. 创新创业宣传力度还不够

近几年来，湖南省已经涌现出了不少敢于创新的企业、成果显著的创新成果、国际知名的创新品牌，很多有创新潜力的特色小微企业正在开创属于自己的一番新天地，出现了不少因为创业成就自我人生价值、实现人生目标的创业英雄们。让大众懂得创业流程、创新方式和创新内容，就要做好发展成就宣传和创新创业宣传，深入挖掘创业先进典型，把宣传创新成果与宣传创业人物结合起来，树立创业示范，让大家懂创新、会创业、敢于"拼一把"，一个尊重劳动、尊重知识、尊重人才、尊重创造的良好氛围也就呼之欲出，从而营造良好的舆论环境，不断增强人们的创业意识，引导人们将创业冲动变为自觉行动，激发全社会的创业智慧与活力。

（二）双创平台实质性效用有待进一步发挥

1. 双创平台规模与孵化器服务质量不匹配

湖南省拥有数家众创空间、创业孵化基地和产业园区，但是它们没有发挥出真实有效的作用。双创平台建设发展规模不断扩大，但是思想理念还仅仅停留在建设标准化厂房的层面，不能给创新创业提供真实有效的指导和帮助，导致服务成效差，质量低下。另外，双创平台规模不断扩大，功利性增强，且许诺服务大于实际服务投入，不能给创新创业企业带来实质性的帮助和改变，偏离了双创平台的创办初衷，而且各众创空间和孵化器拥有资源和相关人员资质不一，素质不齐现象凸显，从而达不到应有的效果（张瑞琼，2018）。

2. 双创平台规模与中介服务质量不匹配

湖南省双创平台规模不断扩大，需要相应完善的中介服务体系，助力创新创业发展。湖南省科技中介服务组织很多，但专业服务水平高的中介服务机构还很少；高层次人才不愿介入或流入这一行业，能够为创新创业者和中小企业成长提供融资方案、商业方案和管理团队支持的中介服务极为缺乏。全社会流动资金多，但专业化的天使基金、风险投资和创业项目投资总量偏少，民间资本和国有银行资本进入创新创业链的渠道不通畅，科技成果转化的风险分担和利益共享机制也存在许多亟待解决的问题（周才云和张元元，2016）。

（三）双创人才利用效率有待进一步提高

1. 优秀的企业创新创业人才稀少

湖南省聚集了大量专家型人才，湖湘青年、两院院士、"百人计划""千人计划""三区人才"等专家人才规模在不断扩大，人数每年稳定增长；与此类专家型人才相比，省科技创新创业团队虽然增长率较高，但总体规模仍然很小，2016年只有40个。湖南省由于长期以来的崇学崇武思想影响，企业经营者的理念与沿海等发达地区相比差距较大，优秀的企业创新创业人才和团队稀少。部分企业具有领先的技术，但由于经营者不善创新，以致发展收效甚微。

2. 高学历人才较难留住

湖南省有众多高等学校，每年本科生以及研究生毕业生规模大，但是留在湖南省就业发展的人才却只占总量的较少数，大多数人都因为经济发达地区优越的地理位置、众多的发展机会以及发展空间、优越的工作待遇等多方面的吸引力而选择北京、上海、广州、深圳等一线城市，为当地的经济发展以及创新创业贡献了一分力量，湖南省或因缺少职业发展空间和优厚的福利待遇以及系统的激励制度而丧失了优势和吸引力，人才较难留住，创新创业的长期发展也会停滞不前（龙群等，2015）。

五、湖南推进创新创业文化培育的对策建议

（一）培育具有湖南特色的创新创业文化

要使创新创业成为一种精神，就要在全社会营造一种持久而深入人心的创新创业

文化，营造有利于创新创业的精神文化氛围。一是率先确立以创新创业为主导的价值观，培育全社会的创新创业精神。要从制度和体制方面进行改革，在全社会形成一种崇尚解放思想、实事求是的价值观，创造一个公平、竞争、合作的创新创业环境，营造一种鼓励创新创业、崇尚创新创业、允许失败、宽容失败的社会文化氛围。二是大力弘扬中国传统文化中的创新创业精神，激发全民族的创新创业活力。中国优秀的民族传统文化中，历来就包含着鼓励创新创业的丰富内涵，另外，要大力培育勇于创新创业、善于创新创业、敢冒风险、挑战权威、解放思想、开拓进取、不懈追求、探索真知的现代创新创业文化。三是发扬湖南特色文化内涵。推进哲学社会科学、软科学的繁荣与发展，为思想解放和理念、体制、机制、方式方法创新提供理论和智力支持，以理论创新指导并推进实践创新；建立健全终身教育体系，推进学习型社会、学习型组织建设，夯实创新型湖南的智力基础；注重和加强科研诚信和学术道德建设，营造诚信、宽松、和谐的科研学术环境；营造崇尚创新、宽容失败的良好社会氛围，使全社会的创新热情竞相迸发、创新人才脱颖而出、创新效益充分显现，不断丰富敢为人先的湖湘文化内涵。

（二）营造公平、便利、完善的创新创业环境

推进创新创业的高效快速发展，需要营造良好的创新创业环境。一是提高创业便利化水平。落实"先照后证"改革，推进全程电子化登记和电子营业执照应用；按照"非禁即入"的原则，允许各类创业主体平等进入国家法律法规未禁入的所有行业和领域；开展企业简易注销试点，建立便捷的市场退出机制；依托企业信用信息公示系统建立小微企业名录，增强创业企业信息透明度；推行"三证合一、一照一码"登记制度，简化相应流程，采取一站式窗口、网上申报等措施，为创新创业企业提供市场准入便利。二是完善公平竞争市场环境。进一步转变政府职能，增加公共产品和服务供给，为创业者提供更多机会；逐步清理并废除妨碍创业创新发展的制度和规定，打破地方保护主义；建立统一透明、有序规范的市场环境。依法反垄断和反不正当竞争，消除不利于创业创新发展的垄断协议和滥用市场支配地位以及其他不正当竞争行为；把创业主体信用与市场准入、享受优惠政策挂钩（辛磊，2015）。三是落实有关行政事业性收费和服务性收费减免政策。对小微企业和从事个体经营的行政事业性收费按规定实施减免政策；严禁各种名义、各种形式的集资、摊派、乱收费和强制服务、强制收费；严格规范行业协会、中介组织收费，各类中介机构对登记失业人员、高校毕业生从事个体经营、创办小微企业涉及的服务性收费，要给予优惠；建立创新创业企业负担举报和反馈机制（姜芳蕊，2017）。

（三）健全完善创新创业的教育培训体系

创新创业教育体系的完善需要政府、高校、企业和研究机构的共同参与。一是加强创业创新教育。将创业创新精神教育和素质教育融入国民教育体系，深化中小学课程改革，加强实践实验类课程教育（孙小涵，2018）。深化高等学校创业创新教育改革，加强创业创新教育课程体系建设，实施大学生研究性学习与创新实验计划，提升教师创业创新指导能力，创新人才培养机制（黎庆辉等，2018）。二是开展创业创新培训。开展针对不同群体、创业活动不同阶段特点的培训项目，提高创业创新培训的针对性和有效性。建立一支千人以上高水平创业创新培训师资队伍，每年开展创业创新培训7万人次以上（路畅，2017）。三是组织创业创新比赛。举办中国创新创业大赛（湖南赛区）、黄炎培职业教育奖创业规划大赛、湖南青年创新创业大赛、大学生创新创业大赛、巾帼创新创业技能大赛等赛事，以比赛为契机培育提升创业创新素质（黎安康和刘君，2018）。四是积极开展多样化培训教育。充分发挥网络、电视、手机微媒等传媒作用，开展在线培训教育、远程培训教育，提供开放、灵活、方便的创业创新教育资源。

（四）提高双创平台的创新创业服务质量

双创平台只有与服务质量相适应，才能发挥出实质性的创新创业成果。一是创新服务模式。积极推广众包、用户参与设计、云设计等创业创新新模式。支持创业孵化基地、中小微企业创业基地和创业园区信息服务平台，提供各项信息服务。二是发展公共服务平台。整合创业创新信息资源，实现创业创新政策、项目、培训、比赛等信息集中发布。加快建立创业企业、创业投资统计指标体系，加强监测和分析（白丁，2018）。建立创业失败援助机制，对受援者提供创业指导、经济救助、心理抚慰等服务。三是发展第三方专业化服务。加快发展企业管理、财务咨询、市场营销、人力资源、法律顾问、知识产权、检验检测、现代物流等第三方专业化服务。四是开展专家指导服务行动。建立健全各级创业创新服务专家库和服务团，对创业创新服务专家按规定开展创业创新指导服务行动的，给予一定服务补贴。

（五）打造极具优势的创新创业人才高地

推进创新创业，要把人才工作摆在更加突出的位置，把更多的创新资源投入到"人"身上。一是吸引高层次人才来湘创业创新。建立和完善高端创业创新人才引进机制，依托国家海外高层次人才创新创业基地、长株潭国家自主创新示范区和留学生创业园，以实施芙蓉人才计划为指引，组织实施好长株潭高层次人才集聚工程、科技领军人才支持计划,通过国家"千人计划""万人计划"和省"百人计划"等人才引进计划的实施,引进一批高层次人才和团队来湘创业创新,落实其配偶就业、子女入学、医疗、住房、社会保障相关政策(易华,2017)。二是大力引导外出务工人员返乡创业。鼓励依托各类产业园区、盘活闲置厂房等存量资源,设立返乡创业园;支持发展农民合作社、家庭农场等新型农业经营主体,符合政策规定条件的,享受有关税费优惠政策(刘新庚等,2017);支持返乡创业人员因地制宜发展地方特色产业;切实完善基层各类公共服务平台,加快乡村通信、交通物流等基础设施建设,为返乡创业提供便利。三是坚持"人才、项目、平台"三位一体布局,发挥好重点优势领域领军人才及团队的核心带动作用。四是探索不求所有、但求所用的柔性引才机制,通过项目合作、技术咨询、课题攻关等多种灵活有效的方式,吸引高层次人才来湘创新创业。

(六)完善创新创业的财政金融支撑体系

加大财政支持和统筹力度,支持创业创新健康成长。加大信贷支持,完善金融服务,优化资本市场,拓宽资金渠道,为创业创新提供便捷融资。一是加大财政资金支持和统筹力度。根据创业创新需要,整合现有各类支持创业创新资金,促进省创业投资引导基金、省新兴产业发展基金、省科技成果转化引导基金等协同联动,支持创业创新发展。二是加大信贷支持,完善金融服务。推动各银行业金融机构加强金融产品和服务方式创新,通过信用担保、财产抵押、股权质押、知识产权质押等多种形式,加大对创新创业企业的信贷支持。鼓励各银行业金融机构向创新创业企业提供结算、融资、理财、咨询等"一站式"系统化金融服务。三是依托资本市场,拓展融资渠道。支持符合条件的创业创新企业在中小板、创业板、全国中小企业股份转让系统、湖南股权交易所等市场挂牌、上市、融资,鼓励创业企业通过发行债券、股权私募等多种方式筹集资金。四是发展国有资本创业投资。落实鼓励国有资本参与创业投资的政策措施,建立国有创业投资机构激励约束机制、监督管理机制。引导国有企业参与新兴产业创业投资基金,设立国有资本创业投资基金等,充分发挥国有资本在创业创新中的作用(刘平,2016)。五是鼓励社会资本参与创业创新。充分调动社会资本的积极性,鼓励各类社会资本通过股权投资方式支持创业创新。六是鼓励中小企业信用担保机构为创新创业融资提供担保服务。充分发挥财政资金的引导作用,鼓励政策性中小企业信用担保机构为创新创业融资提供低担保费的担保服务。

(七)完善政府对创新创业支持保障制度

创新型湖南建设领导小组加强对全省科技创新工作的领导和统筹协调,形成工作合力。一是加强组织领导。积极推动建立由湖南省政府与科技部共同推进的共建机制建立由多部委组成的联席会议制度。湖南省各地区要切实履行政府促进创新创业责任，政府主要负责人为创新创业工作第一责任人，将创新创业工作目标责任制纳入党政领导班子工作实绩考核。二是狠抓责任落实。湖南省各地区要高度重视推进创新创业工作，尽快细化落实本意见，各园区要结合实际情况制定具体方案，有关部门要结合职能分工研究提出具体政策，明确工作任务、时间节点、责任人和保障措施，加强协调联动，形成推进合力，确保各项工作取得实效（赖敏等，2018）。三是强化监督检查。湖南省各地区要建立信息定期报送制度，完善考核评价机制，每年对创新创业工作进展情况进行总结。市政府组织对各县市区政策措施落实情况进行督导评估，对政策措施落实不力、目标任务落实不到位、工作成效差的，在全市予以通报批评。

参考文献

［1］白丁.创业者在变，创业服务也要变［N］.经济日报，2018-06-05.

［2］柏林科学技术研究院.文化vs技术创新：德美日创新经济的文化比较与策略建议［M］.吴金希，张小芳，朱晓萌等译.北京：知识产权出版社，2006.

［3］曹再兴.湖南省实施创新驱动发展战略的现状及对策研究［J］.经济研究导刊，2015（24）：63-64.

［4］姜芳蕊.湖南创新创业平台政策落地之分析［J］.保险职业学院学报，2017（5）：58-62.

［5］赖敏，余永泽，刘大勇，孟勤国.制度环境、政府效能与"大众创业万众创新"——来自跨国经验证据［J］.南开经济研究，2018（1）：19-33.

［6］黎安康，刘君."大众创业，万众创新"背景下大学生创业意向仍然较低的原因探析［J］.社科纵横，2018（6）：98-101.

［7］黎庆辉，颜玉，薛宇，薛勇.地方性综合大学协同创新培养创新创业人才模式研究［J］.价值工程，2018（17）：246-248.

［8］刘平.湖南产业集群视角下的全民创新创业管理研究［J］.现代商业，2016（15）：79-80.

［9］刘新庚，尹国杰，姜向林.湖南青年创新创业现状调查及改进建议——以创新创业孵化基地为例［J］.创新与创业教育，2017（4）：68-73.

［10］龙群，赖流滨，肖乐.湖南省推动大众创业万众创新的对策研究［J］.企业技术开发，2015（22）：10-12.

［11］路畅.利用第二课堂开展创业教育的实践探索［J］.中国培训，2017（6）：277.

［12］马永斌，柏喆.大学创新创业教育的实践模式研究与探索［J］.清华大学教育研究，2015（6）：99-103.

［13］孙小涵.基于大众创业万众创新理念创新创业人才培养体系研究［J］.中国战略新兴产业，2018（3）：116.

［14］王晓红，张旌.湖南：创新创业比扩大消费更重要［N］.中国经济时报，2011-12-27.

［15］乡声.让创新创业铺就湖南前行路［N］.湖南日报，2014-09-18.

[16] 辛磊.基于 GEM 框架的湖南创新创业环境研究探讨[J].品牌，2015（11）：124-125.

[17] 易华.战略性新兴产业创业创新人才培育研究——以湖南省为例[J].长沙大学学报，2017（1）：32-36.

[18] 张瑞琼.大众创业、万众创新的支撑体系调查和思考——以湖南芷江为例[J].中国集体经济，2018（1）：75-77.

[19] 周博文，张再生."大众创业，万众创新"的中国特色社会主义政治经济学探析[J].上海经济研究，2018（3）：23-31.

[20] 周才云，张元元.国内外释放创新创业活力的经验及对江西省的启示[J].当代经济，2016（24）：28-29.

第四章

知识产权保护与湖南创新发展绩效

一、引言

创新是引领发展的第一动力,是建设现代化经济体系的战略支撑,中共十九大报告明确强调要坚定不移贯彻创新发展理念,坚持实施创新驱动发展战略,加快建设创新型国家。在创新驱动发展的大背景下,知识产权作为激励创新的基本保障制度,作用日益突出。知识产权保护是激励创新的基本手段,是创新原动力的基本保障,是国际竞争力的核心要素。习近平在2017年11月20日下午主持召开十九届中央全面深化改革领导小组第一次会议时提出要全面贯彻中共十九大报告精神,坚定不移将改革推入深处,并强调要加强知识产权审判领域改革创新,要充分发挥知识产权司法保护主导作用,树立保护知识产权就是保护创新的理念,完善知识产权诉讼制度,加强知识产权法院体系建设,加强知识产权审判队伍建设,不断提高知识产权审判质量效率,优化科技创新法治环境。为深入贯彻实施创新驱动发展战略和国家知识产权战略,中共中央办公厅、国务院办公厅于2018年2月27日印发了《关于加强知识产权审判领域改革创新若干问题的意见》,该意见紧紧围绕"努力让人民群众在每一个司法案件中感受到公平正义"的目标,坚持司法为民、公正司法,不断深化知识产权审判领域改革,充分发挥知识产权司法保护主导作用,树立保护知识产权就是保护创新理念,优化科技创新法治环境,推动实施创新驱动发展战略,为实现"两个一百年"奋斗目标和建设知识产权强国、世界科技强国提供有力的司法保障。

近年来，湖南把自主创新摆在突出的战略位置，率先在全国制定省级创新型建设纲要，提出创新引领开放崛起战略，明确提出"创新型湖南"建设目标，围绕发展方式转变和经济结构调整主线，着力推动全省走上创新驱动的发展轨道，科技优势逐步转化为经济优势。知识产权制度作为激励创新的基本保障、促进国际经贸往来和科技文化交流的通行规则，在实施这一战略、实现这一愿景的新征程中，支撑作用将更加凸显。因此，要进一步提升知识产权创造、运用和保护水平，不断增强知识产权综合能力，加快建设知识产权强省。

超前的创新发展理念，先进的创新顶层设计，催生出独具特色的地方"自主创新现象"，形成了推进创新发展的"湖南模式"。在创新引领开放崛起新战略和知识产权战略推进下，知识产权事业发展也取得了不错的成绩，比如，湖南省知识产权产出增量提质明显，行政执法力度持续加大，知识产权保护氛围日益浓厚。同时，还存在着一些亟待解决的突出问题，比如，湖南省专利数量结构失衡，缺乏有竞争力影响力的大品牌，知识产权代理机构与人才缺口较大，政府执法能力不足。在建设知识产权强省道路中湖南省还有很长的路需要走，许多问题需要解决。对此，本章重在研究湖南省知识产权保护和创新发展绩效的现状，尤其近年来取得的成就和问题，然后提出应对的政策措施。本章首先从文献研究的视角分析知识产权保护对创新发展的效应，并以中国为背景对知识产权保护和创新发展绩效的关系进行实证分析；其次分析了湖南省知识产权保护和创新发展绩效的现状，包括取得的成就、面临的问题与目标定位；最后提出了湖南省知识产权强省建设和创新驱动开放崛起的政策措施。

二、知识产权保护和创新发展的机理分析

（一）知识产权保护对创新发展的影响

在经济全球化不断深化的背景下，知识产权与创新成为国家竞争力的基石，尤其在当前我国的"人口红利"已不足以支撑经济增长之时，知识产权在我国创新发展中处于重要地位。在知识产权推动创新发展的过程中，知识产权保护的作用一直是发达国家与发展中国家争论的关键问题，正如《与贸易有关的知识产权协议》（TRIPS）所反映的，一般来说，知识产权政策的实行是为了鼓励全球技术转让和创新，然而，这种观点至少在某些方面仍然极具争议性。对于知识产权保护对创新驱动影响的问题，国外和国内的研究学者所撰写的学术研究成果中普遍存在三种不同的观点，有研究表

明，知识产权保护对创新驱动有积极的影响，促进了创新发展；也有研究表明，过强的知识产权保护会抑制创新，具有消极影响；还有研究表明，知识产权保护对创新发展并不是简单的积极或消极效应，一般认为，太强和太弱的知识产权保护强度都不利于创新发展，适度的知识产权保护才会促进国家的创新发展。

1. 知识产权保护对创新发展的积极影响

杨桂芳、马斯库斯（2001）建立了一个关于产品周期的动态一般均衡模型，证明了更强的知识产权保护实际上增加了创新和许可率。布兰斯特、菲斯曼等（2011）的研究发现，更强的知识产权保护引领了发展中国家生产的加速转移，提高了发展中国家的创新发展水平。吴超鹏、唐菂（2016）在研究我国各省知识产权保护执法力度对上市公司技术创新及企业绩效的影响机制和作用效果后，发现政府加强知识产权保护执法力度时，可以提升企业创新能力，表现为企业专利产出和研发投资的增加。胡丽君、郑玉（2014）运用我国2001~2011年的省际面板数据，运用面板门限回归模型，对FDI的技术溢出效应及不同知识产权保护水平在该效应中的影响进行检验，结果发现知识产权保护对FDI的技术溢出存在显著的门限效应，随着我国知识产权保护力度的增强，FDI技术溢出对企业创新绩效的促进作用增大。岳书敬（2011）以我国为实证背景研究了知识产权保护与发展中国家创新能力的关系，结果发现知识产权保护在促进国际投资流入的同时，对技术溢出起了负面影响，但知识产权保护的加强吸引了更多更高技术含量的国际投资，也带来更多的技术溢出，这种正面效应可以从一定程度上弥补其对技术溢出的抑制效应。此外，知识产权保护的加强也有效激励了内资企业自主研发投入的创新绩效。王华（2013）将知识产权因素引入内生增长模型，分析了知识产权保护对技术进步的影响机制，结果发现知识产权保护总体上有利于一国技术创新，但更严格的知识产权保护对技术创新的影响取决于该国的初始保护力度。

2. 知识产权保护对创新驱动的消极影响

赫尔普曼（1993）的研究结果表明，从长远来看，发展中国家将遇到更强的知识产权保护所造成的阻碍，因为模仿成本较高，技术可用性随之减少。楚和科齐等（2012）建立了一个简单的经济增长模型，以揭示知识产权保护是否刺激或阻碍创新，他们的研究结果显示这两种说法都是有道理的。特别是，以牺牲行业新加入者为代价保护在职人员会刺激水平创新，但是会抑制垂直创新。庄子银、丁文君（2013）构建了一个扩展的南北产品周期模型，研究发现，严格的南方知识产权保护对北方创新、FDI和南方创新都会产生负面激励，降低南方自主创新企业份额，减少北方直接投资，不利于南方经济发展。

3. 知识产权保护对创新发展的双重影响

余长林、王瑞芳（2009）从封闭经济条件下技术溢出的视角，构建了一个简单的古诺竞争模型，分析了知识产权保护与技术创新之间的关系。理论分析显示：发展中国家的技术创新能力与知识产权保护水平之间呈现倒 U 形关系。这意味着一国为了提升自身的技术能力，知识产权保护过紧或过松都不宜，应该根据自身的经济发展水平制定适宜的知识产权保护力度。董钰、孙赫（2012）运用中国五大高技术产业 1995~2009 年的面板数据实证分析了知识产权保护对产业创新的影响，发现知识产权保护与产业创新之间没有必然联系，取决于产业的发展水平和技术水平。技术和发展水平越高的产业，其创新产出与知识产权保护水平成正比；技术和发展水平较低的产业，其创新与知识产权保护水平成反比。文豪、张静霞（2014）从行业技术特征和市场特征的视角探究知识产权制度影响技术创新的效应，在不同技术复杂度、技术差距、需求规模和市场结构下实证检验了知识产权保护的创新激励效应的行业异质性。相对需求规模小的行业，加强知识产权保护的利大于弊；随着需求规模的扩大，应该弱化知识产权保护。李平、龚旭红（2013）在改进 GP 指数的基础上，构建中国省级知识产权保护衡量指标，并借助内生门槛方法检验中国自主研发及三大国际技术引进路径的最优知识产权门槛值，实证结果也证实了知识产权保护与技术创新间的倒 U 形关系。

上述研究结果表明，由于发达国家和发展中国家在技术市场的地位和分工不同，国外和国内研究学者在研究知识产权保护对创新发展关系的研究结果截然不同，而在国内研究学者中，由于不同研究学者针对知识产权保护影响创新发展的渠道各有不同，知识产权保护对创新发展具有积极影响还是消极影响仍然存在很大争议。事实上，知识产权保护对国家创新驱动的影响还与模仿力和创新力的强弱、市场的发育程度、外国直接投资和跨国公司的扩张等诸多因素有关（顾晓燕，2014）。对于最大的发展中国家的中国，知识产权保护与中国创新驱动到底会是一种怎样的关系呢？为了探究这个问题，本章将基于我国 1997~2016 年数据，对知识产权保护与创新发展的关系进行实证研究。

（二）知识产权保护与创新发展的实证分析

1. 模型构建

知识产权保护作为激励创新的制度安排，也可以看成创新的投入要素。因此，研究知识产权与创新的关系需要引入知识生产函数，并把知识产权制度作为投入要素引入。知识生产函数中具有代表性的是基于内生性增长模型的知识生产函数。本章研究知识产权保护对创新产出的影响，并以知识生产函数作为实证研究的基础，其基本形式为：

$$Y = A \times L^{\alpha} K^{\beta} \varepsilon \quad (4-1)$$

其中，Y 为创新产出，A 为常数项，L 为人力资本，K 为 R&D 投入，σ 为随机识差项。

上述知识生产函数仅考虑了人力资本和作为 R&D 投入的物质资本投入，而没有考虑相关制度要素影响。在开放经济条件下，制度要素考量创新的环境，主要以知识产权保护为基础。通过引入知识产权保护变量，并对知识生产函数进行拟线性化处理后，得到本章的计量模型如下：

$$\ln PAT_t = \beta_0 + \beta_1 \ln HC_t + \beta_2 \ln R\&D_t + \beta_3 IP_t + \varepsilon_t \tag{4-2}$$

其中，PAT 为创新发展绩效；HC 为人力资本；R&D 为资本投入；IP 为知识产权保护强度；t 代表各个年度。

2. 变量描述和数据处理

本章所选数据来源于 1997~2016 年的《中国统计年鉴》《中国科技统计年鉴》和《中国知识产权统计年鉴》。数据都是以大中型工业企业为口径，模型中各个变量选取的数据如下：

（1）创新发展绩效（P）：本章选用大中型工业企业的专利申请量表示创新发展绩效。

（2）人力资本（HC）：考虑到数据的可得性及来源的一致性，用中国大中型工业企业研究与试验发展人员全时当量表示。

（3）科技投入（R&D）：用中国大中型工业企业研究与试验发展经费支出表示。

（4）知识产权保护（IP）：本章采用吕敏、张亚斌（2005）的赋值方法，知识产权保护度量指标体系共设三级指标：一级指标 4 项，分别是经济因素、法律因素、国际因素和社会因素，其中经济因素指标下设 2 个三级指标：城镇居民人均可支配收入和全社会固定资产投资；法律因素下设 3 个二级指标，分别是立法、司法和执法，各二级指标下分别设 1 个、3 个和 1 个三级指标；国际因素和社会因素分设 2 个和 3 个三级指标。通过吕敏、张亚斌（2005）的方法，可以计算得到 1997~2016 年中国知识产权保护指数。

3. 实证结果

我们用最小二乘法对计量模型进行参数估计和显著性检验，得到的结果如表 4-1 所示。

表 4-1　参数估计和显著性检验结果

变量	lnHC	lnR&D	IP
lnPAT	0.157 (0.65)	0.915 (5.49)***	0.291 (2.13)**

注：回归系数均保持两位小数；括号里的值为 t 值；**、*** 分别表示在 5%、1% 水平下的显著性。

从估计结果来看，在 95% 水平的显著性说明知识产权保护对创新发展绩效具有明显的促进作用，同时也可以看到，科技投入对创新发展绩效也有促进作用，而人力资本与创新发展绩效并没有显示出明显的关系。知识产权保护旨在通过适当保护知识成果创造者的利益来激励技术创新。对作为技术创新主体的企业而言，知识产权保护不够会挫伤企业自主创新的积极性，削弱其创新的动力，最终影响企业创新发展绩效。而知识产权保护对国家创新驱动的影响与诸多因素有关，如模仿力和创新力的强弱、市场的发育程度、外国直接投资和跨国公司的扩张等（顾晓燕，2014）。对于政策制定者而言，需要考虑各种因素，才能让知识产权保护更好地促进创新发展绩效的提高。

三、湖南省知识产权保护的主要成就

近年来，湖南省积极响应我国建设知识产权强国的号召，提出了很多有效的知识产权保护计划和方案。2017年，湖南省认真学习习近平新时代中国特色社会主义思想和中共十九大精神，坚决贯彻落实党中央、国务院关于强化知识产权创造、保护、运用的决策部署，积极推进知识产权强省建设，大力加强知识产权保护和运用，依法严厉打击侵犯知识产权和制售假冒伪劣商品的违法犯罪行为，知识产权保护各项工作取得积极进展。

（一）知识产权强省建设稳步推进

2017年5月，湖南省政府研究出台了《关于加快推进知识产权强省建设的实施意见》，提出了推进知识产权领域改革、实行严格的知识产权保护、促进知识产权创造运用、推进区域知识产权协调发展和对外合作以及优化知识产权强省建设环境五个方面的总体安排。2017年10月，省知识产权协调领导小组办公室组织研究制定了实施意见的贯彻落实方案，对强省建设具体任务进行细化分工。组织开展湖南省知识产权战略十年评估工作，为进一步推进强省建设提供决策参考。省工商局印发《关于进一步加强地理标志商标注册管理工作的意见》《湖南省工商行政管理局"双随机、一公开"监管实施细则》，将地理标志保护纳入打击侵权假冒工作重要内容，将商标使用、商标代理等行为纳入年度"双随机、一公开"检查工作计划，加大对商标专用权、商业秘密的保护力度。省质监局印发了《关于进一步加强地理标志产品保护工作的通知》，加强对地理标志产品的保护，对贫困地区获批国家地理标志产品的龙头企业及地理标志产品保护示范区实施奖励。省贸促会牵头构建湖南企业国际化经营综合服务平台（EHN），整合涉外部门的公开信息数据，积极为企业提供各类服务，开展涉外知识产权宣传、培训、交流和涉外知识产权纠纷的调解、仲裁，协助企业在"走出去"的过程中做好知识产权布局和维权。

（1）扎实开展知识产权试点示范。2017年12月，长沙市正式将商标管理职责和人员编制移交划转至市知识产权局，标志着全市专利权、商标权、版权行政管理"三合一"正式落地，长沙市作为全国6个知识产权综合管理改革试点市（区）之一，率先取得突破，完成了知识产权综合管理改革试点工作。湘江新区作为知识产权综合管理改革省级试点地区，正在抓紧落地实施。2017年，新增国家知识产权试点园区1家、示范企业2家、优势企业16家，新增国家级中小学知识产权教育试点学校1所，新增湖南省知识产权建设强县10个。邵阳等地加大了企业试点示范工作力度。岳阳等地将知识产权工作纳入了政府绩效考核。

（2）积极推进知识产权转化运用。湘潭市、邵阳市建立了知识产权交易中心，长沙市获批开展国家知识产权运营服务体系建设，株洲高新区筹建了国家轨道交通和新能源汽车知识产权运营中心。省知识产权交易中心促成了58个项目转移转化，合同金额2.1亿元。长沙市重点产业知识产权运营基金正加紧设立，首期将募资1亿元。专利权质押融资工作首次纳入省政府对市州政府的绩效考核内容，撬动了更多各类资金投入专利产业化项目。怀化市融资额破亿元。常德市所有县市区加入了市级风险补偿资金池，中小型科技型企业贷款风险补偿资金达3500万元。

（二）知识产权产出增量提质明显

（1）专利质量双升。2017年，PCT专利申请（国际专利申请）169件，全省专利申请量77934件，专利授权量37916件，比2016年同期分别增长27.85%和9.60%，专利授予率为48.6%。截至2017年底，全省有效发明专利拥有量34774件，每万人有效发明专利拥有量5.09件，比2016年同期增加0.98件。相较于2016年，专利授予率有所下降，事实上，从2012年开始，专利授予率一直有所放缓，湖南产权局一直在专利的授予进行着更加严格的把关，表明了湖南省产权局对于专利质量更加重视。如图4-1所示，2011~2017年，湖南省专利申请量与专利受理量都在稳步增长，除了2017年，每年专利授予率都一直稳定地保持在50%以上。

（2）商标培育成果显著。2017年，全省申请商标注册138400件，同比增长57.64%；核准注册商标数66897件，同比增长27.8%，新增注册地理标志商标8件，总数达125件；新认定驰名商标9件，总数达402件；新申请马德里国际商标93件，申请量总数达399件。截至2017年底，全省累计有效注册商标总数319766件，同比增长24.21%。如图4-2所示，2011~2017年，湖南省商标注册量从19882件增长到66897件，保持着稳定增长的趋势。

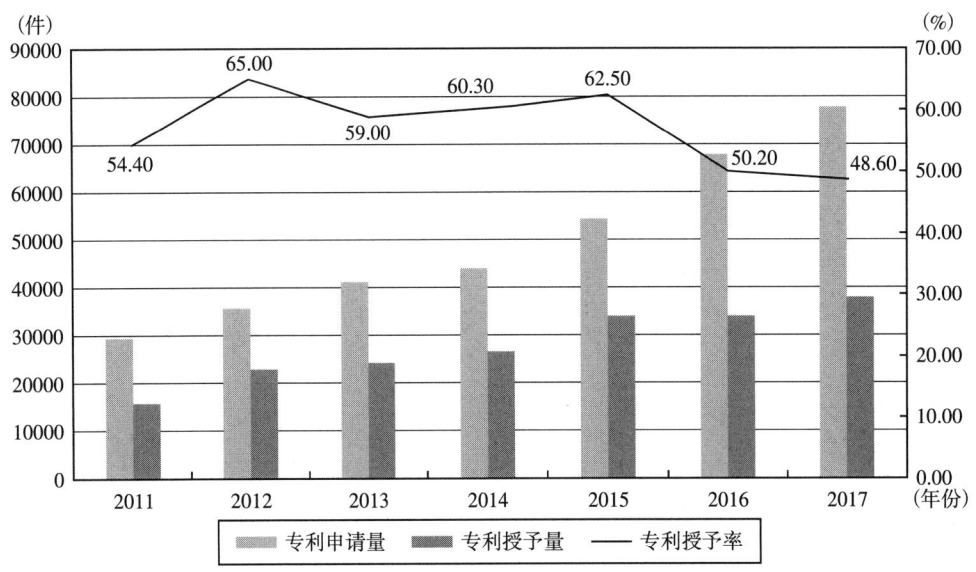

图 4-1　2011~2017 年湖南省专利申请与授予情况

资料来源：2011~2017 年《湖南统计年鉴》。

图 4-2　2011~2017 年湖南省商标注册量情况

资料来源：知识产权局《湖南省知识产权保护状况》(2011~2017)。

（3）版权事业稳步发展。2017 年，企业办理海外承印版权审核备案 43 项，办理版权引进合同审核登记 306 项，为企业开展海外业务提供了有力支持。加快推进软件正版化建设，全省政府机关新投入采购资金 767.53 万元，购置正版软件 0.53 万套。截至 2017 年底，各级政府机关累计投入采购 10810.64 万元，持有各类正版软件 57.15 万套，全省自愿登记作品 4591 件，比上年增长 5.73%。如图 4-3 所示，2011~2017 年，湖南省自愿登记作品数从 376 件增长到 4591 件，且每年都有较大幅度的增长。

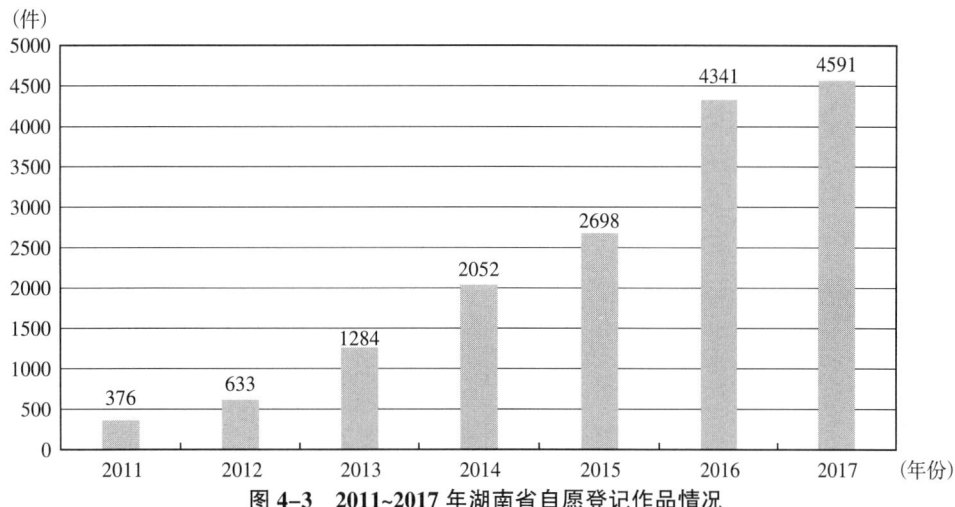

图 4-3 2011~2017 年湖南省自愿登记作品情况

资料来源：2011~2017 年知识产权局《湖南省知识产权保护状况》。

（三）行政执法力度持续加大

2017 年，在湖南省打击侵犯知识产权和制售假冒伪劣商品工作领导小组的组织领导下，各行政执法部门在强化日常监管的同时，加大了对重点领域的治理。全省行政执法机关共查处各类侵权假冒案件 28585 件，涉案金额高达 60565 万余元，向公安机关移送涉嫌犯罪案件 282 件。

知识产权部门继续加大专利行政执法力度，加强电子商务、展会等重点领域及场所的专利保护，组织开展"护航""雷霆"专项行动。2017 年，全省共办理专利行政执法案件 4652 件，结案 4564 件，分别较上年增长 28.6% 和 26.9%。其中，专利侵权纠纷案件 510 件，结案 463 件，其他纠纷案件 53 件，结案 12 件，查处假冒专利案件 4089 件，结案 4089 件。如图 4-4 所示，2012~2017 年，湖南省专利行政执法立案和结案每年都保持稳定的增长，并且专利行政执法结案率都保持在 90% 以上，表明湖南省知识产权行政执法力度持续加大。

（四）知识产权司法保护坚强有力

公安机关始终保持对侵权假冒违法犯罪行为的高压严打态势，以侦办大案要案为抓手，积极主动对接检察院、法院以及工商、质监、烟草等相关行政执法部门，建立健全工作例会、案件会商、案件移送制度，加强情况互通、信息共享，凝聚执法监管合力。组织开展了"打假利剑""云端 2017""剑网 2017"等专项行动，共侦办侵犯知识产权和制售假冒伪劣商品刑事案件 468 起，抓获犯罪嫌疑人 1179 人，涉案金额达 5.2 亿元。

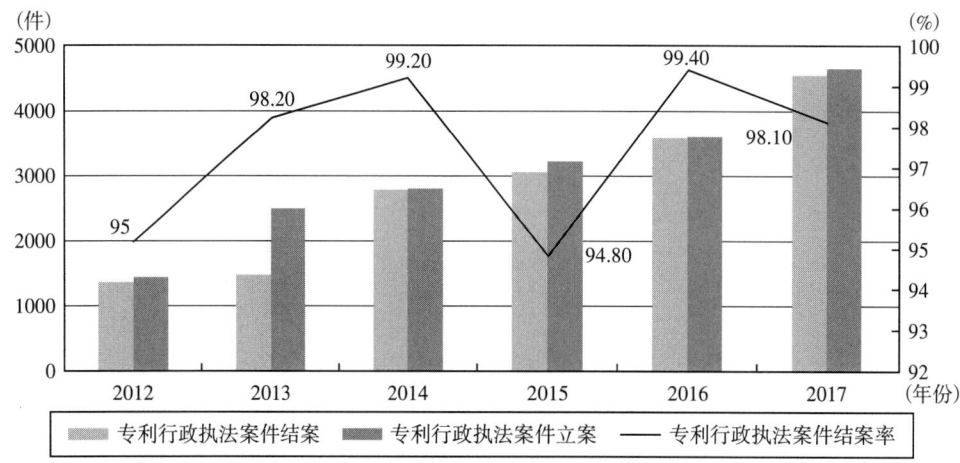

图 4-4　2012~2017 年湖南省专利行政执法案件情况
资料来源：2012~2017 年《湖南省知识产权保护状况》和《国家知识产权局统计年报》。

检察机关认真履行对侵权假冒刑事案件审查逮捕、审查起诉和对相关民事、行政、刑事生效裁判和诉讼活动的法律监督职责，加大两法衔接工作力度，有力促进办案质量和效率的提高。2017 年，全省检察机关共监督行政执法机关移送侵犯知识产权和制售假冒伪劣商品犯罪案件 94 件 227 人，监督公安机关立案侵犯知识产权和制售假冒伪劣商品犯罪 29 件 59 人。批准逮捕涉嫌侵犯知识产权犯罪案件 206 件 445 人，共起诉涉嫌侵犯知识产权犯罪案件 377 件 662 人。

人民法院充分发挥知识产权民事、刑事和行政审判职能，2017 年全省法院共受理知识产权案件 8519 件，同比增长 73.8%，共审结知识产权案件 5592 件。其中审结商标案件 1587 件、专利案件 251 件、著作权案件 3429 件，不正当竞争和其他知识产权案件 200 件，严厉制裁侵犯"贵州茅台""联想""金牌橱柜"等国家驰名商标的行为，有效保护了湖南快乐阳光互动娱乐传媒有限公司、乐视网公司等权利人的合法权益，营造了有序规范、公平竞争的市场环境。审结知识产权刑事案件 76 件，审结知识产权行政案件 49 件，构筑了知识产权民事保护、行政执法和监督、刑事打击"三位一体"的知识产权全方位保护格局，服务创新驱动发展战略成效显著，2 个案例入选中国法院 50 件典型知识产权案例。

（五）知识产权保护氛围日益浓厚

2017 年，知识产权相关部门围绕重点工作，进一步创新宣传方式和手段，开展常态化、多样性的知识产权保护宣传引导，积极营造尊重创新创造、保护知识产权的良好氛围。

湖南省知识产权局在知识产权宣传周期间举办了知识产权保护新闻发布会，组织了国家知识产权局专利局长沙代办处公众开放日活动、《国之利器》媒体看片会、知识产权志愿者活动等一系列活动。时任局长肖祥清在《湖南日报》"观点"版发表署名文章《严厉打击侵权假冒 维护创新创业者权益》，强调须进一步增强公众知识产权保护意识，严厉打击侵权假冒违法犯罪行为。加强与中国知识产权报、《湖南日报》、中新社湖南分社、红网的合作，与湖南卫视、湖南经视、交通广播电台等主流媒体建立协调机制，全年开展40余次重大活动新闻报道工作。局网站发布信息2300多条、图片200多幅。"湖南省知识产权"微信公众号发布资讯900余条，被2.8万名微信用户关注。

湖南省工商局每年制定商标工作要点，定期刊发《湖南省商标战略实施工作简报》，加强对全省商标工作的组织、指导、监督和服务。2017年9月，与世界知识产权组织中国办事处在长沙举办商标品牌国际化与保护宣讲会，引导企业增强商标国际注册的前瞻意识，充分运用马德里体系加强商标国际注册，积极抢占国际市场竞争先机。推动长沙、怀化、衡阳、永州设立国家商标局商标注册申请受理窗口。

湖南省新闻出版局举行侵权盗版及非法出版物集中销毁活动，共销毁24万册非法书报刊、18万张非法音像制品和电子出版物，以及部分网络服务器和复制打印设备。印制带有版权保护知识的笔记本、鼠标垫5000本（个），分发给社会大众，积极营造保护版权的社会氛围。

湖南省高级人民法院举办知识产权司法保护新闻发布会，发布了《湖南法院知识产权司法保护状况（2016）》和《2016年湖南法院知识产权司法保护典型案例》，并在中南大学组织知识产权案件公开审理，邀请部分省人大代表、政协委员、媒体记者和中南大学法学院师生共计200余人参与庭审旁听。利用司法审判短信互动平台及时向当事人公开程序进展及办案情况，应公开裁判文书全部网上公开，通过案件审理有效传播知识产权司法保护政策法规。

四、湖南省知识产权保护存在的问题与目标定位

（一）存在的主要问题

加强知识产权保护对创新发展产生促进作用，创新发展又是知识产权保护不断完善的根源。在知识经济时代背景下，湖南省知识产权保护逐渐完善但仍有不足，具体表现在以下几个方面：

1. 从产权结构看，湖南省专利数量结构失衡

目前，湖南省的专利授权多集中在实用新型上，发明专利数量占比较少。2011~2017年全省专利授予量共计196346件，其中发明专利授予量为35385件，占总数的18.02%；实用新型授予量为110432件，占总数的56.24%。2017年，全省发明专利授予量为34050件，占全国总量162.9万件的2.09%，远低于浙江省的13.6%；全省每万人有效发明专利拥有量为3.3件，远低于全国平均水平。尤其是会集了全省专业研发人才的高等院校与全国先进高校相比，也存在发明专利拥有量相对偏少、比重偏低的问题。这反映出湖南省目前的科技创新能力与创新意识还不是很强，一些企业和高校创新能力多停留在低水平和形式上的创新，对于掌控"革命性"的核心技术创新不够。如图4-5所示，2011~2017年，从湖南省三类专利授予量对比来看，实用新型专利授予量占比最高，每年都保持在50%以上，发明专利授予量占比最低，常年保持在20%以下。

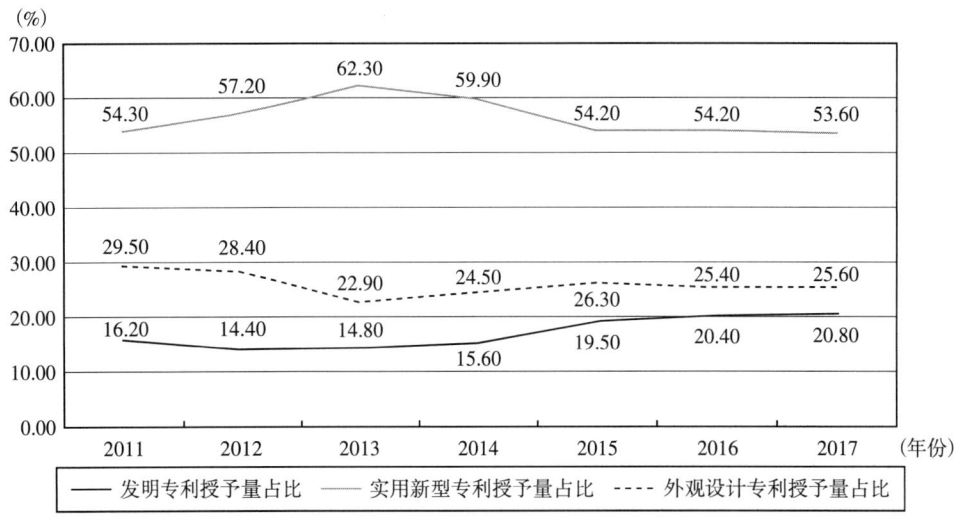

图4-5 2011~2017年三种专利授予量占比情况

资料来源：2011~2017年湖南知识产权局与《湖南统计年鉴》。

2. 从品牌知名度看，湖南省缺乏有竞争力、影响力的大品牌

2017年，中国入选世界品牌实验室公布的"世界品牌500强"中的31个品牌中，湖南1个没有。在"中国最具价值品牌500强"中，湖南省有中联重科、湖南广播电视台、"三一"等7个品牌入选，仅中联与湖南广播电视台入选前100强。同为中部省份的湖北省则有12个品牌入选500强，4个品牌入选前100强。西部省份中四川共有18个品牌入选500强，5个品牌入选前100强，其中长虹与五粮液更被评估为具有世界级影响力品牌。如表4-2所示，2013~2017年，与广东、浙江等经济强省相比，湖南省大多数驰名商标企业的品牌知名度和市场占有率还存在较大差距，产品在市场中的

表 4-2　2013~2017 年五省份"中国最具价值品牌 500 强"品牌数量

单位：个

年份 省份	2013	2014	2015	2016	2017
广东	82	80	80	79	82
浙江	41	40	39	39	39
江苏	29	31	33	30	27
山东	37	38	42	42	44
湖南	7	7	7	7	7

资料来源：2013~2017 年世界品牌实验室《中国最具价值品牌 500 强》。

竞争力不足。

3. 从人才力量看，知识产权代理机构与人才缺口较大

湖南省的人才，尤其是懂管理、懂专业的知识产权复合型人才和知识产权实务型人才缺乏。2009~2014 年，全国共 15340 人通过国家专利代理人资格考试，而湖南省仅 391 人通过，远不及全国平均水平，另外，还有 241 人享受地方倾斜待遇获得代理人资格，严重缺乏专业功底扎实、综合素质优秀的人才，也导致行政执法人才队伍专业素质参差不齐，大部分司法审判人员没有理工科专业背景，在技术比对等专业问题上缺乏经验。此外，目前全省仅有 202 名执业专利代理人，40 岁以下 97 人，不到总人数的一半；70 岁以上 38 人，却占总数的 18.9%。年龄断层明显，青年人才流失严重，人才储蓄力量不足。2017 年，湖南省 28 个中介机构共代理 20870 件专利申请，而当年全省共申请 77934 件专利，反映出湖南省知识产权中介机构服务能力不强，缺乏高端中介服务人才，服务水平和能力远不能满足本地市场需求。如图 4-6 所示，2013~2017 年，湖南省专利代理机构代理量保持着较小幅度的增长，专利代理机构代理量占专利申请量常年保持在 30% 以下。

4. 从行政力量看，执法能力不足

过去基层行政部门就存在机构不全、编制偏少、经费不足、执法装备不齐的情况，2015 年湖南省机构改革后，除了长沙市知识产权局外，其他 13 个市州全部撤销了知识产权局，部分职能并入科技局，给知识产权强省建设工作带来了困难。首先，组织机构上没有达到长株潭三市作为全国知识产权示范城市要求具备完整的知识产权管理部门的要求。其次，市州知识产权部门撤销后很多工作没人抓落实，特别是执法人员配备不到位，造成知识产权行政执法、打击侵犯知识产权和制售假冒伪劣商品等工作的多项指标在全国排名不理想。特别是由全省知识产权系统组织协调并牵头负责的打击侵犯知识产权和制售假冒伪劣商品的工作，作为国家对省政府的一项考核内容，市州任务难以完成。

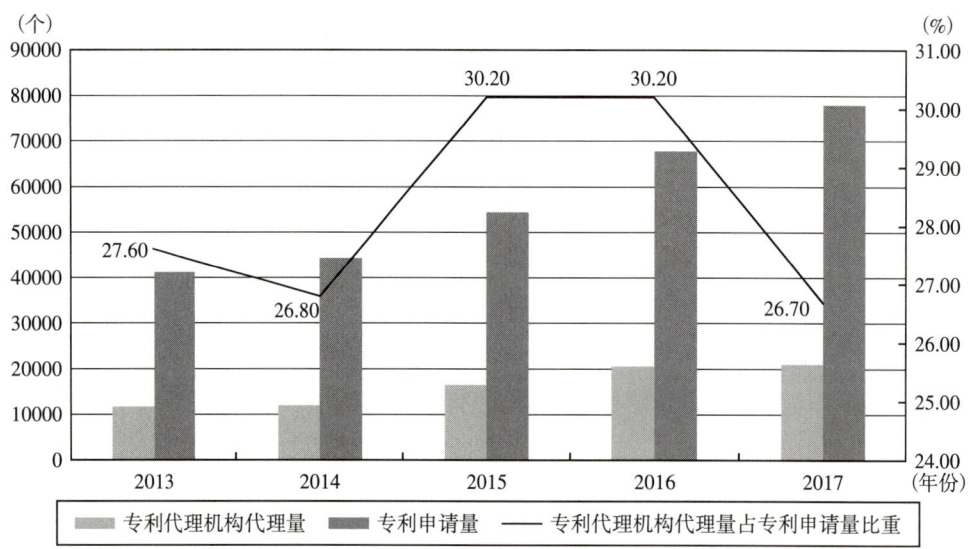

图 4-6　2013~2017 年湖南省专利代理机构代理量情况

资料来源：2013~2017 年湖南知识产权局《专利代理机构代理量统计表》。

（二）主要目标

未来几年，湖南省将大力实施"创新引领、开放崛起"战略，抓住湖南"一带一部"战略机遇，着重抓增量提质、抓保护创新、抓转化运用、抓自身建设，全面提升湖南省知识产权综合能力，推进大众创业、万众创新，提高湖南省经济整体实力和竞争力，发挥湖南在知识产权强国建设中的重要作用。到 2020 年，将湖南建设成为支撑型知识产权强省，知识产权领域体制机制改革取得明显突破，知识产权综合指数排名力争进入全国前十位，知识产权支撑经济社会发展的作用充分显现。

1. 知识产权数量质量显著提升

到 2020 年底，全省年发明专利申请量达到 3 万件，年专利申请总量达到 8.8 万件，每万人口发明专利拥有量达到 8 件，PCT 国际专利年申请量超过 500 件。每亿元工业增加值的发明专利申请量达到 1.67 件。着力打造先进轨道交通、工程机械、新材料、电力装备、文化创意 5 个知识产权密集型产业。有效注册商标量达到 40 万件。

2. 区域知识产权竞争优势明显增强

到 2020 年底，全省建设 3 个左右国家知识产权强市，全省国家级知识产权试点示范市、县达到 10 个。长株潭地区每万人口发明专利拥有量超过 24 件。全省年专利申请量 2000 件以上的县市区超过 30 个。

3. 知识产权运用水平大幅提升

到 2020 年底，全省建设知识产权强企 100 家，力争 70% 规模以上工业企业和高新技术企业建立知识产权工作机制。企业专利转化实施率达到 70% 以上。力争全省知识产权质押融资额年增长率不低于20%，知识产权质押融资额达到25亿元。知识产权密集型产业增加值占地区生产总值比重达到25%。规模以上制造业企业亿元主营业务收入有效发明专利数达到0.73件。

4. 知识产权保护体系进一步完善

到2020年底，全省培育一支高素质的知识产权行政执法队伍。知识产权行政执法工作长效机制趋于完善，办案程序不断规范，质量不断提升。专利行政执法案件规定期限内结案率保持100%。构建布局合理、服务面广、规范高效的维权援助和举报投诉工作体系，维权援助服务效能大幅提升。

5. 知识产权服务能力进一步增强

到2020年底，全省培育壮大知识产权服务业，培育一批综合性知识产权中介服务机构，全省知识产权服务能力水平明显提升。建好知识产权交易平台、专利信息公共服务平台、产业知识产权服务平台，全链条的知识产权服务体系基本形成。构建满足湖南省经济社会发展和知识产权事业发展需要的人才队伍，全省知识产权人才总量达到3万人左右。

五、湖南省知识产权保护与创新发展绩效提升的对策

（一）围绕创新引领开放崛起战略实施，推进知识产权领域改革

当今世界，创新型国家普遍都是知识产权综合管理体制健全、知识产权服务业和社会组织完备、创新驱动发展评价制度完善的国家。知识产权综合管理体制是知识产权引领创新发展的运行机制，知识产权服务业和社会组织是知识产权引领创新发展的必备条件和基本平台，以知识产权为重要内容的创新驱动发展评价制度更能够体现知识产权在创新驱动发展中的作用。

1. 推进知识产权综合管理体制改革

要紧紧围绕创新引领开放崛起战略实施，发挥专利、商标、版权等知识产权的引领作用，打通知识产权创造、运用、保护、管理、服务全链条，建立高效的知识产权综合管理体制，构建便民利民的知识产权公共服务体系，探索支撑创新发展的知识产权运行机制，推动形成权界清晰、分工合理、责权一致、运转高效的体制机制。进一步健全市州知识产权行政管理机制，支持有条件的地区先行先试。贯彻落实《湖南省专利条例》，加强县级以上人民政府专利管理能力建设。

2. 发展知识产权服务业及社会组织

要紧紧围绕创新引领开放崛起战略实施,建立开放合理的知识产权服务市场准入制度,引导和促进知识产权引领创新发展,为创新发展营造良好的行业环境。扶持和培育综合性知识产权服务机构,吸引高水平知识产权服务机构来湘设立分支机构。完善服务机构布局,加强基层服务机构建设。实施知识产权服务能力提升工程,促进"互联网+知识产权+创新发展"融合发展。

3. 建立以知识产权为重要内容的创新驱动发展评价制度

要紧紧围绕创新引领开放崛起战略实施,将知识产权拥有量和竞争力纳入政府扶持项目立项、实施和验收考核的评价指标体系。完善国有企业以创新为导向的经营者选拔任用与激励考核机制,将国有企业科技创新投入和产出绩效作为重要内容纳入国有企业经营者考核评价指标体系。县级以上人民政府及有关部门将知识产权(专利)拥有情况纳入高等院校、科研机构等事业单位科研绩效考核范畴。将获得原创性知识产权情况作为申报认定和评价高新技术企业、重点实验室、工程实验室、工程(技术)研究中心、企业技术中心、技术创新示范企业等创新平台建设项目的关键指标。将拥有自主知识产权情况作为专业技术职称评聘的重要依据。

(二)围绕创新引领开放崛起战略实施,提升知识产权创造和运用水平

当今世界,创新性国家都是世界发明专利占比较高的国家,全球高端产业也普遍都是知识产权密集型产业,跨国公司间的竞争实质是以知识产权为主的知识资源的竞争。提升知识产权的创造和运用水平,是实施创新引领战略的必然要求。提升知识产权的创造水平,就要促进创新成果产权化。要进一步做好区域、产业、科技、贸易、人才等各方面政策与知识产权政策的衔接,完善知识产权激励机制,发挥专利信息对提高创新效率的作用,不断提升知识产权创造的数量和质量。提升知识产权的运用水平,就要促进知识产权产业化。要围绕省党代会确定的重点产业和新兴产业,强化产业知识产权布局,实施专利导航产业发展工程,促进专利转化为现实生产力,推动产业向中高端迈进。

1. 加强知识产权管理标准化建设

要紧紧围绕创新引领开放崛起战略实施,大力推行企业、高校、科研院所知识产权管理规范国家标准。以高新技术企业、重大科技经济项目承担企业、上市企业、外向型企业为重点,引导创新主体建立健全知识产权管理制度,推动企业将知识产权管理融入研发、生产、销售的全过程。支持知识产权服务机构面向中小企业开展集中管理、委托管理服务,加快提升企业知识产权管理水平。培育发展《企业知识产权管理规范》国家标准认证辅导机构,支持将标准认证情况纳入企业信用评级指标。

2. 培育知识产权密集型产业

要紧紧围绕创新引领开放崛起战略实施，制定知识产权密集型产业目录和发展规划，试点建设知识产权密集型产业聚集区和知识产权密集型产业产品示范基地。实施专利导航工程，开展专利集群管理运用，推动战略性新兴产业和军民融合产业加快成为专利密集型产业。完善激励机制，鼓励作品原创和版权登记，支持版权引进和再创新。重点支持创意设计、动漫游戏、数字传媒、数字出版等产业成长为版权密集型产业。

3. 完善专利创造机制

要紧紧围绕创新引领开放崛起战略实施，支持战略性新兴产业和优势产业发展，建立重点发明专利库，实行动态管理并择优给予资助。探索建立专利人才对口服务企业机制，选派专利人才帮助园区、企业挖掘专利。支持园区、企业建立专利服务平台。开展工业企业专利"扫零"工作。推进企业、高等院校、科研院所知识产权创新能力培育试点工作，培育一批年专利申请量或授权量在1000件以上的专利大户。完善专利奖励和资助制度。

（三）围绕创新引领开放崛起战略实施，提升知识产权的保护水平

提升知识产权的保护水平，不仅有利于激发创新的活力，也有利于优化开放的环境。改革开放以来，特别是20世纪90年代以来，我国境外投资额随着知识产权保护力度的不断加大而增加，充分说明了知识产权保护对经济开放发展的支撑作用。提升知识产权保护水平，就要实行严格的知识产权保护制度。要把知识产权作为人才引进、技术交流、资本投放、产能合作的纽带，把加强知识产权保护作为优化经济发展和市场环境的重要手段；要严厉打击侵权、假冒等违法行为，建设一批知识产权保护示范市州、园区、企业，尤其要加强园区的知识产权保护，把园区打造成知识产权保护高地，形成招商引资、产业发展、人才集聚的洼地；要开展知识产权预警分析，加大海外知识产权维权援助力度，提升"走出去"的质量和效益。

1. 强化知识产权行政保护

要紧紧围绕创新引领开放崛起战略实施，加强知识产权行政执法体系建设，建立健全与经济社会发展相适应的行政执法机制。进一步规范行政执法程序，提高执法效率和水平。积极推进知识产权综合行政执法，形成知识产权保护大格局。依法公开知识产权执法信息，加快建立案件信息公开分级责任制，省打击侵犯知识产权和制售假冒伪劣商品工作领导小组对行政执法信息公开进行检查、督促。

2. 完善知识产权司法保护机制

要紧紧围绕创新引领开放崛起战略实施，支持人民法院进一步加强知识产权民事、

行政、刑事案件"三审合一"审判模式改革,开展跨区域、相对集中的知识产权案件管辖试点。针对反复侵权等恶意侵权行为,实施惩罚性赔偿制度。完善公安、检察、法院部门知识产权刑事案件办理沟通联系机制。探索建立技术专家咨询机制,强化经费保障,为司法机关办理知识产权重大疑难案件提供支持。深入推进专利纠纷行政调解协议司法确认工作。

3. 完善知识产权纠纷多元化解决机制

要紧紧围绕创新引领开放崛起战略实施,推进重点园区建立知识产权非诉调处平台。完善诉讼与调解对接机制,鼓励仲裁机构开展知识产权纠纷仲裁业务,知识产权试点示范城市探索建立知识产权仲裁机制。积极引导公证业务向知识产权领域拓展,加强对知识产权案件代理工作的支持与指导。

(四)围绕创新引领开放崛起战略实施,优化知识产权保护的环境

中国知识产权制度起步较晚,加入世界贸易组织后,虽然在法律上与国际间迅速接轨,但产权意识比较淡薄。在湖南省,每年都有大量的智慧创作和发明专利被无偿地提供给他人或者别国使用,一定程度上阻碍了湖南省创新引领开放崛起战略的实施,这一现象反映了民众产权意识的缺失,湖南省政府管理部门的管理意识急需提高。因此,湖南省要加强对知识产权的宣传,利用报刊、电视、网络等媒介大力宣传知识产权保护宣传教育活动。除此之外,提高知识产权保护意识的同时也应逐步加大政策和资金支持力度和完善知识产权保护的人才体系。应加强对知识产权领域的专业化管理,湖南政府部门应组建更权威的知识产权管理部门,同时应加强涉外事宜的协调管理,从而维护经济利益。

1. 加大政策和资金支持力度

紧紧围绕创新引领开放崛起战略实施,各级政府应根据知识产权事业发展需要,支持知识产权强省建设,确保经费投入。完善知识产权公共项目扶持政策,优化整合、统筹配置产业、科技、金融创新资金,支持和推动知识产权项目的实施。鼓励各市州、园区设立知识产权专项经费,保障知识产权创造、保护和运用工作的开展。

2. 加强知识产权人才队伍建设

紧紧围绕创新引领开放崛起战略实施,加大对知识产权执法人员、专利工程师、专利代理人、知识产权管理人员和高校知识产权师资人才的培养力度。依托中南大学知识产权研究院、湘潭大学知识产权学院、湖南大学国家知识产权(湖南)培训基地和知识产权远程教育平台培养各类知识产权人才,形成层次完整、特色鲜明的知识产权人才培养体系。支持高校、院所开展知识产权研究。鼓励引进高端知识产权人才,并参照有关人才引进计划和要求给予相关待遇。

3.加强知识产权文化建设

紧紧围绕创新引领开放崛起战略实施，将知识产权知识纳入普法教育内容，加强知识产权知识教育，建设一批知识产权教育示范学校。加强知识产权舆论环境建设，推进尊重知识、保护产权、崇尚创新、诚信守法的知识产权文化建设，为加快建设知识产权强省营造良好氛围。

六、结　语

当前，国家建设长江经济带和"一带一路"倡议的重大发展机遇和湖南"过渡带""结合部"的独特区位优势，使我们更应坚定创新型经济发展的战略信心、转型路径与远景目标，按照中央创新驱动发展战略的要求与紧贴湖南实际以及"创新型湖南"的整体部署，以科技创新为主体，以完善知识产权制度为抓手，以提高自主创新能力为核心，谋划全社会协同创新、和谐发展的新篇章。知识产权特别是专利作为产权化的科技成果，是培育新兴产业、打造高端产业的关键，是创新驱动发展的重要基础。知识产权保护作为优化开放发展环境的重要制度，是促进湖南省更高水平"引进来"和"走出去"、积极参与国家"一带一路"建设和国际竞争的关键一环，切实改进完善这一制度，必将为湖南实施创新引领开放崛起战略提供强有力的支撑。

参考文献

[1] Chu A. C. and Peng S.-K. International Intel-lectual Property Rights: Effects on Growth, Welfare and Income Inequality [J]. Journal of Macroeconomics, 2011 (2): 276-287.

[2] Guifang Yang, Keith E. Maskus. Intellectual Property Rights, Licensing, and Innovation in an Endogenous Product-cycle Model [J]. Journal of International Economics, 2001 (53): 189-204.

[3] Helpman E. Innovation, Imitation and Intellectual Property Rights [J]. Econometrica, 1993 (61): 1247-1280.

[4] 董钰，孙赫.知识产权保护对产业创新影响的定量分析——以高技术产业为例 [J]. 世界经济研究，2012 (4): 11-15.

[5] 顾晓燕.知识产权保护对发展中国家创新驱动的影响——一个文献研究的视角 [J]. 学术月刊，2014 (9): 82-87.

[6] 胡立君，郑玉.知识产权保护、FDI 技术溢出与企业创新绩效 [J]. 审计与经济研究，2014 (5): 105-112.

[7] 靳巧花.自主研发与区域创新能力关系研究——基于知识产权保护的动态门限效应 [J]. 科学

学与科学技术管理，2017（2）：148-157.

[8] 李平，宫旭红. 中国最优知识产权保护区间研究——基于自主研发及国际技术引进的视角[J]. 南开经济研究，2013（3）：123-138.

[9] 吕敏，张亚斌. 中国知识产权实际保护强度度量—— 一种改进方法[J]. 科技进步与对策，2013（3）：113-117.

[10] 王华. 更严厉的知识产权保护制度有利于技术创新吗？[J]. 经济研究，2011（2）：124-135.

[11] 文豪，张敬霞，陈中峰. 中国的知识产权保护与技术创新——基于行业特征的实证分析[J]. 宏观经济研究，2014（11）：11-17.

[12] 吴超鹏，唐菂. 知识产权保护执法力度、技术创新与企业绩效——来自中国上市公司的证据[J]. 经济研究，2016（11）：125-139.

[13] 余长林，王瑞芳. 发展中国家的知识产权保护与技术创新：只是线性关系吗？[J]. 当代经济科学，2009（3）：92-100.

[14] 岳书敬. 知识产权保护与发展中国家创新能力提升——来自中国的实证分析[J]. 财经科学，2011（5）：63-70.

[15] 庄子银，丁文君. 知识产权、市场结构、模仿和创新[J]. 经济研究，2009（11）：50-61.

第五章
科技创新成果转移转化运行机制与湖南推进对策

一、引 言

科技成果转移又称技术转移,是一项将具有商品属性的知识产品在技术供体和技术受体间进行让渡的活动,即通过有偿或无偿的方式将科学知识、技术成果、科技信息以及科技能力进行的转让、移植、引进、交流和推广普及。"科技成果转化"是中国特有的学术术语,学界对其内涵并未达成一致。基于各自的研究出发点,中国学者从不同的主体、产业、国家地区、法律法规和理论模型等多种角度探究了科技成果转化的学术内涵(李贞等,2016)。科技成果转化的概念最具权威的解释是《中华人民共和国促进科技成果转化法》(1996年)提出的,即"科技成果转化是指为提高生产力水平而对科学研究与技术开发所产生的具有实用价值的科技成果所进行的后续试验、开发、应用、推广直至形成新产品、新工艺、新材料,发展新产业等活动"(赵哲,2016)。没有科技成果转化,就没有新产品、新产业,就没有新模式、新机制,就没有新市场、新发展。同样,人民群众日益增长的物质文化需求也为科技成果转化提供了巨大的市场(秦惠敏、井丽巍,2016)。

中共十九大报告提出,创新驱动发展战略大力实施,创新型国家建设成果丰硕,天宫、天眼、蛟龙、墨子号、悟空、大飞机等重大科技成果相继问世。我国科技创新成果显著,科技专利申请比率不断上升,航天、航海、高铁等大型项目的建设更是取得了骄人的成绩。但同时,研究显示,科技成果在我国的平均转化率处于较低的水平,仅有15%左右；而科技进步的贡献率也仅有30%，远低于发达国家的60%~80%，甚至比发展中国家还要低3个百分点（刘玮、李燕凌，2014）。为加快推动全省科技成果转化为现实生产力，根据《中华人民共和国促进科技成果转化法》，结合湖南省实际，全面实施"创新引领、开放崛起"战略。根据创新驱动发展新要求，结合长株潭国家自主创新示范区建设，按照市场运作、政府引导、协同联动、机制创新的原则，强化技术、资本、人才、服务等创新资源的深度融合与优化配置，加强产学研协同、省市县联动、国际与区域科技合作，搭建符合创新规律和市场机制的科技成果转移转化体系，不断优化科技经济发展环境，加速科技成果转移转化，促进大众创业、万众创新，为建设富饶美丽幸福新湖南提供有力支撑。到"十三五"末，一批短中期见效、有力带动产业结构优化升级的重大科技成果得到转化应用，科技服务机构能力显著提高，专业化技术转移人才队伍发展壮大，多元化的科技成果转移转化投入渠道不断完善，促进科技成果转移转化的制度环境更加优化，市场化的全链条科技成果转移转化服务体系基本建成，科技成果转移转化促进经济稳步增长效果明显。

促进科技成果转移转化是实施创新驱动发展战略的重要任务，是加强科技与经济紧密结合的关键环节，对于推进结构性改革尤其是供给侧结构性改革、支撑经济转型升级和产业结构调整，打造经济发展新引擎具有重要意义。为加速科技成果转移转化，湖南省人民政府提出：第一，通过建立科技成果信息发布机制、完善湖南省科技成果登记工作机制、构建全省科技成果转化项目库、开展科技成果数据资源挖掘和开发利用、推动军民融合科技成果转化应用等开展科技成果信息汇交和发布。第二，大力推进产学研协同创新，支持高等院校、科研院所开展科技成果转移转化，推动企业加强科技成果转化应用，搭建科技成果信息服务平台，建立面向企业的技术服务站点网络，推动科技成果与需求有效对接，通过研发合作、技术转让、技术许可、作价投资等多种形式，实现科技成果市场价值。第三，加快构建新型技术转移服务体系，加快建设科技成果转化公共服务平台、湖南省常设技术交易市场，培育引导技术转移服务机构发展，大力推进重点领域知识产权转化运营。第四，大力推进大众创业万众创新，加快建设双创示范基地、众创空间和农村星创天地，加强科技资源开放共享，支持举办各类创新创业大赛等营造良好的社会创新创业氛围。第五，通过开展专业化技术转移人才培养，强化科技成果转移转化人才服务等加强科技成果转移转化人才队伍建设。第六，加大科技成果转移转化资金投入，充分发挥财政资金对科技成果转化的引导作用，拓宽科技成果转化资金市场化供给渠道，整合和运用各类科技创新资源，支持战略性重大科技成果产业化前期攻关和示范应用，支持科研人员围绕当地产业发展开展研究。

二、科技创新成果转移转化的运行机制与模式

科技成果转移转化的运行过程是由各个参与主体共同承担实施的。科技成果转移转化是成果、资金、人才、信息、管理、基础设施、市场等多要素共同作用的过程，往往需要科研单位、企业、政府、中介机构、金融机构等多方的共同参与（邱超凡、刘军，2016）。然而科技成果的转移转化离不开完善的运行机制，同时其转化效率与运行模式也存在密切的联系，因此，本章接下来将重点从运行机制和运行模式上来展开论述。

（一）运行机制

科技创新成果要想商业化和市场化，必须要对其进行转移转化，这就需要建立良好的科技创新成果转移转化运行机制，以保证科技创新结果的顺利转化，从而方便人们的应用。通过查阅各类文献，结合现实情况，总结科技创新成果转移转化的运行机制主要有以下四类：

1. *市场导向机制*

美国、德国和日本都是以市场为导向机制，认为企业是科研的主体。以市场为导向可以及时地了解市场的需求，市场的需求是企业技术创新的起点和归宿。市场的导向激励作用，可以看作是企业引进科技成果的指南针，它引导企业积极应用科技成果来提高企业的市场竞争力。由于市场本身的资源配置能力，以及企业追求利润最大化都会使科技成果转化的目标转到以市场为导向的方向上来，只有这样才能获得经济利润的最大化，实现资源的最优配置（胡振亚，2016）。在以市场为导向的基础上打造有利于成果转化的制度和环境，发挥企业在创新和转化中的引领作用，培育壮大创新主体。建立一批公共技术平台，推进研究成果直接应用于企业生产。发挥大企业的技术创新骨干作用，带领中小企业和科研院所形成创新集群，为中小微企业提供技术创新服务。加强对企业科研成果开发、科技资源投入的监督管理，并对企业的科研成果转化水平进行有效评估，进而调整科研资金的投入比率，使研发投入落到实处。

2. *产学研协同创新机制*

当前，产学研合作模式主要有三大模式，具体包括：一是以市场为导向和以企业为主体的产学研合作模式；二是科研单位主导的产学研合作模式；三是政府主导的产学研合作模式。这三大模式从不同的参与主体出发，但都能加快科技创新成果的转移

转化。把科学研究与市场需求紧密结合,健全产学研协同创新机制。引导科研人员适应市场需求,把自身研究领域与市场需求紧密相连,开展更多实用性强的项目研究。鼓励高校科研机构科技人员创新创业,培育一批"民办官助"模式的民办非企业研发机构、"企业法人"模式的独立研发公司、"企业内设"模式的内部研发机构等新型研发组织;支持高校、科研机构建设新型产业技术研究院,从而有效推动高校科研机构科技成果的转化。政府支持产学研合作应由注重已有科技成果的合作向注重基于技术创新能力提升的合作转变。如设立企业科技人员高校访问学者计划、企业科技特派员行动计划、高校科技人员暑期企业工作计划,以及建立产学研合作的技术创新战略联盟等(秦颖,2017)。鼓励高校协同创新中心积极与国外高校、研究机构开展战略合作,在科学研究、人才培养、学术活动等方面加强国际交流与学习,提高协同创新能力。加强与跨国公司的技术创新合作,利用本土化优势,积极整合资源,按照市场化运作的方式,实现互补增值,促进人才培养和科技成果转化(朱缨、田雪枫,2016)。通过产学研合作,实现成熟技术和人员向企业的整体转移。

3. 平台优化机制

科技成果转化服务平台是实现科技成果向现实生产力转化的主要载体,围绕科技成果转化过程的需要,为相关主体提供网络化的成果信息、科技成果评估、产权转让监管、管理技术咨询、成果转化项目推介、投融资及担保服务、后期技术支撑等一系列综合服务。科技成果转化服务平台是实现经济与科技有效结合的桥梁与纽带,依托政府、高校、科研机构、科技中介、企业,通过整合政策、信息、资金、科技、人才资源,促进科技资源流动,推动科技成果在企业实现产业化、商品化开发,加快区域技术创新体系建设。科技创新平台可有效吸引多方参与,有利于通过合作方式建立共享机制,有利于实现科技创新资源的有效整合和提高资源的综合利用效率。构建完善的科技创新平台体系、提升平台创新能力,是实现科技发展的重要途径(胡一波,2015)。健全科技成果转化交流平台,完善技术市场体系,及时发布相关科技成果信息。加强科技成果信息公布平台建设,其中包括技术市场、知识产权交易市场、成果信息网站、科技成果交流展示会等的数量和质量的建设。引导高校和社会机构加大科技成果中介行业建设力度,规范行业准则,吸引更多的社会资本进入,优化科技成果平台。

4. 主体激励机制

对于由技术转移人员用成果转化收益投资的高新技术企业,应在一定时间内给予财政专项资金扶持,激发科技创新成果主动向市场转移转化的积极性(李律成、李明,2016)。分配科研费用时,要在平衡单位利益和个人利益的前提下,听取和尊重科研人员的意见。建立相对完善的考核机制,引入企业合作项目数、成果转化数、技术转化数等指标，制定符合科研人员的业绩评价指标体系，在评价成果转化的过程中，设立各种奖励，调动科研人员的积极性。根据2015年修订的《科技创新成果转化法》规定，科技成果完成单位可以规定或者与科技人员约定奖励和报酬的方式和数额。将奖励和报酬的最低标准，由现行不低于职务科技成果转让或者许可净收入，或者作价投资形成的股份、出资比例的20%提高至50%，并明确国家设立的研究开发机构、高等院校规定或者与科技人员约定的奖励、报酬的方式和数额应当符合上述标准。并且明确科研机构、高校及科技人员获得科技成果转化的股权暂不缴纳所得税。制定股权激励、技术成果入股等政策，为激励人才创新提供多种途径。

（二）运行模式

对于不同的科技创新成果，在不同地区之间其转化模式也各有所异。结合已有的参考文献，一般来说，科技成果转化模式大致可以划分为以下几类：

1. 自主直接转化模式

自主直接转化模式，是指由成果所有人直接应用科技成果，或者成果所有人和接收人直接联系，实施完成科技成果的转化。其特点：成果所有人自主、独立、直接转化科技成果，成果产权归属明确，交易成本低，转化周期短，转化成功率高等。但是这种运行模式所要求的转化条件也很严格，成果所有人不仅要具备使用该成果的知识和技能，更重要的是拥有研发创新成果的智力；此外，发明人能找到直接接收人也是非常困难的，一般需要足够的人脉关系或者通过其他途径发布信息等。但是我国也有以这种转化模式为主的科技园，例如2005年，武钢率先建成了国家首个企业工人科技成果孵化器——武钢工人科技园，这个科技园提供工人学习、创新、研发、转化、应用等平台，实现自主研发转化一条龙服务，产生了很多科技成果，创效近千万元。

2. 市场间接转化模式

市场间接转化模式是指通过中介组织、市场推广等为各主体搭桥连线实施完成的科技成果转化方式。其主要的特点是：间接转化，需要有中介搭桥连线，交易成本较高。发达国家的科技中介机构从经营主体上主要有政府、公共和私人三个层面。三个层面的科技中介服务机构的功能和性质的差异决定了它们所面向的领域和服务对象不同，因而形成了由不同的三个层面构成的一个完整的科技中介网络，在很大程度上促进了科技创新与成果转化。在欧洲，德国、法国、瑞典等国都有行业中介组织，影响政府的产业政策。日本的科技中介则具有行业自律、维护市场公平竞争、扶助中小企业成长、管理国家科技项目等重要职能。科技中介是技术市场体系中的重要组成部分，没有技术市场的形成与发展，就没有科技中介的产生与发展，没有活泼的、发展迅速的科技中介，就没有蓬勃发展的技术市场。

3. 联合转化模式

联合转化模式是指转化主体中的三个及以上主体联合行动，共同主导完成科技成果转化的方式，最主要的是通过加强官学产研联合转化模式。其特点是：成果商业价值高、易满足市场需求，但是产品研发周期长。自主创新成果市场价值大，会吸引不少社会投资经营者，联合开发不失为一种选择。引入投资企业，我们可以专利技术入股，令骨干人员进入管理层（如技术管理、经营管理等），根据协议进行风险分担和益分配。在1975~1985年日本政府的大规模集成电路研究中，政府补贴5.91亿美元，占全部项目研究经费的22%。在政府产学合作模式的指引下，日本较大的半导体生产企业都参与了该项目的研究，最后取得1000多项专利，日本集成电路的繁荣发展是建立在此次政府主导的产学研合作之上（杨大凤，2017）。

4. 技术集成经营模式

技术集成经营模式是以客户需求为导向，以专业的技术经营和服务能力为前提，通过集成相关技术，进行二次开发或整合打包后进行成果转移的模式。厦门科湖集成电路发展有限公司与国内龙头通信产品检测认证机构深圳摩尔集团联合成立第三方检测认证实验室——科湖摩尔实验室，就是采用这种技术集成经营模式运行。自2017年9月试运营以来，科湖摩尔实验室已服务企业232家，累计服务时长11000小时，合同金额超过100万元，为相关科技中小微企业产品检测、认证环节节省约25%的成本。预计2018年可实现收支平衡，并略有盈利。这一新模式已取得了初步成效，带动了130多家科技企业进驻该平台所在的厦门两岸集成电路自贸区产业基地，并吸引了中电科58所来厦共建"厦门集成电路晶圆测试公共服务平台"。

从以上国内外典型的运行模式来看，每种运行模式都有各自的特点及使用条件，要找到适合本公司或者科研单位等创新主体的运行模式，才能最大化地实现创新成果的转移转化。结合湖南省各创新主体的实际情况，一方面可以采用以网上直销、自主推介、合作经销、孵化器企业代销等形式，通过产品推介会、战略合作洽谈会、成果应用对接会等方式实施科技创新成果的转移转化；另一方面也可以采用政府主导转化模式，主要是利用政府职能，将科技成果转化项目列入国家级、省级科技计划及政府指导下的科技中介科技服务体系等有关转化的服务部门。近年来，在各国政府的发起和主导下，美国的微电子和计算机技术（MCC）、半导体制造技术联盟（SEMAT-ECH），欧盟的欧洲信息技术开发战略联盟（ES-PRIT），日本的超大规模集成电路技术联盟（VLSI）等都取得了预期的成功而为世人瞩目。

三、湖南省科技创新成果转移转化的现状

（一）科技创新成果转移转化取得的成就

湖南是科技创新成果产出大省，2016年获国家级科研成果奖励数居全国第七位。主要包括以下科技成就：建成了国内首条8英寸IGBT生产线，成功研发了"海牛"深海钻机、全球首台煤矿斜井全断面隧道掘进机等尖端产品。积极承担"两机"专项等国家重大科技项目，采用涡桨6型发动机的鲲龙-600成功首飞。目前，全省各类科技人才总数约179万人，拥有"两院"院士79人，3所双一流大学，"十二五"期间共取得科技成果6500多项，获国家科技奖励94项。应用技术成果转化效率在2010~2016年达到了90%以上。全省创新综合实力由2012年的全国第15位升至2017年的第12位，专利综合实力升至全国第7位，科技进步贡献率提高3.6个百分点，创造了备受瞩目的"自主创新长株潭现象"。国家科技部公布的《2015全国及各地区科技进步统计监测指标结果》显示，湖南省综合科技进步水平指数为54.29%，全国排名居第16位，区域综合科技进步水平指数提高百分点排第一位。以上是湖南省科技创新产出取得的一部分成就，能取得这样的成就离不开科技政策法规的不断完善以及各种政策的支持等。

1. 科技政策法规日趋完善

为了促进湖南省科技发展，深化科技体制改革，湖南省建立了较完善的政策法规来保障科技成果的转化。2016年，湖南省科技厅为贯彻落实新修订的《中华人民共和国促进科技成果转化法》，切实增强法律的针对性和可操作性，配合人大法工委完成了《湖南省实施〈中华人民共和国促进科技成果转化法〉办法》和《湖南省技术市场条例》的修订。为提高高等院校和科研院所科技人员从事成果转化的积极性，以深化科技成果使用权、处置权和收益权改革为主线，出台了《湖南省促进高等院校科研院所科技成果转化实施办法》。为进一步规范技术交易、促进全省技术市场发展，让科技成果托管、挂牌交易、拍卖、协议定价等"有章可循"，出台了《湖南省技术交易市场科技成果产（股）权托管、挂牌、拍卖、协议交易规则（试行）》。为发挥财政资金杠杆作用，引导银行信贷支持转化科技成果的科技型中小微企业，加速科技成果资本化、产业化，出台了《湖南省科技成果转化贷款风险补偿管理暂行办法》等。

2. 科技成果产出不断增长

在我国，通常用"科技成果转化率"作为评判科技成果转化的标准，但由于没有具体的测算标准和口径，很难得到"科技成果转化率"这一数值。因此，往往使用科技、知识产权等部门提供的专利、技术合同交易、新产品开发数等数据来反映已经转移转化完成的科技创新成果量。从专利申请、授权情况来看，湖南省2010~2016年专利申请数、授权数都比较高，分别为295416项、138228项，从相关统计数据来看，发明专利申请数、发明专利授权数都呈逐年增长的态势，以上都充分反映了湖南省科技成果产出丰硕，为湖南省科技创新成果转移转化提供了科技支撑（见表5-1）。

表5-1 专利申请、授权情况

单位：项

年份	2010	2011	2012	2013	2014	2015	2016
专利申请	22381	29516	35709	41336	44194	54501	67779
发明专利申请	6438	8774	9974	11938	14474	19499	25524
专利授权	13873	16064	23212	24392	26637	34075	34050
发明专利授权	1920	2607	3353	3613	4160	6776	6967

资料来源：《湖南统计年鉴》(2011~2017)。

湖南省2010~2016年技术合同交易情况如表5-2所示，合同数在2013年达到历史最高，交易了6544项，2014年、2015年比2013年稍有些回落；合同金额在2015年突破百亿元，达到105.38亿元；技术交易额总体呈增长态势，其在2014年达到历史最高，为52.69亿元。

表5-2 湖南技术合同交易情况

合同情况＼年份	2010	2011	2012	2013	2014	2015	2016
合同数（项）	5137	5654	6373	6544	4879	3710	3976
合同金额（亿元）	40.09	35.39	42.25	77.06	97.93	105.38	105.62
技术交易额（亿元）	25.95	29.97	35.73	51.46	52.69	49.32	50.32

资料来源：《湖南统计年鉴》(2011~2017)。

新产品开发项目数能在一定程度上反映已经转移转化的科技创新成果数量。由图5-1可知，湖南省2006~2016年新产品开发项目整体呈现增长趋势，2014年，新产品开发量达到9758项，达到历史最高，2015年虽有些回落，但是2016年继续在增加。2012~2013年新产品开发项目增长速度最快，从2012年的3667项增加到2013年的9089项，增长了1.5倍，可能是因为2012~2013年创新环境得到很大的改善，创新产出也较高。以上只是反映了湖南省历年的情况，至于湖南省各个地州市新产品开发数的情况无法得到体现。

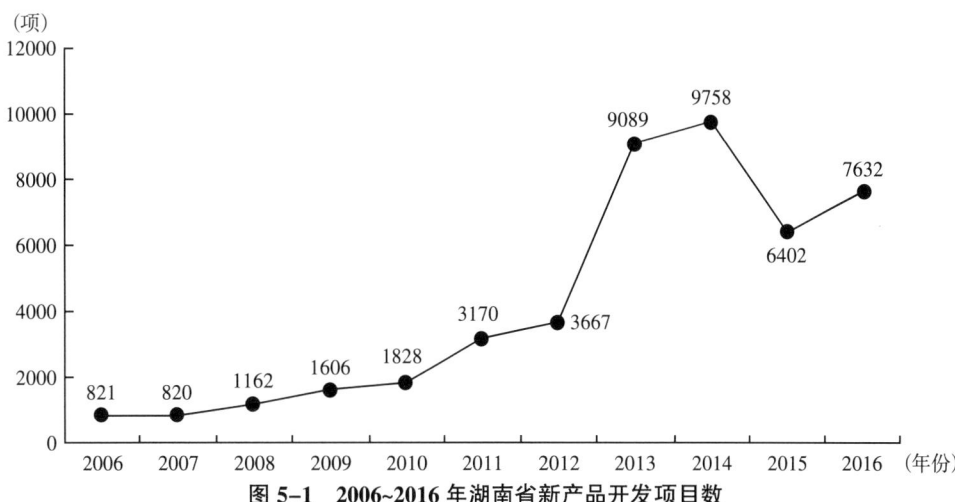

图 5-1　2006~2016 年湖南省新产品开发项目数

资料来源：湖南省统计局。

由图 5-2 可知，湖南省各地州市新产品开发数极不均衡，长沙市占比最高，2014 年占了将近 50%，张家界和湘西总共才占 0.7%，2015 年和 2016 年也是如此。长沙虽是省会城市，拥有较好的科技人才资源，提供了科技创新成果转移转化良好的运行环境，所占比重较高也是毋庸置疑的，但是其他各地州市也应当引起足够的重视，各地

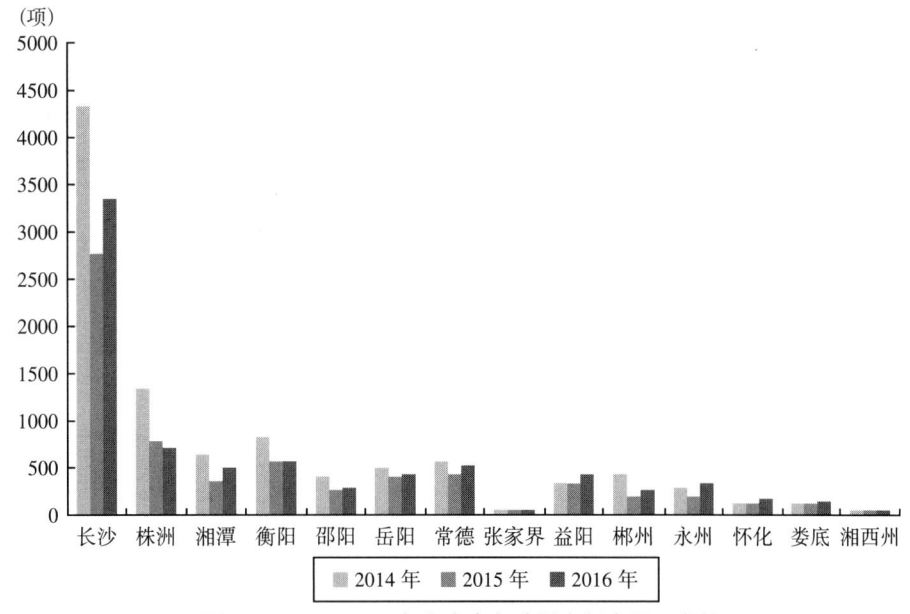

图 5-2　2014~2016 年湖南省各地州市新产品开发数

资料来源：湖南省统计局。

州市应当结合自身的实际情况、所处的社会环境扬长避短,更好地促进当地的科技创新成果转移转化,以此来提高经济发展水平。

(二) 科技创新成果转移转化存在的问题

诸多因素都能影响湖南省科技创新成果的转移转化,包括内部因素和外部因素。结合湖南省的实际情况,综合前人的研究经验,湖南省科技创新成果转移转化的问题主要包括转化效率偏低、管理体制不健全、转化资金投入不足、科技创新成果转化与市场需求脱节、转化的渠道与模式不畅通、服务体系不完善等。

1. 转化率较低

科技创新成果转化效率低是湖南省乃至全国科技创新成果转移转化中的突出问题。在各媒体报道中可见,中国创新成果转移转化效率较低,公认在10%左右,远远落后于发达国家40%以上。造成转化效率低的原因如下:一是科技创新成果转移转化质量不高。首先是因为科技成果本身的质量不够高,长期以来,我们都是采取跟踪、效仿等模式来向发达国家学习先进的技术,有很多技术还不能完全吸收、消化和利用,这就在源头上阻碍了科技创新成果的转移转化。二是转化时间成本高,一项科技创新成果的形成本身就需要大量的时间投入,刚开始需要多部门审批,加之部门之间的协调复杂,等到科技成果的产出到规模化运作,还需要很长的时间,总之,时间成本很高。以上这些都会影响科技创新成果的转化效率。

2. 管理体制不健全

科技创新成果从前期研发到完成转化全过程都需要完善的管理体制,这就像一条食物链一样,缺少任何一部分都不完整,更有可能导致研发失败或者转化失败。当创新科技成果已经完成,准备投入市场转化时,若没有建立一套行之有效的管理体制,就会导致科技创新成果没有实用价值和商业价值,不能适应市场需求,最终造成研发资源的浪费。换言之,创新主体的管理体制不健全主要表现在科技研究开发与工程应用脱节,科技计划项目实施工作缺乏设计单位、生产部门、配套单位以及用户的有效参与,不仅延长了研发周期,增大了开发成本,而且降低了技术的实用性、先进性和成熟性,影响了后期的成果转化。

3. 转化资金投入不足

科技成果转化是一项高风险、高投入、高收益的工作,且周期长,要求转化主体具有雄厚的资金基础。现实是规模较小的企业无力独立承担巨额转化资金和资金投入的风险,其他社会组织由于自身无法驾驭成果转化的风险,也不会轻易将资金投入到企业中去。科技创新成果的形成和转化都需要一个复杂的过程,在这个过程当中,资金的投入在每个环节都是必不可少的。很多优秀的应用研究就是因为中试环节的资金问题而最终流产（关峻、邵启霞，2016）。当然转化资金投入存在一定的风险，要成功转化科技创新成果，建立有效的风险投资机制至关重要。必须建立风投机制，通过增加风投基金的预期收益，转移和分散投资风险，减少不必要的风险损失（马晓君、潘昌伟，2015）。转化资金是保证科技创新成果转化成功的第一步，因此，不解决转化环节的资金短缺问题就无法迈出科技成果转化成功的步伐。

4. 科技创新成果转化与市场需求脱节

科技成果只有转移转化成功，转化为现实的生产力，才能实现其经济效益和社会效益价值，才能提升一个行业、一个区域、一个国家的经济竞争力。在众多科技成果当中，能成功转移转化的只是冰山一角，究其原因，在于理论与实践没有挂钩，生产的产品与市场的需求不匹配。在21世纪如此追求全方面发展的信息经济时代，无论哪个新兴产业、新产品都只有符合时代的要求，才会有人问津，才会实现可持续发展。企业作为创新主体，应以市场为导向，掌握足够的市场信息，做过市场调查之后再付诸行动。这样的产品才会满足市场需求，这样的科技创新成果转移转化成功的概率才会大大提高。

5. 转化的渠道与模式不畅通

科技创新成果运行模式需要与特定的运行渠道相结合才能发挥作用。科技成果转化渠道是一项能让科技创新成果从发明方顺利"流到"使用方的方法和通道，是科技成果顺利转移转化的法宝。科技成果转化模式多种多样，但是每一种成果转化模式都必须适合科技成果本身的特点。湖南省的科技成果转化渠道主要是通过第三方介绍转化，此渠道比较狭窄，成果转化的途径也不够充裕，可选择的转化模式也比较有限，这些都制约了科技成果转化的效率。

6. 服务体系不完善

科技成果的转化是一项复杂的系统工程，完全地实现科技成果的价值一定要有中介机构全过程的服务。在发达国家，如美国、英国、日本等都成立了专门的中介机构为各类不同的创新成果转移转化提供良好的平台，到目前为止，这些国家科技成果的转化率之所以能达到50%以上，与这些中介机构提供的服务是分不开的。而我国技术经纪人队伍的培育和中介服务机构的发展都尚处于起步阶段。据调查，湖南省近90%的科技成果在转化中没有中介机构参与，中介机构及时参与所起的作用也只限于提供信息（占9.28%），中介机构起主要作用的只占0.26%。总体来看，大部分中介机构没有实现规模化、专业化，而且服务能力弱、协同沟通能力差，尚未搭建好"一条龙"式服务平台。

四、科技创新成果转移转化的影响因素分析

目前,湖南省科技创新成果转移转化取得了一定的成就,同时也存在一系列的问题,例如,转移转化效率低、创新成果与市场需求不紧密等,针对这些问题探寻其原因是提高科技创新成果转移转化效率的根本途径。企业科技创新成果转移转化的影响因素可以从两个方面来入手:一是企业不可控制的因素,它包括政府、市场环境等;二是企业可控制的因素,包括研发投入、研究决策等。本书经过进一步划分,从研发投入、制度环境、市场结构三个方面研究湖南省科技创新成果转移转化的影响因素,其指标体系如表5-3所示。

表5-3 科技创新成果转移转化的影响因素

一级指标	二级指标
研发投入	企业办科技机构人员(人年)
	企业办科技机构内部经费支出(亿元)
制度环境	政府财政支出/GDP(%)
市场结构	高新技术产业产值/工业总产值(%)
已转化的创新成果	新开发项目数(项)

资料来源:2007~2017年《中国科技统计年鉴》《湖南统计年鉴》。

(一)指标选取

1. 研发投入

研发是创新的核心环节,研发投入是科技创新成果的形成基础,它可以分为研发人力投入(Human)和研发经费投入(Money)。因为研究的时间跨度较长,基于数据的可得性,研发人力投入选用大中型工业企业科技办机构人员表示,研发经费投入使用大中型工业企业办科技机构内部经费支出反映。研发的人力和财力投入是科技创新成果诞生的必要基础,是科技创新成果转移转化的前提条件。

2. 制度环境

制度环境是创新研发的硬性条件,如果创新投入充足,但是制度环境不允许,那么就不会有创新产出成果,因此,制度环境也是影响科技创新成果转移转化的因素。查阅相关文献,研究可以发现,制度环境的指标选取各有不同,有的选用政府支持

程度、政府研发投入，有的选用对外开放程度、国有化程度，还有的选用金融机构对创新的支持力度等。其中政府支持程度更为广大研究者采用，因此本书也选用政府支持程度作为制度环境的指标，采用政府财政支出与GDP的比值来衡量。

3. 市场结构

市场结构能反映市场的供需求关系，科技创新成果转化正好需要靠拢市场需求，从而才能成功实现其价值。结合现有的研究，不难发现市场结构的衡量指标主要是企业规模、市场竞争程度等。由于本书的研究对象是科技创新成果，因此选用高新技术企业规模这一指标来衡量市场结构，即用高新技术产业产值占工业总产值的比重来表示。

（二）模型构建

第一，科技创新成果作为科技创新产品，需要创新投入，创新投入在一定的创新环境下，经过不断地成熟，才能转化为创新成果。鉴于此，本章选取经典的Cobb-Douglas生产函数对数形式建立如下回归模型：

$$\ln T_{it} = a_0 + a_1 \ln env_{it} + a_2 \ln ind_{it} + a_3 \ln human_{it} + a_4 \ln money_{it} + \varepsilon_{it} \quad (5-1)$$

其中，i、t分别表示城市和年份，α_0为常数项，ε_{it}表示随机干扰项。

第二，考虑到创新投入在一定的创新环境下才能转化为创新产出，那么创新环境和创新投入之间是否会存在一定的累积关系，值得我们关注。鉴于此，引入制度环境、市场结构分别与创新人力投入和创新经费投入的交叉项来研究对创新科技成果的影响，建立如下模型：

$$\ln T_{it} = \beta_0 + \beta_1 \ln env_{it} + \beta_2 \ln(env*human)_{it} + \beta_3 \ln(env*money)_{it} + \varepsilon_{it} \quad (5-2)$$

$$\ln T_{it} = \delta_0 + \delta_1 \ln ind_{it} + \delta_2 \ln(ind*human)_{it} + \delta_3 \ln(ind*money)_{it} + \varepsilon_{it} \quad (5-3)$$

其中，i、t分别表示城市和年份，β_0、δ_0为常数项，ε_{it}表示随机干扰项。β_1、δ_1分别表示制度环境、市场结构对科技创新成果转化的弹性系数。β_2、β_3分别表示制度环境对人力及物质资本的影响及控制力，间接促进科技创新成果转移转化的弹性系数；δ_2、δ_3分别表示市场结构对人力及物质资本的影响及控制力，间接促进科技创新成果转移转化的弹性系数。如果β_2、β_3、δ_2、δ_3显著为正，则表明制度环境、市场结构能有效地优化研发资金和人员投入的资源配置，从而促进科技创新成果的转化；反之，若不显著或为负，则表明制度环境、市场结构没有带来积极的人力及物质资本溢出效应，从而未对科技创新成果转化产生正向作用。

（三）变量说明与数据来源

已转移转化成功的创新成果（T）选用新开发项目数（new）来表示。制度环境（env）

用政府财政支出占国内外生产总值的比重来表示。市场结构（ind）采用各城市高新技术产业产值占工业总产值的比重来反映。人力资本投入（human）采用大中型工业企业办科技机构人员来衡量。研发资金投入（money）用各城市大中型工业企业办科技机构内部经费支出来度量。同时，为消除价格因素的影响，以1995年为基期，采用居民消费价格指数（CPI）对研发资金投入（money）的数据进行了平减。资料来源于2007~2017年《中国城市统计年鉴》《湖南统计年鉴》及相应省份的政府网站，部分数据缺失则通过年均增长率计算而得，本书只包含湖南省13个地州市（张家界除外，下同），由于数据缺失比较严重，无法替代。

（四）计量结果分析

1. 样本总体分析

表5-4反映了被解释变量已转移转化成功的科技创新成果总量（新开发项目数）与解释变量（研发人力投入、研发经费投入、制度环境以及市场结构）之间的相关性。可以看出，湖南省科技创新成果与各解释变量之间均存在显著的正相关关系。

表5-4 皮尔逊相关性检验结果

指标	lnpat	lnenv	lnhuman	lnmoney	lnind
lnpat	1.0000				
lnenv	0.5537***	1.0000			
lnhuman	0.7918***	0.8893***	1.0000		
lnmoney	0.8143***	0.8893***	0.9411***	1.0000	
lnind	0.8185***	0.7143***	0.8462***	0.8268***	1.0000

注：***表示在1%水平下显著。

2. 回归结果分析

根据式（5-1）、式（5-2）、式（5-3），选取湖南省13个地州市2006~2016年相应的面板数据，利用Stata14.0软件进行回归分析，并根据Hausman检验结果来判定选用固定效应模型还是随机效应模型。具体的回归结果如表5-5所示，模型1、模型2、模型3分别表示不考虑交叉项、考虑制度环境交互项、考虑市场结构交互项。由表5-5可以看出，所有回归模型的拟合优度都在0.8以上，F统计量的值也比较大，说明模型的拟合效果较好。

从模型1来看，研发投入、制度环境、市场结构均对科技创新成果转移转化起到了正向的促进作用，其弹性系数都大于0，并且都通过了10%显著性水平检验。在模型1中，制度环境对新开发项目转化的促进作用最大，这在一定程度上反映了制度环境对

表 5-5 2006~2016 年湖南省面板数据模型回归结果

解释变量	lnnew		
	模型 1	模型 2	模型 3
lnenv	0.716** (0.332)	1.985*** (0.662)	
lnind	0.374* (0.199)		2.467*** (0.793)
lnhuman	0.414** (0.162)		
lnmoney	0.225** (0.094)		
ln（env*human）		0.246*** (0.084)	
ln（env*money）		0.207*** (0.055)	
ln（ind*human）			0.199* (0.119)
ln（ind*money）			−0.109 (0.067)
c	3.014** (1.279)	4.343*** (0.448)	5.709*** (0.267)
HausmanP 模型选择检验	0.008 固定效应	0.143 随机效应	0.196 随机效应
R^2	0.817	0.863	0.8463
F-statistic	42.76**	192.07***	136.03***
Obs	143	143	143

注：括号内的数值为标准误，***、**、* 分别表示在 1%、5%、10%显著性水平下显著。

于科技创新成果转移转化的重要性，相对于研发人力投入和研发经费投入的促进作用还要更强。另外，我们还发现，随着近年来各人才政策的陆续出台，确实留住了一些人才，同时也吸引了一些海外人才等，使得湖南省的人才库在不断扩充，因此研发人力投入对科技创新产出的促进作用也日益增强。但值得注意的是，研发经费投入对创新产出的转移转化作用不是很明显，弹性系数为 0.225，最主要的原因是政府科研资金的投入还不够，阻碍了创新成果的转移转化。

观察模型 2，可以看出制度环境可以通过影响研发人力、财力投入来共同促进创新成果的产出，只是制度环境与研发投入的交互项的影响没有单独的制度环境对创新产出转化的促进作用强。制度环境对创新产出转化的弹性系数达到了 1.985，而交互项的弹性系数只有 0.246、0.207，这说明在科技创新成果转化过程中，制度环境对研发投入的影响作用并没有完全地发挥出来，存在一些局限性。模型 3 也是如此，市场结构单独对创新产出的促进作用要远远高于市场结构与研发投入的交互项。原因可能是以下几个方面：第一，湖南省科技创新成果所处的制度环境不够完善，政府的支持力度不够高，带动创新的氛围不够强烈。第二，创新研发投入有待加强，从源头上限制了创新成果的产出。第三，制度环境与研发投入的配合不到位，因此无法将两者的整合作用发挥出来。

对比模型1、模型2、模型3，在模型1中，研发人员的系数为0.414，研发经费的系数为0.225；而在模型2中，政府支持力度与研发人员的交互项系数为0.246，政府支持力度与研发资金的交互项系数为0.207；在模型3中，企业规模与研发人员的交互项系数为0.199，企业规模与研究经费的交互项系数为-0.109。政府支持力度、企业规模与研发投入的交互项系数要小于研发投入单独对专利产出转化的系数。这说明创新环境、市场结构等都没有很好地与研发投入相结合发挥作用，没有达到"1+1>2"的效果。

五、湖南推进对策

2018年湖南省《政府工作报告》提出要加速科技成果转移转化，提高全省科技进步贡献率。科技是第一生产力，科技成果转化是实现科技与经济密切联系的关键环节，是产业结构调整、经济发展方式转变和国家创新竞争力提升的重要途径。湖南省要想成为创新型大省，需要加快科技创新成果的转移转化。根据国内外成功的经验，结合湖南省科技创新成果转移转化中存在的问题，从而有针对性地提出推进对策。

（一）深化产学研合作机制，提高转化率

产学研合作是我国实现科技与经济紧密结合的一条有效途径，是指企业、高等学校和科研院三方本着优势互补、互惠互利、共同发展的原则，通过三方合作，共同推动科技成果产业化和企业进步的全过程，并实现科技成果的价值。产学研合作不仅能够缩短研发周期、降低研发成本，企业、政府、高校、科研院所等单方无法解决的难题会更容易得到解决。最主要的是通过多方合作产生有实用价值的创新产品，以满足市场需求，从而提升科技创新成果转移转化效率。产学研合作通过价值链延伸技术链和创新链，形成资源互补、收益共享、风险共担的科技成果转化机制，让基础研究、应用研究、技术开发等科技创新在各个层面获得最优的资源配置，运用价值规律为科技创新提供不竭的动力。

(二)优化科技创新成果转移转化的管理体制

科技体制改革要立足于市场需求,使课题选择面向市场,选择市场急需的、有较大经济效益的科研课题;增强科研人员的科技成果转化意识,建立科研人员走出实验室,深入企业、市场寻找科研课题的管理体制;改革职称评定、业绩考核与利益分配制度,综合考评科研人员的论文发表情况、科技成果转化成生产力情况,及科技成果社会经济效益情况,使之成为考核科研人员科研能力的标准,从政策上积极引导科技成果转化落到实处。

(三)加快转移转化资金投入体系的建设

建立风险投资机制,为科技成果的转化提供资金保障。应当尽快建立由政府、企业、银行、社会等共同投资和承担风险的多元化科技投入体系,以风险投资基金为主要形式,活跃风险投资资本市场;政府要制定相关优惠政策,健全有关风险投资的法律法规体系,加强对风险投资的宏观调控和引导(李应生,2012)。从发达国家、国内发达地区的经验来看,湖南省应该构建政府、企业、金融机构、社会组织等共担风险和收益的转化资金投入机构,这是实现科技成果成功转化的必然要求。建立这样的风险投资体系需要科学合理的风险投资运行机制。以风险投资基金为主要形式,健全风险投资资本市场,使风险投资的资金来源社会化、大众化。鼓励金融机构、银行、企业等主体向风险投资公司参股,为科技成果转化提供充分的资金保障。

(四)加强各创新主体与市场需求的紧密联系

将市场需求与科学研究紧密结合,才能落到实处,完成创新成果的转移转化。针对高校来说:一是教师自己对市场进行调研,然后结合自身研究方向,进行科研立项的优化。二是与企业建立密切联系,由企业针对自身的科技需求,提出优化的科研立项,减少实用性不强的纯理论研究型的科研立项,进行科技成果转化评估,改革和完善当下对于科研立项的结题验收和考核工作。针对企业来说:企业通过市场调查,明确市场的需求,结合自身的研发领域,有针对性地研发创新产品,此外,企业还应该与高校、科研院所、政府等建立有效的信息沟通交流,及时了解它们的科技成果及转化工作,这样能少走一些弯路,同时能缩短研发周期,对于创新成果转移转化非常有利。

(五)加强科技成果转化渠道和转化模式的建设

科技成果转化渠道的宽敞通畅,为科技成果转化模式的选择提供了多种可能,能够提高科技成果转化的效率。加强科技成果信息公布平台建设，其中包括技术市场、知识产权交易市场、成果信息网站、科技成果交流展示会等的数量和质量建设。加强科技成果从"所有方"向"使用方"流动的动力承载体的建设，其中包括政府的科技成果推广机构、生产力促进中心、科技中介组织、大学科技园、工业产业园区、创业服务中心等数量和质量的建设。

（六）建立健全科技成果转移转化中介服务体系

中介服务机构对于科技创新成果的转移、转化、推广有重要的促进作用。通过设立促进科技成果转化的专门机构，加强对各个相关部门的组织领导和协调管理，加快科技成果转化。同时，要进一步加强科技中介服务体系建设，大力发展技术成果交易市场，完善中介服务机构功能，加强对中介服务机构进行正规化、专业化管理，使科技中介服务机构更好地发挥在科技成果转化中的桥梁和纽带作用。

（七）实施人才计划

湖南省在创新引领开放崛起战略中提出，实施"芙蓉人才行动计划"，深入推进"百人计划"、长株潭高层次人才聚集工程，加大创新型企业家、青年科技人才和高技能人才培养力度，有针对性地加强对科技人才的服务联系，引进一批高端创新人才和团队。鼓励科研人员在完成本职工作的基础上，利用本单位的科研资源和自身科研技能为社会开展有偿服务。健全人才评价、流动、激励机制，保障其自身利益。为了鼓励高校科研人员等主体积极创新创业，2017年3月22日，人社部印发了《关于支持和鼓励事业单位专业技术人员创新创业的指导意见》，支持和鼓励专业技术人员挂职、参与项目合作、兼职、离岗创业等（赵亮，2017）。

参考文献

[1] 关峻，郜启霞. 中国科协推动科技成果转化的科技服务路径研究 [J]. 科技进步与对策，2016 (33)：23–27.

[2] 胡一波. 科技创新平台体系建设与成果转化机制研究 [J]. 科学管理研究，2015, 33 (1)：24–27.

[3] 胡振亚. 论科技成果转化的实施主体、转化模式和激励机制 [J]. 求索，2012 (12)：173–175.

[4] 李律成，李明. 科技创新成果转化推进机制研究 [J]. 科技管理，2016 (6)：88–91.

[5] 李应生. 科技创新成果转化的难点与对策研究 [J]. 河南科技，2012 (2)：14–15.

[6] 李贞，杨金祥，袁婷婷. 科技成果转化研究的反思与启示 [J]. 广西民族大学学报，2016 (1)：150–155.

[7] 刘玮，李燕凌. 促进科技创新成果产业化，推动社会经济发展 [J]. 科技创新导报，2014 (13)：8–10.

［8］马晓君，潘昌伟.高校科技成果转化的困境与推进策略［J］.现代教育管理，2015（1）：78-82.

［9］秦惠敏，井丽巍.新形势下推进科技成果转化的思考［J］.社会科学战线，2016（2）：256-259.

［10］秦颖.企业科技园区的科技成果转化及推广模式——以武钢工人科技园为例［J］.武汉工程职业技术学院学报，2017（2）：33-36.

［11］邱超凡，刘军.推动科研单位科技成果转移转化［J］.高科技与产业化，2016（12）：22-24.

［12］杨大凤.民营企业科技创新成果转移转化研究［J］.黄河科技大学学报，2017（19）：48-55，114.

［13］赵亮.供给侧改革视域下的高校科技成果转化环境建设［J］.产业与科技论坛，2017（16）：230-231.

［14］赵哲.我国高校科技成果转化的现实困境与突破路径［J］.科研管理，2016（5）：52-56.

［15］朱缨，田雪枫.创新型城市科技成果转化机制与政策研究［J］.学习与实践，2016（12）：47-53.

开 放 篇

- 农业开放发展与湖南创新引领路径
- 制造业开放发展与湖南创新引领路径
- 服务业开放发展与湖南创新引领路径

第六章

农业开放发展与湖南创新引领路径

一、引 言

农业①是关系国计民生的基础性、支撑性产业，对社会稳定和经济发展起到举足轻重的作用。湖南作为农业大省，有着深厚的农业发展基础，在中央和省委省政府一系列强农惠农政策下发展成效斐然，但仍面临着生产方式粗放、结构性矛盾突出、发展空间有限等严峻挑战。在这种情况下，创新推动农业对外开放，积极参与国际分工合作，成为湖南农业突破发展瓶颈、加速现代化进程的迫切需要。湖南农业开放发展在对外开放整体战略与农业发展整体战略中占据重要地位。在国家对外开放的总体框架下，湖南积极推动农业对外开放，加快与世界农业融合发展，2016年湖南省第十一次党代会确定的"创新引领开放崛起"发展战略为农业开放发展指明了新方向，提出了新要求。2017年，中共第十九届全国代表大会将乡村振兴提升到战略高度，强调了农业现代化进程中创新与开放的重要性。对于湖南农业而言，贯彻中央和省委省政府各项决策部署，坚持创新引领开放崛起，是推进农业现代化、开创农业新局面的关键。

本章基于创新促进农业开放发展的机理分析，首先根据湖南农业基本发展情况分

---

① 农业有狭义、广义之分，狭义的农业指种植业，广义的农业是指种植业、林业、牧业、渔业等生产部门，包括与其直接相关的产前、产中、产后服务。本章所称农业如无特别说明指代广义农业。

析农业生产特色与优势，挖掘农业开放潜力；其次分析湖南农业在科技创新、管理创新及业态创新等方面取得的成效及存在的问题；再次分析湖南农业在贸易开放、资本开放以及技术开放等领域取得的成效及存在的问题；最后为湖南农业开放发展规划创新引领路径。从湖南农业基本发展情况来看，开放潜力巨大：丰富多样的自然资源赋予了湖南农业得天独厚的生产条件，近年来，农林牧渔及其服务业发展步伐快速，产业结构不断优化，优势产品逐渐突出。从湖南农业创新发展现状来看，首先在科技创新方面：湖南农业科技创新投入及科技创新实力不断增强，但在科技资源分配、科技成果转化等问题上仍有待提升；其次在管理创新方面：湖南在精细农业发展、供给侧结构性改革及质量安全监管方面均取得成效，但优质农产品仍面临产量不足、品种不丰富等问题；最后在业态创新方面：农产品加工业、休闲农业及"互联网+"现代农业等新兴业态蓬勃发展，但第一、第二、第三产业融合发展需要进一步推进。从湖南农业开放发展现状来看，湖南积极扩大贸易力度、不断优化贸易结构、完善外商投资环境、推动对外经济合作、开展农业技术的国际合作，但仍存在贸易开放提升幅度不大、龙头企业带动力量不强、外部环境支持力度不够等问题。基于上述分析，从推动贸易策略优化升级、促进开放领域良性互动、把握"一带一路"开放机遇和建设农业开放环境平台四个方面规划湖南创新引领路径。

二、创新促进农业开放发展的机理分析

开放是五大发展理念之一，坚持开放发展，就是深度融入世界经济，积极参与全球经济治理，解决发展内外联动问题（张广昭、陈振凯，2015）。农业开放发展即通过对外贸易开放、资本开放以及技术开放等方式，坚持"引进来"和"走出去"双向结合（熊启泉、温思美，2012），拓展农业发展空间、提升农业生产效率（见图6-1）。农业开放发展的内涵可以从两个维度进行解释：第一，从领域来看，农业对外开放是农业产品和资本、技术等生产要素在国内外之间的流动，主要包括贸易对外开放、资本对外开放和技术对外开放等领域；第二，从流向来看，农业对外开放分为"引进来"和"走出去"，农业"引进来"主要包括农产品进口、农业及相关领域的外商投资以及农业生产发展的技术引进，农业"走出去"主要包括农产品出口、农业及相关领域对外投资以及农业生产发展的技术输出。

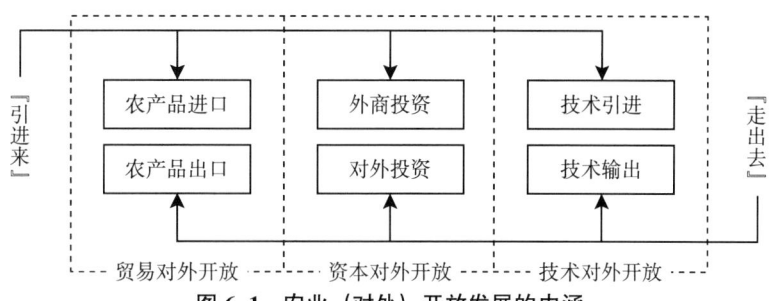
图 6-1 农业（对外）开放发展的内涵

创新位于发展理念的首要位置，是引领发展的核心动力所在。创新意味着改革和进步，通过优化现有要素配置，打破发展制约条件，创造更大综合效益。农业的开放发展离不开创新，通过科技创新、管理创新、业态创新等手段，能为农业开放注入新动能，为农业发展开创新局面。

第一，科技创新是农业经济发展的核心动力，是实现农业全面系统地创新发展的重中之重。作为第一生产力，科技渗透于现代农业生产的各类要素、各个环节中，对现代农业生产起到超前主导和强大推动作用，科技创新实力及其转换效率的提升有利于提高农业生产效率，增加产品竞争力，破解农业发展面临的诸多困境，为农产品出口、农业资本引进与农业技术输出等奠定基础条件。第二，管理创新通过统筹安排农业生产的环境要素，将外部条件转化为支撑与促进农业发展的内在动力。现代化管理对农业风险防范、生产决策及未来展望等至关重要，新的制度条件、管理方式及组织手段有利于加强农业生产的宏观调控、提升农业资源的利用效率，全面促进贸易、资本及技术的双向开放。第三，业态创新是农业产业转型升级的重要途径，是培育农业发展新动能的关键举措。经营方式、经营技术及经营手段的推陈出新能满足新时代消费者对农产品食品更加多元的需求，在农业对外开放中有利于提升产品附加价值、提高国际竞争力、扩大投资市场从而提升经济效益等。

农业创新、开放与基本发展之间呈良性循环互动关系，基于基本发展谋创新，通过创新思路促开放，创新与开放转而成为农业发展的双轮驱动，提升农业发展动力、拓展农业发展空间。

三、湖南农业基本发展分析

（一）自然资源丰富多样，生产条件得天独厚[①]

湖南具有丰富多样的自然资源。地势地貌方面，湖南以山地和丘陵为主，大体为"七山一水二分田"，土地资源呈现总量丰富、类型齐全的特征，有利于因地制宜地进行农业生产；气候环境方面，湖南属于亚热带季风湿润气候，具有气候温润、四季分明、热量充足、雨水集中等特点，十分适合动物繁衍和农作物生长；淡水资源方面，湖南河网密布、水系发达，以洞庭湖为中心，湘江、资水、沅水和澧水为骨架覆盖全省，淡水面积达1.35万平方公里，天然水资源总量为南方九省之冠，十分有利于水产品生产。

自然资源禀赋赋予了湖南得天独厚的农业生产条件，享有"九州粮仓""鱼米之乡"等美誉，主要农副产品产量如粮食、棉花、油料、苎麻、烤烟以及猪肉等均位居全国前列，其中稻谷产量多年为全国之冠，苎麻、茶叶产量分别居全国第1位和第2位。除此之外，湖南优势特色农产品也十分丰富，截至2017年底，已有59类农产品及其加工品获得国家地理标志产品保护（见图6-2），其中湘莲具有3000多年的悠久历史，安化黑茶位列中国世博会十大名茶，雪峰蜜橘更是畅销海内外的水果珍品。

（二）农林牧渔稳步齐升，区域发展态势良好

2012~2016年，湖南农业产业发展迅速，各部门总产值均持续增长（见图6-3），2016年，湖南农林牧渔总产值及其服务业总产值共达6081.92亿元，较上年增长8%，其中，农业以3255.11亿元的总产值成为贡献最大的生产部门，牧业以1762.65亿元的总产值成为贡献次大的生产部门；服务业以15%的增速成为发展最快的生产部门，牧业以10%成为发展次快的生产部门。

将湖南农业及其各部门的五年增长率与全国进行对比可以发现（见图6-4），湖南第一产业总体增长率为24%，略低于全国增长率，其各生产部门五年增长率从高到低依次为服务业（55%）、渔业（42%）、林业（24%）、农业（23%）和牧业（18%），其

[①] 本部分关于湖南自然资源等方面的省情介绍主要参考湖南省人民政府官方网站中的《湖南概况》，并以国家知识产权局等公布的相关资料与数据进行补充。

图 6-2　湖南省获国家地理标志保护的农产品及其加工品

资料来源：国家知识产权局官方网站（http://www.sipo.gov.cn/）。

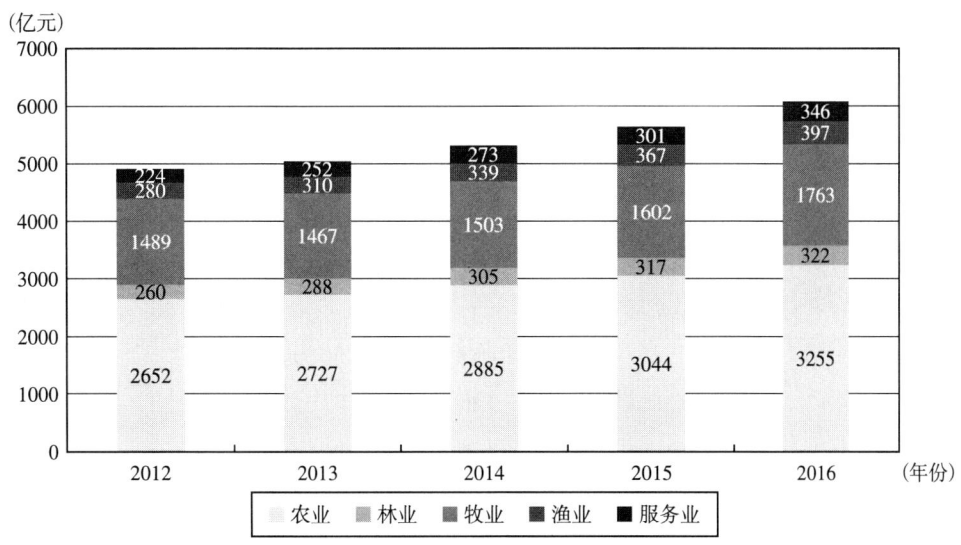

图 6-3　湖南省农业各部门总产值

资料来源：《湖南统计年鉴》（2017）。

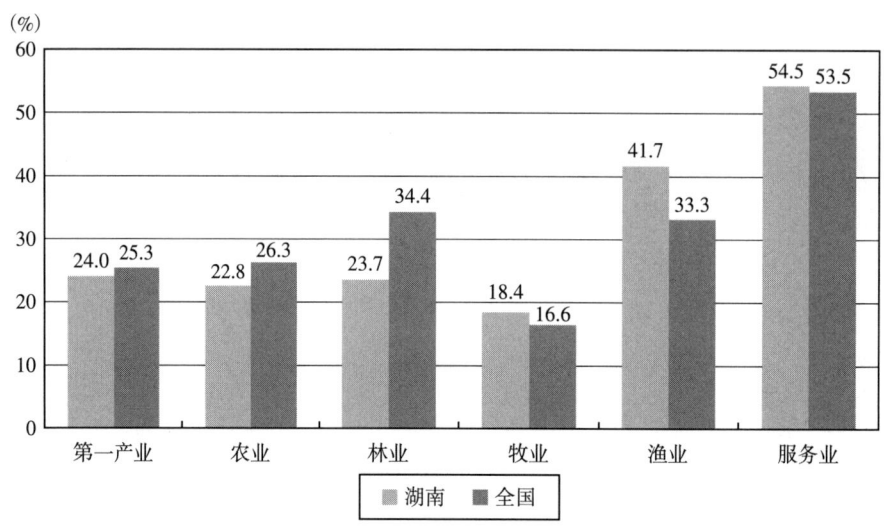

图 6-4 湖南省农业各部门总产值五年增长率与全国对比

资料来源:《中国统计年鉴》(2017)、《湖南统计年鉴》(2017)。

中服务业、渔业及牧业均高于全国发展速度,农业略低于全国发展速度,林业与全国增长率有 10.7 个百分点的差距。

从各市(州)发展情况来看(见表 6-1),2016 年,农业生产总值达到 300 亿元的有 6 个地区,从高到低依次为衡阳市、常德市、长沙市、岳阳市、邵阳市以及永州市,其生产总值之和占整个湖南省的 61%;劳动生产率高于 20000 元/人的有 9 个地区,其中长沙市以 39295.55 元/人居于首位,低于 20000 元/人的有 5 个地区,其中处于末位的湘西州为 9715.14 元/人。与上年进行比较,农业生产总值的增幅除永州市略低于 6%,其余地区均达到 6.83% 以上的发展速度,其中郴州市以 9.99% 居于首位;劳动生产率的增幅除永州市和娄底市略低于 10%,其余地区均达到 10.37% 以上的发展速度,其中湘西州以 19.42% 居于首位。

表 6-1 湖南省各市(州)农业生产情况

地区	生产总值(亿元)	较上年增幅(%)	劳动生产率(百元/人)	较上年增幅(%)
长沙市	370.95	8.53	392.96	10.49
株洲市	197.17	9.82	252.14	15.16
湘潭市	150.90	7.30	224.55	11.93
衡阳市	430.61	8.78	211.60	10.87
邵阳市	326.81	9.16	143.72	13.34
岳阳市	345.84	8.98	302.57	11.84
常德市	383.24	7.89	251.63	13.49

续表

地区	生产总值（亿元）	较上年增幅（%）	劳动生产率（百元/人）	较上年增幅（%）
张家界市	56.35	8.72	112.03	12.83
益阳市	272.39	8.34	231.82	10.37
郴州市	216.16	9.99	205.48	15.32
永州市	326.73	5.89	219.72	9.37
怀化市	200.49	8.75	149.40	16.29
娄底市	206.07	8.92	171.15	9.56
湘西州	80.83	6.83	97.15	19.42

资料来源：《湖南统计年鉴》（2017）。

（三）产业结构不断优化，优势产品逐渐突出

将 2010~2013 年以及 2013~2016 年两个时间段作为研究期，以湖南为研究区，全国为参照区，运用偏离份额分析法[①]对湖南省农业各生产部门及主要农产品的发展态势进行分析，经济数据采用总产值指标（消除通货膨胀后的实际价格）。计算结果由三个分量构成：①增长份额分量反映湖南某农业部门（产品）的基础性优势；②结构偏离分量反映湖南某农业部门（产品）的结构性优势，其为正值说明湖南该农业部门（产品）具有结构性优势，此时值越大优势越大，反之则说明处于结构性劣势且值越小劣势越大；③竞争力偏离分量反映湖南某农业部门（产品）的竞争力优势，其为正值说明湖南该农业部门（产品）具有竞争力优势，此时值越大优势越大，反之则说明处于竞争力劣势且值越小劣势越大。

湖南农业产业及其各生产部门的分析结果如表 6-2 所示：①从增长份额分量来看，湖南农业产业及其各部门在第二个时间段的增长份额分量均小于前一时间段，基础性优势有轻微下降，分部门来看，农业保持最大的基础性优势，牧业则保持次大的基础性优势；②从结构偏离分量来看，湖南农业产业从不具备结构性优势到具备结构性优势，产业结构不断优化，其中林业、渔业始终保持结构性优势，服务业则从结构性劣势转为优势；③从竞争力偏离分量来看，湖南农业产业从不具备竞争力优势到具备竞争力优势，整体发展态势良好，其中农业、牧业、渔业的快速发展使其从竞争力劣势转为优势，林业始终处于竞争力劣势，服务业则由竞争力优势转为劣势。

[①] 偏离份额分析法是经济地理学常用的分析工具，广泛应用于经济、旅游、就业等领域，它将区域研究因素在一定时期和范围内的变化看成一个动态过程，以其所属的高层次区作为参照区，将自身变动分解为增长份额分量、结构偏离分量和竞争力偏离分量，可据此分析区域产业结构及竞争力问题。具体推导过程及计算公式可参考史春云等《国外偏离—份额分析及其拓展模型研究述评》以及高洪深《区域经济学》。

表 6-2 湖南省农业各行业偏离份额分析

单位：万元

部门	增长份额分量		结构偏离分量		竞争力偏离分量	
	2010~2013年	2013~2016年	2010~2013年	2013~2016年	2010~2013年	2013~2016年
总计	503.70	413.47	−3.98	6.92	−203.34	188.55
农业	273.91	223.54	−8.68	−9.17	−116.90	89.35
林业	27.58	23.59	17.51	6.93	−19.54	−15.32
牧业	148.71	120.29	−30.64	−46.11	−48.09	97.74
渔业	30.95	25.41	19.02	11.64	−31.74	18.12
服务业	22.56	20.64	−1.20	43.63	12.93	−1.34

注：农业服务业产值由农业总产值扣除农业、林业、牧业、渔业产值得到。
资料来源：《中国统计年鉴》(2017)、《湖南统计年鉴》(2017)。

根据湖南农产品分项产值的结构偏离分量和竞争力分量，将主要农产品分为优势发展、结构突破、竞争突破及滞后发展四种类型。优势发展型包括结构偏离分量及竞争力偏离分量均为正值的农产品；结构突破型包括竞争力偏离分量为负值但结构偏离分量为正值的农产品；竞争突破型包括结构偏离分量为负值但竞争力偏离分量为正值的农产品；滞后发展型包括结构偏离分量及竞争力偏离分量均为负值的农产品。湖南省主要农产品发展类型如表 6-3 所示：①发展较为稳定的产品：蔬菜始终属于优势发展型产品，茶、中草药和牛始终属于结构突破型产品，豆类和肉禽始终属于竞争突破型产品；②发展潜力明显的产品：玉米、水果坚果和内陆水产品从结构突破型向竞争突破型转变，薯类和林产品从竞争突破型向结构突破型转变，猪从滞后发展型向竞争突破型转变；③发展不甚理想的产品：油料从优势发展型直降至滞后发展型，羊和禽蛋分别由结构突破型和竞争突破型降至滞后发展型，稻谷始终属于滞后发展型产品。

表 6-3 湖南省主要农产品发展类型

优势发展型	2010~2013年	油料、蔬菜
	2013~2016年	蔬菜
结构突破型	2010~2013年	玉米、水果坚果、茶、中草药、牛、羊、内陆水产品
	2013~2016年	薯类、茶、中草药、牛、林产品
竞争突破型	2010~2013年	豆类、薯类、肉禽、禽蛋、林产品
	2013~2016年	玉米、豆类、水果坚果、猪、肉禽、内陆水产品
滞后发展型	2010~2013年	稻谷、猪
	2013~2016年	稻谷、油料、羊、禽蛋

注：水果坚果产值由水果、坚果、饮料和香料作物总产值扣除茶及其他饮料、香料作物的产值得到。
资料来源：《中国农村统计年鉴》(2011—2017)。

四、湖南农业创新现状分析

（一）科技创新取得的成效

1. 科技创新投入不断增加

湖南积极实施"百片千园万名"科技兴农工程、完善农业科技创新平台和服务体系。根据湖南省农委办公室公布的资料，2015年，验收授牌153个现代农业特色产业园，组织9800多名科技专家、农技员开展精准服务，创建了273个农业科技试验示范基地。从湖南农业科学研究与试验发展情况来看（见表6-4），全省农业R&D项目（课题）的投入不断增加，2012~2016年每年农业R&D项目（课题）数稳定在2000项左右；项目（课题）人员全时当量经过轻微下降后有所回升，但均处在3000人·年左右，农业R&D项目（课题）的经费内部支出连年上升，2016年平均达到35万元每项目（课题）。

表6-4 湖南省农业科学研究与试验发展情况

年份	项目（课题）数（项）	项目（课题）人员全时当量（人·年）	项目（课题）经费内部支出（万元）
2012	2029	3612	36398
2013	1860	2791	36997
2014	2000	2917	35438
2015	2106	3495	45011
2016	1907	3545	67419

资料来源：《湖南统计年鉴》（2013~2017）。

2. 科技创新实力持续增强

农业科技创新产出方面，2015年全省推广超级稻133.8万公顷，较上年增加24.9%，其中宁乡万亩示范区种植的"超优千号"等品种以平均单产13吨/公顷创全国水稻万亩示范片最高纪录，生物靶标导向的农药高效减量使用关键技术及应用等4项农业科研项目获国家科学技术进步奖，省科学技术进步一等奖涵盖农、林、牧、渔四大行业。从湖南农业专利申请授权情况来看（见表6-5），全省农业专利申请授权数从2012年的470项增加到2016年的972项，五年增长率达107%；其中发明专利申请授权数从2012年的114项增加到2016年的295项，五年增长率高达159%。

表 6-5　湖南省农业专利申请授权情况

单位：项

年份	2012	2013	2014	2015	2016
专利申请授权数	470	637	608	893	972
发明专利授权数	114	194	175	234	295

资料来源：国家知识产权局官方网站（http://www.sipo.gov.cn/）。

（二）管理创新取得的成效

1. 发展精细农业，打响"湘"字招牌

为扭转高投入、高消耗的粗放式生产，湖南着力推进精细农业生产，种粮大户、合作社等新型经营主体发展迅速，新型农民逐步实行规模化、机械化、标准化生产经营，"湘"字农产品竞争力明显增强，产业质量和效益不断提升。将湖南绿色食品认证数与中部地区其他四省进行对比（见图6-5）可以发现，2015年湖南有效用标绿色食品数量为984个，处于中部五省的中间水平，显著高于江西和河南两省，从增长情况来看，排名较前的安徽和湖北两省当年获证绿色食品数量较上年有所减少，湖南当年获证绿色食品数量较上年有大幅增加。

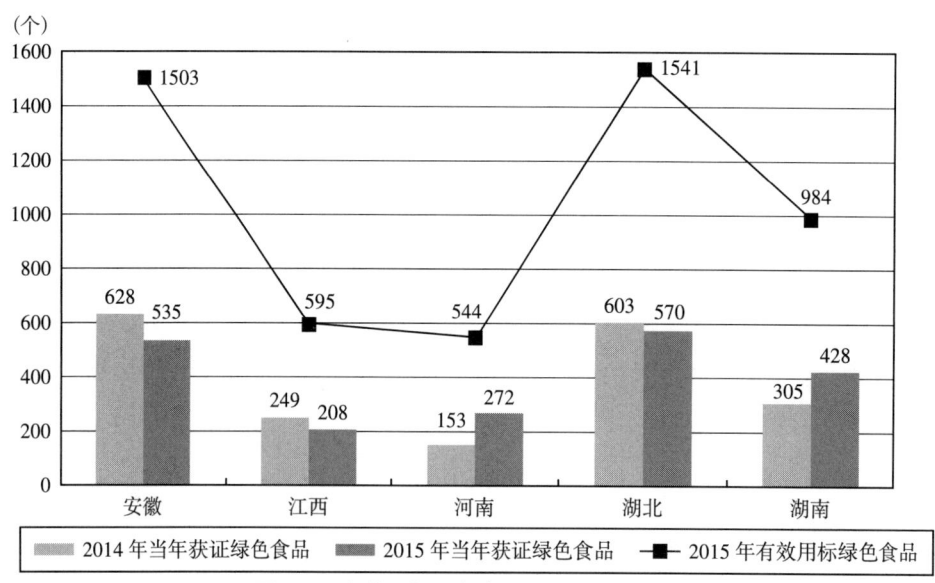

图 6-5　有效用标绿色食品认证数省际对比

资料来源：《中国品牌农业年鉴》（2016）（现有资料暂未更新2016年相关数据）。

2. 深入推进农业供给侧结构性改革

近年来，湖南从农产品市场需求出发，深入推进农业供给侧结构性改革，在稳粮前提下适当减少双季稻生产，扩大主要经济作物面积，推广稻鱼（虾、蛙）等综合生产模式,为全省经济社会持续健康发展提供了有力保障和支撑。从湖南主要农产品产量变化率来看(见图6-6),2013~2015年稻谷连年增产,旱杂粮(玉米、大豆、红薯、马铃薯)主要增产作物为玉米和马铃薯,柑橘、桃子、梨和葡萄等水果及水产品持续增产。2016年初,省委发布的一号文件正式提出农业供给侧改革后,稻谷产量有适当减少,"粮食去库存"初见成效;旱杂粮中大豆实现增产;主要水果产品及水产品均有不同程度的增产,其中柑橘和葡萄产量增长率分别在9%和11%左右;猪牛羊肉有3%左右的轻微减产。

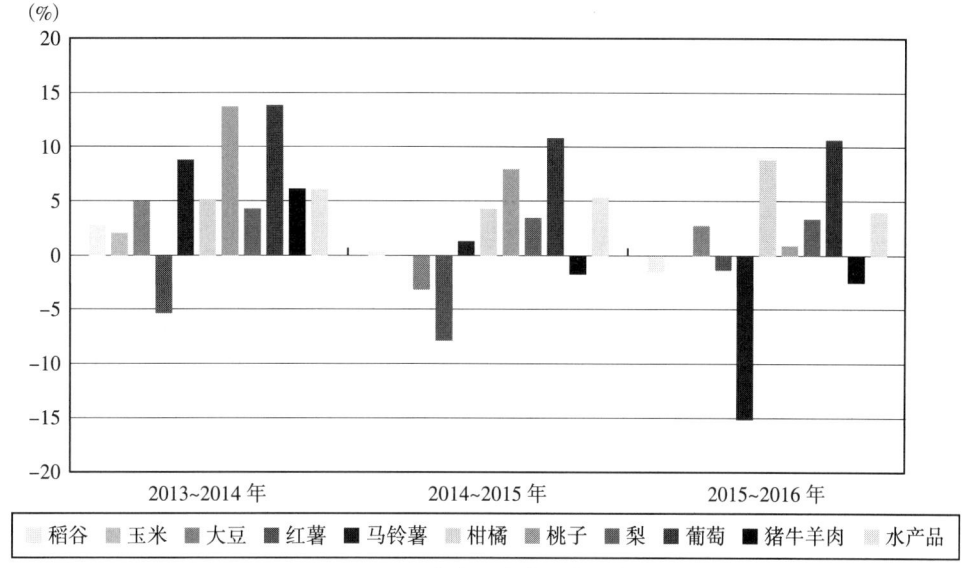

图6-6 湖南主要农产品产量变化

资料来源:《湖南统计年鉴》(2014~2017)。

3. 优化完善农产品质量安全监管

湖南严格按照《食品安全法》与《农产品质量安全法》,强化生产经营者主体责任,积极搭建农药监管平台,推动出口食品农产品质量安全示范区,优化完善农产品质量安全监管。2016年,农产品质量安全例行监测结果显示,全省农产品质量安全状况稳定,水平持续向好,整体合格率在98%以上,其中蔬菜合格率为98.5%,水果合格率为98.1%,茶叶合格率为98.6%;稻谷合格率为98.5%,较上年增加2个百分点。从各市(州)情况来看(见表6-6),蔬菜合格率100%的为常德;水果合格率100%的为湘潭、岳阳、张家界和湘西;茶叶合格率除株洲、衡阳、郴州和娄底外均为100%;稻谷怀化、湘西未作检测,除娄底、永州外其余地区均为100%。

表 6-6 2016 年湖南省质量安全例行监测产品合格率情况

单位：%

地区	蔬菜	水果	茶叶	稻谷
长沙市	99.0	98.0	100.0	100.0
株洲市	98.1	96.0	96.0	100.0
湘潭市	99.5	100.0	100.0	100.0
衡阳市	98.8	98.0	96.0	100.0
邵阳市	96.3	98.0	100.0	100.0
岳阳市	99.4	100.0	100.0	100.0
常德市	100.0	98.0	100.0	100.0
张家界市	98.1	100.0	100.0	100.0
益阳市	97.5	98.0	100.0	100.0
郴州市	98.8	96.0	96.0	100.0
永州市	98.1	96.0	100.0	80.0
怀化市	97.5	98.0	100.0	—
娄底市	99.5	98.0	96.0	95.0
湘西州	98.4	100.0	100.0	—

资料来源：湖南省农业委员会官方网站（http://www.hnagri.gov.cn/）。

（三）业态创新取得的成效

1. 产品加工提升附加价值

新时代消费者对农产品食品的需求更加多元，湖南推动实施"百企""百强"工程，着力振兴农产品加工业，促进其持续快速发展。根据中国新闻网及华声在线的报道，"十二五"期间，全省农产品加工业销售收入保持了年均 21% 左右的快速增长，2016 年农业产品及工业跻身全国七强，成为湖南两大"万亿"产业之一，粮食、禽畜稳坐千亿产业之列，棉麻、竹木则为新晋千亿产业。将湖南 2016 年农产品加工情况与上年进行对比（见表 6-7）可以发现，销售收入为 1.35 万亿元，较上年增加了 0.17 万亿元；省级以上龙头企业为 649 家，较上年增加了 93 家；农产品加工业产值与农业原值之比达到 2.2∶1，较上年也有所提升。

表 6-7 湖南省农产品加工业情况

年份	销售收入（万亿元）	省级以上龙头企业（家）	农产品加工业产值与农业原值之比
2015	1.18	556	2.1∶1
2016	1.35	649	2.2∶1

资料来源：《湖南年鉴》（2017）、华声在线新闻报道。

2. 休闲农业推动乡村振兴

湖南休闲农业呈现健康有序的发展态势，逐步衍生出多种发展模式，如"现代农业、都市农业、美丽乡村"融合发展模式、"休闲园区"引领模式等，带动"三农"作用凸显。截至2015年底，全省4300家休闲农庄中35%的农庄建有规模种养基地、32%的农庄具有特色农产品加工。将湖南2015年休闲农业基本情况与2014年进行对比（见表6-8）可以发现，2015年全省休闲农业经营主体达1.6万个，较上年稍有减少；带动农户数60万户，较上年有大幅提升；接待人次14200万人次，较上年翻一番左右；营业收入265亿元，较上年增长71%；其中农副产品销售收入达78亿元，较上年有所减少。

表6-8 湖南省休闲农业基本情况

年份	经营主体数（万个）	带动农户数（万户）	接待人次（万人次）	营业收入（亿元）	农副产品销售收入（亿元）
2014	2.02	5.33	6227	155	104
2015	1.60	60.00	14200	265	78

资料来源：《中国休闲农业年鉴》（2015~2016）（现有资料暂未更新2016年相关数据）。

3. "互联网+"助力现代农业

"互联网+现代农业"方面，国家农村农业信息化示范省综合服务平台为广大基层农业生产者、农村中小企业和产业化组织提供实时互动的"扁平化"信息服务；中国惠农网、特色湖南、农特产品购销网、农城网、龙迅村村通、领鲜500、农贸之家等电子商务平台助力农产品销得更快更好，农村电子商务呈"井喷式"发展；农产品质量安全追溯平台使消费者能随时了解农产品质量情况，企业也能使用溯源"武器"保护自身品牌。根据中国新闻网报道，截至2016年底，湖南共创建15个全国电子商务进农村综合示范县，建成县级电商服务运营中心83个、乡镇服务中心216个、村级站点2500个；物流配送网络覆盖了86%的行政村，56%的农产品加工企业开展了电商销售，2016年湖省电商交易额突破1200亿元。

（四）农业创新存在的问题

1. 科技资源配置与成果转化仍待改善

湖南农业科技创新资源主要集中分布在大宗农产品的生产领域，公共财政的主要经费投入、科技创新人员的中坚力量主要集中在水稻产业（刘宇、宗锦涛和严重君，2018）。如此一来能保障国家粮食安全，但不利于满足其他农产品的市场需求、实现农业供给侧改革的战略目标。除此之外，农业科研存在与生产脱节的现象，目前湖南省许多农业科研成果实际应用价值不大,科技推广体系能力弱且转化受体接受能力差导致绩效不高,科技成果转换率及科技进步贡献率与发达省份存在较大差距,不利于农业科技与农业经济的紧密结合。

2. 优质产品打造不容忽视

湖南品牌农业建设步伐加快,优质农产品品种不断丰富,但依然存在品牌"杂、乱、散"的问题(湖南省人民政府,2017),同时优质产品产量有待提升。从国家级现代农业示范区生产情况来看(见表6-9),2011~2015年湖南国家级现代农业示范区绿色食品产量呈轻微下降趋势,2011年产量为213.98万吨,至2015年仅有151.07万吨,五年下降率在30%左右。在这期间,有机产品产量不甚稳定,2011~2013年产量在0.6万吨上下波动,2014年和2015年较2013年之前有较大幅度的提升。

表6-9 湖南省国家级现代农业示范区生产情况

单位:万吨

年份	2011	2012	2013	2014	2015
有机食品	0.73	0.47	0.68	2.28	1.33
绿色食品	213.98	199.85	195.10	163.44	151.07

资料来源:《中国品牌农业年鉴》(2016)(现有资料暂未更新2016年相关数据)。

3. 三大产业融合有待增强

湖南农业产业与第二、第三产业的融合虽然在不断深入,但仍有很大的进步空间。农产品加工方面,与农业发达地区相比,湖南的农产品加工企业仍存在小、散、弱等问题,初级加工产品多,精深加工产品少,农产品资源优势向经济优势的转变面临着农产品加工率低、产业链条短等发展短板。休闲农业方面,农庄发展模式单一、经营方式雷同、农业资源与旅游元素没有形成良性互动,发展后劲不足。农村电商方面,电商专业人才紧缺,生产、销售、管理及服务各环节稍显薄弱,电商产业生态建设有待完善。

五、湖南农业开放现状分析

(一)贸易开放取得的成效

1. 积极扩大贸易力度

近年来,我国农业出口贸易发展面临诸多复杂因素,国内生产成本持续提高而国际市场价格大幅下跌导致出口市场不景气，国际市场价格大幅下跌提升了进口产品的竞争力，人民币对美元汇率由升值逆转为贬值则有利于出口创汇（农业部，2016）。同时，湖南农产品及其加工品的出口大量依托他人代工、自有品牌率低、处于价值链低端（湘检办，2017）。面对诸多发展瓶颈，湖南积极推进品牌战略建设，助力"湘品出境"，农产品出口贸易额和全国占比在 2012~2014 年连年上升，此后虽稍有下降，但出口贸易额仍保持在 10 亿美元以上，全国占比相较 2012 年提升了 0.3 个百分点（见表6-10）。进口贸易呈波动发展趋势。从农产品外贸依存度来看，湖南农业外贸开放水平有所提升，2012 年的农产品外贸依存度为 2.3%，此后在 2.8% 上下浮动。

表 6-10 湖南省农产品贸易情况

年份	农产品出口		农产品进口		农产品外贸依存度（%）
	出口额（亿美元）	全国占比（%）	进口额（亿美元）	全国占比（%）	
2012	7.12	1.14	3.78	0.34	2.29
2013	8.84	1.32	4.71	0.40	2.81
2014	10.94	1.53	3.96	0.33	2.91
2015	10.50	1.50	3.42	0.30	2.60
2016	10.44	1.44	4.89	0.44	2.85

资料来源：商务部对外贸易司官方网站（http://wms.mofcom.gov.cn/）、长沙海关官方网站（changsha.customs.gov.cn/）。

2. 不断优化贸易结构

从湖南农产品贸易结构来看（见图 6-7），2016 年出口额前五位的农产品依次为生猪、肉类、蔬菜、水果和牛，其中生猪、肉类、水果和牛出口额较上年有所减少，蔬菜出口额较上年增长 26.5%，贸易顺差 1.2 亿美元。进口额前五位的农产品依次为奶类、食用油籽、大豆、稻米和肉类，其中奶类、食用油籽、大豆和肉类进口额较上年

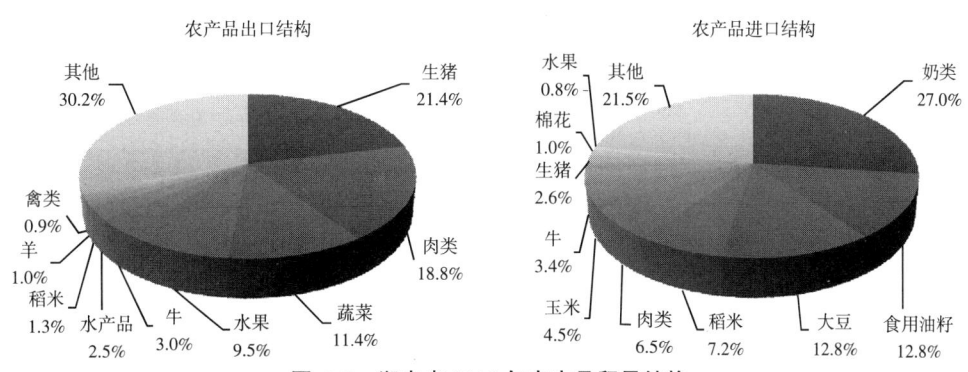

图 6-7 湖南省 2016 年农产品贸易结构

资料来源：农业农村部官方网站（http://www.moa.gov.cn/）。

均有大幅增加。

(二) 资本开放取得的成效

1. 完善外商投资环境

湖南以兼收并蓄的开放态度,不断深化改革,提升营商环境,造就了良好的农业资本市场开放态势。根据《湖南年鉴》及《湖南统计年鉴》公布的数据及资料,2015年第一产业新批外商投资企业项目74个,较上年增长32.14%,利用外商直接投资额(FDI)从2012年的2.50亿美元连年上升,至2015年达到6.27亿美元,三年增长率达到151%,2016年有0.02亿美元的轻微减少。从农业FDI占总FDI比重来看(见表6-11),2012~2016年农业占总招商引资的比重经历大幅上升后有所下降,但2016年仍达到4.86%,高于2012年1.42个百分点。

表6-11 湖南省农业利用外商直接投资情况

年份 指标	2012	2013	2014	2015	2016
农业FDI(亿美元)	2.50	5.31	5.79	6.27	6.25
占总FDI比重(%)	3.44	6.10	5.64	5.42	4.86

资料来源:《湖南统计年鉴》(2015~2017)。

2. 推动对外经济合作

对外经济合作方面,《湖南日报》报道本省已有90余家湘企在境外从事农业相关领域投资,对外投资区域横跨亚、非、欧、美四大洲,涉及老挝、马达加斯加、俄罗斯、波兰和印度尼西亚等30个国家和地区;投资产业领域正逐步向多元化方向发展,涵盖种养殖业、食品生产加工、研发和贸易等方面;投资项目集中在湖南省比较优势明显的种子行业以及粮食、中小型农机具、茶叶以及畜禽养殖及食品加工业(湖南省政府参事,2016)。2016年,新设境外企业数24家,合同投资额1.85亿美元,大康牧业、神农大丰等上市企业成为湖南对外投资的主要力量。

(三) 技术开放取得的成效

湖南在农业技术上展开了多种国际合作,不仅从芬兰、韩国、荷兰等国家引进了诸多现代农业新技术,而且积极对接"一带一路"倡议,策划推进格鲁吉亚蔬菜大棚种植、柬埔寨农业产业园、尼日利亚杂交水稻等援外项目,与泰国农民议会签署了农业领域合作交流意向书,对外派出水稻、蔬菜种植、农田水利、淡水养殖和沼气利用技术人员进行有偿技术咨询和服务。根据省政府参事公布的资料,2000年以来,隆平高科已在利比里亚、东帝汶、印度尼西亚等10余个国家投资组建了企业或研发中心,开展了 10 多个农业国际合作项目,并在海外建立了多家分公司,农业科技的"走出去"和"引进来"相结合的格局逐渐形成。

(四)农业开放存在的问题

1. 贸易开放提升幅度不大

湖南农产品贸易开放水平近年来虽有所提升,但提升幅度不大,对社会经济发展的贡献不高,和中部其他省份相比存在一定差距。将湖南农产品贸易依存度与中部其他四省进行对比可以发现(见图 6-8),湖南 2014 年和 2015 年的农产品贸易依存度均处于末尾,且在安徽、河南的农产品贸易迅速发展期间,湖南 2015 年农产品贸易依存度较上年有所减少。

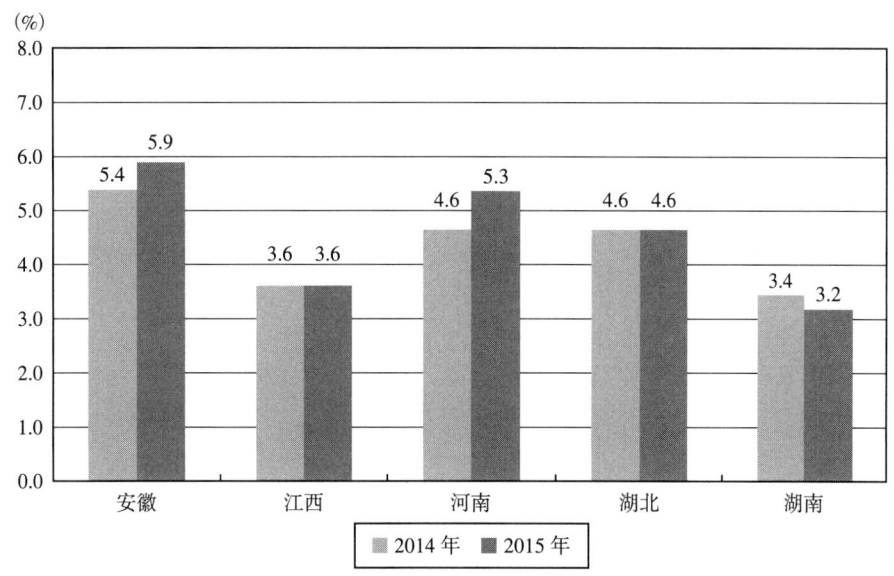

图 6-8 农产品外贸依存度省际对比

注:为保证统计口径一致以便比较,采用《中国农产品贸易发展报告》农产品外贸数据,农业生产总值数据来源于各省《统计年鉴》,湖南外贸依存度计算结果与表 6-10 有所差异,现有资料暂未更新至 2016 年。

2. 龙头企业带动力量不强

湖南龙头企业力量不强是农业"走出去"的最大短板之一,与河南等地存在明显差距。根据省政府参事 2016 年公布的资料,河南全省年收入超亿元的龙头企业有 3576 家,涌现了一大批出口龙头品牌企业,而湖南 2014 年收入超亿元的龙头企业仅 435 家,仅为河南省的 1/9,即 12%,除隆平高科在海外多区域布局发展,国际影响力大的企业较少。

3. 外部环境支持力度不够

从湖南农业开放发展的外部支撑条件来看,一方面是战略规划不够清晰长远,农业企业境外投资区域集中在亚洲和非洲（见表6-12），不利于拓展农业对外开放的广度与深度；另一方面是针对农产品贸易及农业对外投资的鼓励政策及保障制度尚不成熟，企业"走出去"的积极性不高。

表6-12 湖南省农业对外投资区位分布结构

单位：%

区位	亚洲	欧洲	非洲	大洋洲	北美洲
企业分布结构	75.00	4.17	12.50	2.08	6.25
投资分布结构	47.04	3.03	40.44	8.08	1.41

资料来源：刘凡和洪联英（2018）根据湖南省商务厅和湖南省发展和改革委员会2016年3月公布的资料整理的湖南境外农业企业投资区位分布情况。

六、湖南农业开放发展的创新引领路径

（一）重点推动贸易策略优化升级

贸易开放是湖南农业对外开放的重要"敲门砖"，相比其他领域发展在前且较为成熟。贸易对外开放不应过于强调农产品出口，过分抑制农产品进口，要兼顾农产品进口和出口的双向开放发展，根据湖南农产品外贸结构现状，结合农业发展情况，优化农产品进出口策略，实现经济效率最优。一是结合农产品发展优势，在满足国内主要农产品需求、保障国家粮食安全的前提下，大力促进蔬菜出口贸易增长，推动肉禽、水果坚果、内陆水产品和生猪的出口创汇。二是根据农产品需求市场及生产要素市场的发展，通过积极保持牛、油料等满足农产品市场需求，进口节约国内生产资源、降低国内生产成本。除此之外，随着生产要素价格的变化，劳动密集型产品的比较优势会逐渐弱化，从而减弱湖南传统优势产品出口的动力。从长期发展来看，不能忽视高附加值加工型农产品的发展，其将成为未来推动贸易发展的重要动力。

（二）大力促进开放领域良性互动

扩大农业对外开放不仅是指扩大农产品贸易的对外开放，还包括农业资本的对外开放和农业技术的对外开放，它们都不是各自孤立的，在农业对外开放过程中，应全面推进各领域的对外开放，深入促进各对外开放领域之间的良性互动。湖南农业科技创新主要集中在大宗农产品生产领域，通过与发达国家的科技交流和资金合作，快速

提高其他领域的农业生产技术，补齐农业科技发展短板，促进农业科技成果转化。湖南优质农产品产量有待提升，产业融合亟待深入，国外农业组织建设与先进管理技术的交流学习与资金引进，能助力农业标准化、规模化生产，加速农产品加工业、休闲农业等新型业态的发展，推动农业产业化进程。全面深入地扩大对外开放，是湖南实现农业技术、管理和业态创新，完成农业现代化进程的必由之路。

（三）积极把握"一带一路"开放机遇

"一带一路"沿线国家经济发展差异较大，印度、缅甸等国现代农业生产落后，对产品、资金和技术的引进意愿强烈，因此，湖南农业企业出海以及农业机械、淡水养殖等产品和技术输出面临着前所未有的重大机遇。在此背景下，湖南首先应积极树立农业融入"一带一路"的开放意识，科学规划农业融入"一带一路"的战略规划与区域布局；其次应加大农业对外引资引技力度，提升自身农业产业现代化水平，培育扶持龙头企业，夯实农业融入"一带一路"的基础条件；最后应加强政策体制支持，推进农业融入"一带一路"的平台建设，推进境外农业园区建设、扩宽农产品销售渠道，从而为欠发达国家援助种养殖先进技术，拓展自身发展空间。

（四）持续建设农业开放环境平台

由于农业具有天然的"弱质性"且对外开放水平较低，政府应充分发挥引领作用，完善农业开放发展的战略规划，积极构建农业对外开放的良好外部环境平台。一是加大农业开放发展的贸易、融资政策支持，一方面鼓励农业企业在境外申请品牌、卫生注册和国际质量、环保认证，推动"湘品出境"；另一方面拓展企业融资渠道，鼓励境外农业企业开展多元化融资方式解决融资难问题、与各种国际金融机构对接降低融资成本。二是建设农业"走出去"的沟通协调、风险预防机制，保障境外农业企业的利益、安全，帮助提升国际经营与管理能力，促进农业企业国际化成长。三是完善农业开放发展的公共服务体系，按照国际标准进行农产品出口基地建设，加大湖南现代农业招商引资力度。

参考文献

[1] 红网. 解码湖南互联网+现代农业转变农业发展方式 [EB/OL]. http://zt.rednet.cn/c/zt/41523/.

[2] 湖南省农委办公室. 关于当前我省农业工作的新形势与任务 [EB/OL]. (2016-04-05). http://www.hnagri.gov.cn/web/hnagrizw/zwzq/ldjh/content_206718.html.

[3] 湖南省人民政府. 湖南概况 [EB/OL]. http://www.hunan.gov.cn/jxxx/.

[4] 湖南省人民政府. 湖南年鉴 [M]. 长沙：湖南年鉴社，2016.

［5］湖南省人民政府.湖南评出十大农业品牌［EB/OL］.（2017-02-18）.http：//www.hunan.gov.cn/hnyw/bmdt/201702/t20170218_4819756.html.

［6］湖南省人民政府.湖南省实施开放崛起战略发展规划［EB/OL］.（2018-01-16）.http：//www.hunan.gov.cn/xxgk/wjk/szfwj/201801/t20180116_4926777.html.

［7］湖南省政府参事.湖南现代农业融入"一带一路"的建议［EB/OL］.（2016-07-25）.http：//css.hunan.gov.cn/tslm/czzx/201607/t20160725_3266249.html.

［8］华声在线.湖南从农业大省迈向农业强省农产品加工业跻身全国七强［EB/OL］.（2017-09-28）.http：//hunan.voc.com.cn/article/201709/201709281828176422.html.

［9］华声在线.湖南牵手非洲共建"一带一路"［EB/OL］.（2017-09-21）.http：//hunan.voc.com.cn/article/201709/201709211105171672.html.

［10］刘凡,洪联英.中国农业"走出去"对接"一带一路"倡议的策略选择——以湖南省为例［J］.世界农业,2018（1）：195-200.

［11］刘宇,宗锦涛,严重君.新常态下湖南农业科技成果转化面临的问题与对策［J］.湖南农业科学,2018（1）：111-114.

［12］农业部.中国农产品贸易发展报告［M］.北京：中国农业出版社,2016.

［13］湘检办.创新打造品牌促进湘品出境［N］.湖南日报,2017-11-22（10）.

［14］熊启泉,温思美.中国农业对外开放度的指标与测算：1997~2011年［J］.改革,2012（12）：103-108.

［15］张广昭,陈振凯.五大理念的内涵和联系［N］.人民日报（海外版）,2015-11-12（1）.

［16］中国新闻网.湖南培育农业新业态产业链条拓宽延长［EB/OL］.（2017-09-29）.http：//news.163.com/17/0929/10/CVGADI5500018AOQ.html.

［17］周月桂.湘企境外投资农业近10亿美元［N］.湖南日报,2015-09-15（3）.

第七章
制造业开放发展与湖南创新引领路径

一、引 言

随着经济水平的进一步提升，制造业作为新型工业化的支柱产业，是我国经济增长的主导部门和经济转型的基础，其发展水平是衡量国家科技水平和综合实力的重要标志。20 世纪 90 年代以来，中国制造业持续快速发展，总体规模大幅提升，不仅对国内经济和社会发展做出巨大贡献，而且成为世界经济的重要力量。截至 2015 年，中国制造业产量占世界的近 25%，居世界首位。制造业作为国民经济的主体，是科技创新的主战场。湖南省借助中部崛起战略通过调整产业结构和实施创新驱动战略已经使本省的经济实力得到了巩固和提升，但是湖南省的经济总量与经济强省之间还存在较大的差距。2013 年，中国确立的"推进丝绸之路经济带、海上丝绸之路建设，形成全方位开放新格局"（简称"一带一路"）战略成为经济、社会发展的重大战略，"一带一路"倡议的实施拓展了中国制造业发展的空间，有助于汇聚中国制造业发展所需的战略资源，另外，2015 年国务院印发的《中国制造 2025》中明确提出部署通过"三步走"实现制造强国的战略目标，并提出了九项战略任务和重点，其中第一项是提高国家制造业创新能力，创新对于制造业发展的作用不言而喻（国务院，2015）。中共十八届五中全会提出"创新、协调、绿色、开放、共享"五大新型发展理念，将创新置于首要位置的意义在于要以创新型国家建设为重点实现中国经济的突围。此后，中共十九大报告提出"加快发展先进制造业，推动互联网、大数据、人工智能和实体经济深度融合"以及"促进我国产业迈向全球价值链中高端,培育若干世界级先进制造业集群"。而国家经济发展战略的大调整,对湖南经济来说,既是机遇,也是挑战。为了抓住创新型国家建设的战略机遇期,建设创新型湖南,实现湖南经济从后发优势向先发引领型经济的转变,湖南省已经实施了多项举措,如积极创建长株潭"中国制造2025"国家级示范区及长株潭国家级军民融合创新示范区,并推进"两机"重大专项、国产大飞机重大专项等军民融合重点项目,发展航空航天,以及具有军工技术优势的兵器装备、工程机械、新材料、新能源等产业等。制造业是实体经济的重要组成部分,而制造业的开放发展水平对制造业发展有着重要作用。

二、湖南制造业开放发展现状分析

(一) 湖南省制造业出口现状

1. 制造业总出口现状

因湖南省制造业各行业数据难以获取,按照中华人民共和国国家质量监督检验检疫总局中国国家标准化管理委员会于2017年6月30日发布的国民经济行业分类(GB/T 4754-2017)对湖南省出口商品进行分类汇总(国家统计局,2017),并通过汇率换算,得到2002~2016年的制造业商品总出口额。

湖南省制造业商品总出口额稳步上升。2002年,湖南省制造业商品总出口额仅为65亿元,到2016年制造业的对外开放规模大幅提高,制造业商品的总出口额已达到560亿元。总体而言,2002~2008年,制造业对外开放发展呈现出上升趋势;而2009年的制造业商品出口数值大幅下降,推测湖南省的制造业商品出口规模下降是受到2008年金融危机的影响,众所周知,2008年的金融危机源头在美国,而美国作为湖南省重要的商品出口国,其国内的经济形势对商品贸易出口状况有很大影响;2002~2013年,湖南省制造业总出口额开始有所回升,呈现出小幅度的上升趋势;自2013年开始,湖南的制造业商品出口规模开始大幅上升,2013~2016年,湖南省的制造业总出口额由255亿元骤增至560亿元,2016年较2013年的制造业出口规模增加了一倍多(见图7-1)。

制造业商品出口额占全部的主要商品出口额比例在近15年比较稳定。2002~2009年,湖南省全省的制造业出口额占总出口额的比重比较稳定,这8年的平均值为42.6%,而2010~2016年,湖南省的制造业商品出口额占比呈现出"U"形变动趋势,

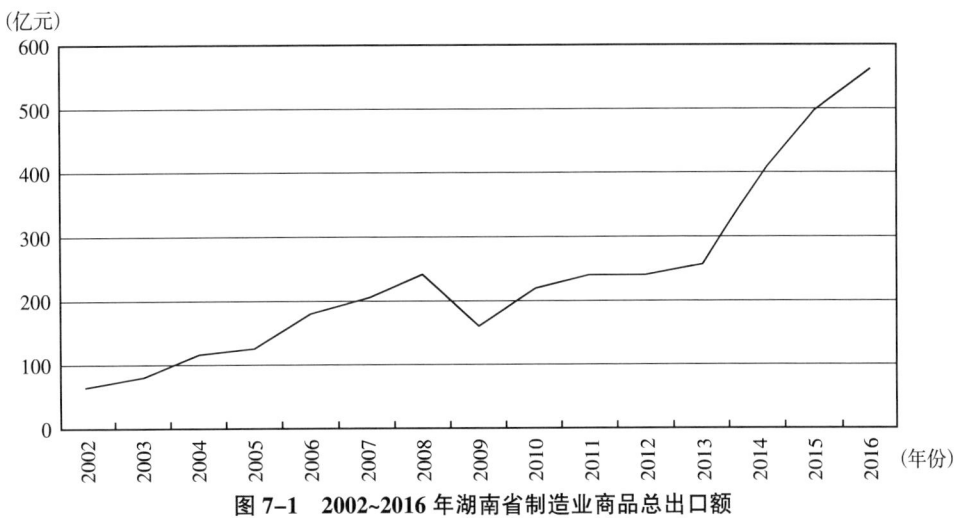

图 7-1 2002~2016 年湖南省制造业商品总出口额

资料来源：《湖南统计年鉴》(2003~2017)。

比例数值在 2010~2013 年为持续下降趋势，2013 年的湖南省制造业出口额占总出口额的比例数值最小值为 28%，此后年份，湖南省制造业出口份额开始持续上升，到 2016 年时比例已经达到最大值，为 46.3%。

湖南省的制造业对外开放规模在整个行业对外开放中所占比例变动趋势较小，总体上看处于不断上升的趋势，增长幅度较小。2010 年之前，该比例均低于 15%，2010~2016 年，该比例数值达到 15% 及以上，2002~2016 年湖南省制造业商品出口额占全国制造业商品出口额的比例平均值为 14.2%，这说明湖南省的制造业商品出口规模在整体行业出口规模中所占份额不断扩大，也反映了湖南省制造业对外开放水平的不断提高（见图 7-2）。

2. 制造业行业出口现状

2002~2009 年，纺织业、化学原料和化学制品制造业、非金属矿物制造业以及纺织服装、服饰业一直位列制造业前五名。2004 年开始一直到 2013 年，黑色金属冶炼和压延加工业的商品出口额稳居排行榜第一，2014 年，该行业位于商品出口额第二，2015 年，位于商品出口额第三的位置，2016 年，黑色金属冶炼和压延加工业的出口数值已经不在出口额前五的序列内。2012 年至今，湖南省的皮革、毛皮、羽毛及其制成品和制鞋业出口额进入前五名。2015 年、2016 年，主要出口商品额较高的制造业行业较之前发生了巨大变化，计算机、通信和其他电子设备制造业以及电气机械和器材制造业跻身出口数额前五的位置。这说明近年来湖南省制造业对外开放过程中皮革、毛皮、羽毛及其制成品和制鞋业以及纺织服装、服饰业是重要的主导产业，计算机、通信和其他电子设备制造业以及电气机械和器材制造业这两大行业具有后发优势。

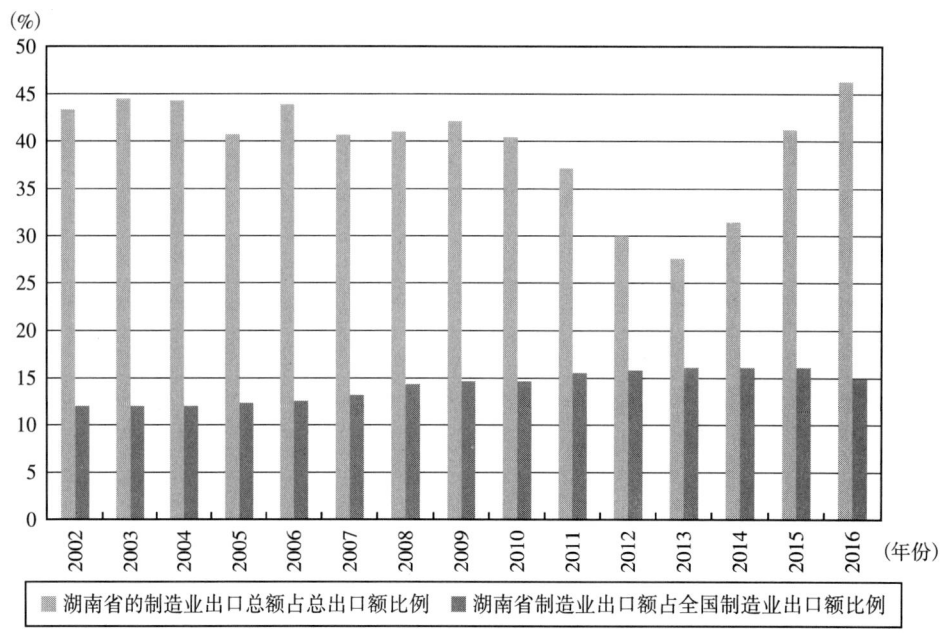

图 7-2 湖南省制造业发展状况

资料来源：《湖南统计年鉴》(2003~2017)、《中国统计年鉴》(2003~2017)。

2002年，制造业行业内排名前五的出口额数据分别为14.28亿元、9.59亿元、8.95亿元、7.50亿元、6.37亿元，到2009年时增加为57.10亿元、22.36亿元、16.26亿元、13.48亿元、7.32亿元，出口额最大的数值与2002年相比增加了3倍，最小的出口额（此处指出口额按大小排序时前五名内的第五名对应的数值）仍是2002年的1倍多，2016年与2002年相比，出口商品数额最大的行业——皮革、毛皮、羽毛及其制成品和制鞋业，其出口值达到94.25亿元，是2002年排名第一行业——纺织业出口额的6.6倍，是2009年排名第一行业——黑色金属冶炼和压延加工业的1.65倍（见表7-1）。

湖南省部分制造行业出口额占全国数额比例的平均值不尽相同，化学原料和化学制品制造业最大，其他行业比较平均。湖南化学原料和化学制品制造业出口额在全国化学原料及化学制品制造业出口额中的比例平均值为12.8%，这一数值远远超过其他制造行业，该行业出口规模在全国范围内所占比例最小时为9.5%，最大时则达到15.5%。非金属制造业、黑色金属冶炼和压延加工业、烟草制品业以及皮革、毛皮、羽毛及其制成品和制鞋业的出口规模占比平均值在2.5%上下浮动，比化学原料和化学制品制造业在全国行业内出口份额均值低10%。农副食品加工业及纺织业的份额占比均值仅约为化学原料和化学制品制造业占比均值的1/6。由此可见，在全国各制造业大市场中，湖南省占据重要地位的行业并不多，除了化学原料和化学制品制造业外，其余制造行业占据的全国份额最大约为1/40（见图7-3）。

表7-1　2002~2016年湖南省制造业出口额前五名排序

年份\排名	1	2	3	4	5
2002	纺织业	纺织服装、服饰业	化学原料和化学制品制造业	非金属矿物制造业	皮革、毛皮、羽毛及其制品和制鞋业
2003	纺织业	纺织服装、服饰业	化学原料和化学制品制造业	黑色金属冶炼和压延加工业	非金属矿物制造业
2004	黑色金属冶炼和压延加工业	纺织业	化学原料和化学制品制造业	纺织服装、服饰业	非金属矿物制造业
2005	黑色金属冶炼和压延加工业	纺织业	化学原料和化学制品制造业	纺织服装、服饰业	纺织业
2006	黑色金属冶炼和压延加工业	纺织业	化学原料和化学制品制造业	非金属矿物制造业	非金属矿物制造业
2007	黑色金属冶炼和压延加工业	化学原料和化学制品制造业	纺织业	纺织服装、服饰业	非金属矿物制造业
2008	黑色金属冶炼和压延加工业	化学原料和化学制品制造业	纺织服装、服饰业	纺织业	非金属矿物制造业
2009	黑色金属冶炼和压延加工业	化学原料和化学制品制造业	纺织服装、服饰业	纺织业	非金属矿物制造业
2010	黑色金属冶炼和压延加工业	皮革、毛皮、羽毛及其制品和制鞋业	纺织服装、服饰业	纺织业	电气机械和器材制造业
2011	黑色金属冶炼和压延加工业	皮革、毛皮、羽毛及其制品和制鞋业	纺织服装、服饰业	纺织业	非金属矿物制造业
2012	黑色金属冶炼和压延加工业	皮革、毛皮、羽毛及其制品和制鞋业	化学原料和化学制品制造业	纺织服装、服饰业	纺织业
2013	黑色金属冶炼和压延加工业	黑色金属冶炼和压延加工业	纺织服装、服饰业	化学原料和化学制品制造业	纺织业
2014	纺织服装、服饰业	皮革、毛皮、羽毛及其制品和制鞋业	皮革、毛皮、羽毛及其制品和制鞋业	化学原料和化学制品制造业	纺织业
2015	电气机械和器材制造业	皮革、毛皮、羽毛及其制品和制鞋业	黑色金属冶炼和压延加工业	纺织服装、服饰业	计算机、通信和其他电子设备制造业
2016	皮革、毛皮、羽毛及其制品和制鞋业	纺织服装、服饰业	计算机、通信和其他电子设备制造业	电气机械和器材制造业	有色金属冶炼和压延加工业

资料来源：《湖南统计年鉴》（2003~2017）。

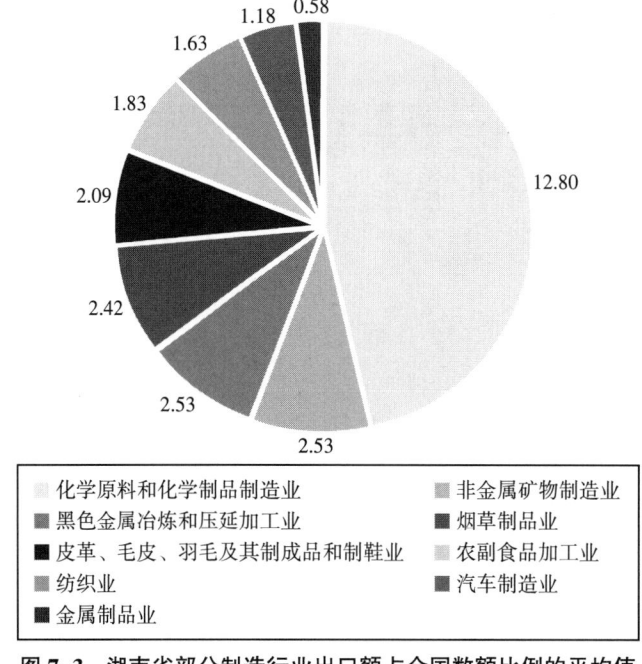

图 7-3 湖南省部分制造行业出口额占全国数额比例的平均值

资料来源:《湖南统计年鉴》(2003~2017)及《中国统计年鉴》(2003~2017)。

3. 高新技术产品出口现状

湖南省高新技术产品出口额、湖南省高新技术产品出口额与全国高新技术产品出口额比值、长沙市高新技术产品的出口占全省高新技术产品出口规模比值大致呈现稳定增长的趋势。高新技术产业指以高新技术为基础,从事一种或多种高新技术及其产品的研究、开发、生产和技术服务的企业集合。高新技术产品的出口额能反映一个地区的先进制造业对外出口发展情况。湖南省高新技术产品出口额最小值为 4.97 亿元,最大值为 227 亿元,最大出口额约为最小出口额的 46 倍,将湖南省高新技术产品出口额与全国高新技术产品出口额对比,湖南省高新技术产品出口额占比由 0.04% 增长至 0.4%,由此可见湖南省先进制造业发展状况良好。长沙市作为湖南省的省会城市,其人力、物力、财力等资源要素的集聚导致高新技术产业的集聚,因此长沙市高新技术产品的出口占全省高新技术产品出口规模比值较大,近几年的占比在 60%~70%(见表 7-2)。

表 7-2 2004~2016 年全国、湖南省和长沙市高新技术产品出口额

单位:亿元

年份	2004	2005	2006	2007	2008	2009	2010
全国	13701.05	17878.22	22434.67	26448.65	28864.60	25746.66	33333.96
湖南省	4.97	7.62	11.64	16.2	19.45	20.29	38.79
长沙市	—	—	—	—	—	8.74	24.84

续表

年份	2011	2012	2013	2014	2015	2016
全国	35445.14	37948.47	40880.16	40572.61	40809.20	40091.16
湖南省	51.15	87.30	102.81	147.50	227	175.60
长沙市	31	57.76	72.77	93.73	158.50	110.01

资料来源:《中国统计年鉴》(2005~2017)及湖南省统计局整理。

(二)湖南省制造业进口现状

1. 制造业总进口现状

湖南省制造业进口额处于不断增长的状态,湖南省制造业进口额与全国制造业进口额的比值大致呈U形变化。首先从总量来看,湖南省制造业进口额2002年时还未超过50亿元,到2013年制造业进口额已达100亿元,2016年湖南省进口额超过2002年进口额4倍多;其次从制造业进口额变化趋势分析,2002~2012年,制造业进口额变动幅度较小,整体趋势为上升趋势,2014~2015年进口额骤增至265亿元,并于次年下降15亿元;最后分析全国制造业进口额内湖南省所占比例的变化情况,2002~2006年,湖南省进口额所占比例逐年下降,于2006年时达到最低,此后8年该比值呈现出波动变化趋势,与进口额的异常变动趋势相同,湖南省制造业进口额在2014年时发生突变,该比例以较大幅度增加至0.26%。湖南省制造业进口额的剧烈变动与2015年国务院正式印发的《中国制造2025》以及"互联网+"行动计划有密切关系,在国家制造业从大变强方针的指引下,湖南省对制造业发展的重视程度可见一斑(见图7-4)。

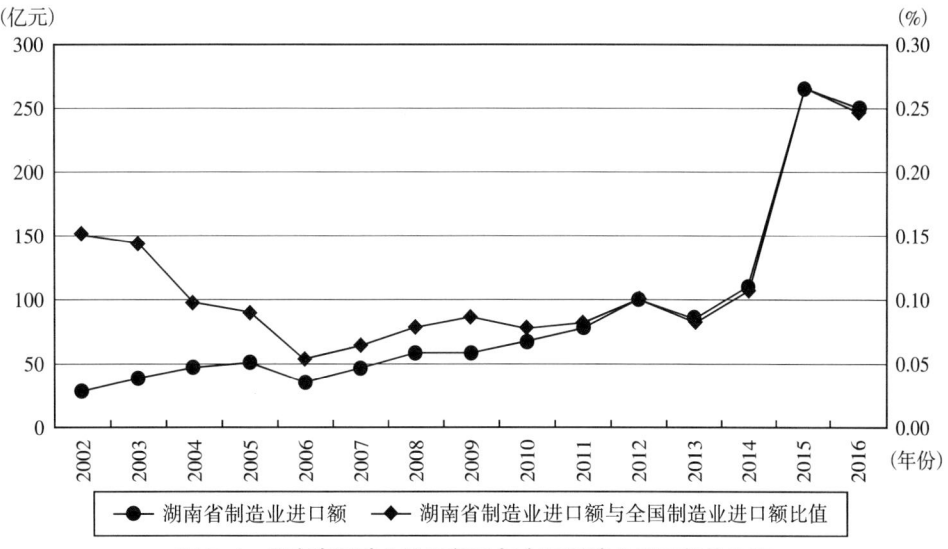

图7-4 湖南省制造业进口额及与全国制造业进口额的比值

资料来源:《湖南统计年鉴》(2003~2017)及《中国统计年鉴》(2003~2017)。

2. 制造业行业进口现状

通用设备制造业在 2002~2013 年始终位列第一，该行业内金属加工机床的进口数额较大；统计期内，专用设备制造业、汽车制造业、仪器仪表制造业出现在进口额前三的次数较多，而最近两年内，制造业中电气机械和器材制造业以及计算机、通信和其他电子设备制造业进口额排名较靠前，其进口数额的增加说明目前对电气机械设备、通信等设备的需求增加，专用设备制造业的进口排名降低受到市场需求下降和产能过剩的双重影响。而且，通过与全国主要制造业产品进口额的比较发现，尽管湖南省仪器仪表进口额较大，但仪器仪表制造业产品并非全国范围内的主要进口产品（见表 7-3）。

表 7-3　2002~2016 年湖南省制造业进口额前三名排序

年份	第一	第二	第三	年份	第一	第二	第三
2002	通用设备制造业	汽车制造业	专用设备制造业	2010	通用设备制造业	仪器仪表制造业	汽车制造业
2003	通用设备制造业	汽车制造业	黑色金属冶炼和压延加工业	2011	通用设备制造业	仪器仪表制造业	造纸和纸制品业
2004	通用设备制造业	汽车制造业	黑色金属冶炼和压延加工业	2012	通用设备制造业	专用设备制造业	造纸和纸制品业
2005	通用设备制造业	石油、煤炭及其他燃料加工业	黑色金属冶炼和压延加工业	2013	通用设备制造业	汽车制造业	仪器仪表制造业
2006	通用设备制造业	黑色金属冶炼和压延加工业	仪器仪表制造业	2014	专用设备制造业	通用设备制造业	汽车制造业
2007	通用设备制造业	黑色金属冶炼和压延加工业	仪器仪表制造业	2015	专用设备制造业	电气机械和器材制造业	汽车制造业
2008	通用设备制造业	黑色金属冶炼和压延加工业	专用设备制造业	2016	电气机械和器材制造业	汽车制造业	计算机、通信和其他电子设备制造业
2009	通用设备制造业	仪器仪表制造业	汽车制造业				

资料来源：《湖南统计年鉴》（2003~2017）。

各行业进口额各自占全国同等行业进口数额的比例中，计算机、通信和其他电子设备制造业进口额占比远高于其他各行业。计算机、通信和其他电子设备制造业进口额占比高达 28.1%，远远高于其他行业，2015 年该行业占全国同行业进口额的比例为 13.3%，说明湖南省大力发展技术含量较高的行业，努力在"三升一降"政策的引导下促进湖南省制造业行业结构的改善，但是技术含量较高行业进口额的增加也暴露出这些行业对国外技术依赖的缺点（见图 7-5）。

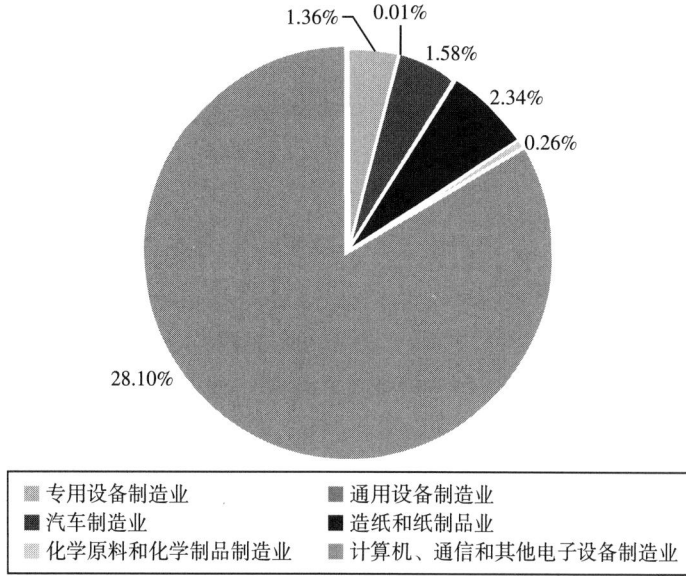

图 7-5　2016 年各行业进口额占全国同行业进口额比值

资料来源：《湖南统计年鉴》(2003~2017) 及《中国统计年鉴》(2003~2017)。

3. 高新技术产品进口现状

湖南省高新技术产品进口额、湖南省高新技术产品进口额与全国高新技术产品进口额比值、长沙市高新技术产品的进口占全省高新技术产品进口规模比值大致呈现稳定增长的趋势。湖南省高新技术产品进口最小额为 15.31 亿元，最大值为 161.2 亿元（见表 7-4）。湖南省高新技术产品进口额与全国相比，其占比在 2015 年时最大，为 0.47%。2015 年时仅长沙市一个市的高新技术产品进口额达到全省的 65% 以上。从总量上分析，湖南省高新技术产品在 2012 年之前存在贸易逆差，2012 年之后转为贸易顺差，说明湖南省具备较高技术含量的制造业在发展过程中对于国外技术的依赖程度有所降低。

表 7-4　2004~2016 年全国、湖南省和长沙市高新技术产品进口额

单位：亿元

年份	2004	2005	2006	2007	2008	2009	2010
全国	13359.9	16195.6	19714.1	21822.4	23748.1	21165.4	27935.9
湖南省	15.31	17.94	16.26	17.19	19.1	27.8	40.21
长沙市	—	—	—	—	—	14.55	23.83
年份	2011	2012	2013	2014	2015	2016	
全国	29903.8	32009.3	34554.5	33861.3	34135.2	34780.4	
湖南省	60.58	71.02	71.84	93.4	161.2	101.2	
长沙市	32.29	29.92	39.45	50.16	105.16	58.63	

资料来源：《中国统计年鉴》(2005~2017) 及湖南省统计局整理得到。

(三) 制造业开放发展存在的问题

通过对湖南省制造业出口规模和进口规模的分析总结，发现目前湖南省制造业存在的主要问题有：①中低端制造行业对外开放规模大，具备高技术、高附加值、低污染、低排放等特点的高端制造业对外开放规模小，水平较低；②湖南省在全国制造行业中占有一定地位的化学原料和化学制品制造业存在能耗物耗高、易浪费资源和污染环境的特点，因此迫切需要湖南省优化制造业行业内部的机构，转变依赖低端产品出口以促进经济发展的方式，促进高端制造业的发展，出口更多具有高技术、高附加值的产品；③湖南省先进制造业、具有较高技术含量的制造业尤其是计算机、通信和其他电子设备制造业对国外技术的依赖较大，这对湖南省高端制造业提高自主研发、自主创新能力提出较高要求；④各市之间高新技术产业对外开放发展水平不均衡。

三、创新引领湖南制造业开放发展的实证检验

(一) 指标选取

为了分析创新对湖南省制造业开放发展的影响，本节选取了一些指标对湖南省创新水平及制造业开放水平进行量化。已有学者对创新水平的测算，多是从创新投入、成果转化、高新产业、创新环境等方面入手选取指标（谢秉立，2014；韩苗苗等，2015；邹函等，2018；孙瑜康、李国平，2017）。本节基于数据可得性这一原则，在借鉴部分学者研究成果的基础上选取九个指标建立一个指标体系来描述创新水平（见表7-5）。

表7-5 湖南省创新水平指标体系

指标	指标表示	指标含义
综合指标	X	湖南省创新水平
子指标	X_1	R&D人员（人）
	X_2	R&D经费内部支出（亿元）
	X_3	企业办科技机构数（个）
	X_4	普通高等学校在校生人数（万人）
	X_5	地方财政教育支出（亿元）
	X_6	专利申请数（项）

续表

指标	指标表示	指标含义
子指标	X_7	各类技术合同金额（亿元）
	X_8	新产品销售收入（亿元）
	X_9	高新技术产业总产值（亿元）

通常而言，学者们多用一个国家的进出口额来表示对外开放程度，对于制造业对外开放规模或对外开放水平的描述指标拟采用类似的方法，本节利用湖南省制造业出口额来表示湖南省制造业对外开放发展水平，并将制造业出口额序列命名为 X。因湖南省制造业各行业的数据难以获得，故本章按照 2017 年国民经济行业分类（GB/T4754–2017）对湖南省当年各种出口商品进行分类整理得到制造业的出口总额。

（二）资料来源与数据处理

1. 资料来源

湖南省创新水平各子指标的数据多数来源于《湖南统计年鉴》（2003~2017），少数数据来自中国国家统计局官网网站。湖南省制造业出口额数据来源于《湖南统计年鉴》（2003~2017）。

2. 数据处理

（1）对于湖南省各创新水平子指标的处理。因各子指标间存在较大差异，为了消除不同指标间的数量差异对各子指标数据进行标准化处理，处理方法为：

$$X^* = \frac{X - \bar{X}}{S} \tag{7-1}$$

其中，式（7-1）左边代表的是经过标准化处理后的数据，右边的分子为原数据减去算术平均值的差值，分母为 X 的标准差。

（2）对于湖南省创新水平指标体系的处理。湖南省的创新水平是一个由指标 X_1~X_9 进行加权处理后的综合值，即：

$$Y = w_1X_1 + w_2X_2 + \cdots + w_9X_9 \tag{7-2}$$

其中 w_1，w_2，…，w_9 为指标 X_1，X_2，…，X_9 对应的权重，本章利用主成分分析法（PCA）确定权重，主成分分析法是利用降维的思想通过数学变换的方法将多个指标转化成一个或者少数几个指标。

(三) 结果分析

1. 简单描述性统计分析

各个指标的数值整体趋势是增加的，个别指标的部分数据有所例外。湖南省 R&D 人员数（X_1）在 2002~2004 年略有下降，自 2004 年后开始持续增长，2004~2016 年平均增长值约为 6300 人；R&D 内部经费支出（X_2）这一指标反映创新过程中财力资源的投入，其在 2002~2009 年的年均经费支出增加额较低，此后年份的年均增加额较大；企业办科技机构数（X_3）的数值在前 4 年间不是稳定增加的，而从 2005 年开始直到 2016 年，数值处于稳定增长的状态；高等学校在校生人数（X_4）这一序列的变化趋势比较稳定，处于持续增长的状态；地方财政教育支出（X_5）的年均增长额为 63.6 亿元，而且这一指标在 2011~2012 年增加额度最大，约为 260 亿元；专利申请数（X_6）以及各类技术合同金额（X_7）这两个指标可以表示创新过程中的知识产出，前者在 15 年内以平均每年增加 1340 项专利申请的速度进行增长，后者的年均增长值约为 5 亿元；新产品销售收入（X_8）、高新技术产业总产值（X_9）这两个序列呈现持续增长趋势（见表 7-6）。

表 7-6　湖南省创新水平各子指标描述性统计分析

年份	X_1	X_2	X_3	X_4	X_5	X_6	X_7	X_8	X_9
2002	18814	9.56	265	41.94	82.98	4860	32.34	166.07	743.98
2003	15573	11.59	203	53.72	90.06	6054	36.93	194.35	956.55
2004	15297	15.84	294	63.90	104.33	7693	40.83	401.18	1243.99
2005	21441	19.38	264	75.49	123.00	8763	41.74	457.35	1521.97
2006	22532	25.12	331	83.02	142.26	10249	45.55	543.27	1893.18
2007	30717	42.55	341	89.86	228.52	11233	46.09	801.05	2700.59
2008	36773	63.33	368	95.23	311.26	14016	47.83	1126.56	3529.86
2009	43623	82.51	420	101.68	357.58	15948	44.04	1766.22	4500.90
2010	49530	113.77	471	104.72	403.10	22381	40.09	2289.84	6437.01
2011	60928	141.91	504	106.79	540.83	29516	35.39	3141.59	9771.76
2012	73121	187.69	597	108.22	807.58	35709	42.25	4009.80	11514.53
2013	77416	215.57	581	110.08	809.45	41336	77.06	5670.90	13736.54
2014	83210	235.60	629	113.63	833.27	44194	97.93	5082.76	16253.59
2015	85671	258.75	667	118.06	928.54	54501	105.38	5741.84	20115.90
2016	90723	264.85	746	122.50	1032.37	67779	105.62	6223.80	22861.59
最大值	90723	264.85	746	123	1032.37	67779	105.62	6223.80	22861.59
最小值	15297	9.56	203	42	82.98	4860	32.34	166.07	743.98
均值	48358	112.53	445	93	453.01	24949	55.94	2507.77	7852.13
标准差	27927	96.93	168	24	342.75	19667	26.38	2272.77	7434.33

资料来源：《湖南统计年鉴》（2003~2017）及中国国家统计局官方网站。

2. 湖南省创新综合水平结果分析

前文中提到需利用主成分分析法确定序列 X_1~X_9 对应的权重以计算湖南省创新综合水平，利用 SPSS 软件对九项指标值进行处理得到图 7-6。

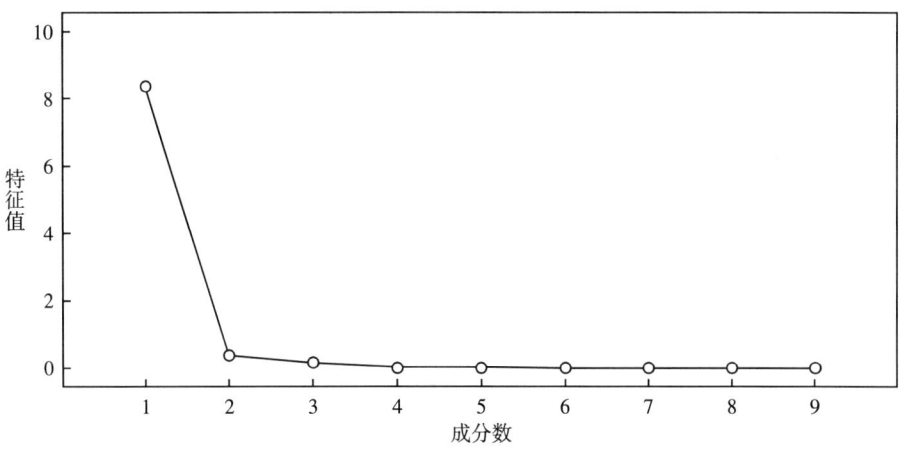

图 7-6 湖南省创新水平各子指标数据的碎石图

图 7-6 中纵坐标代表所选取的湖南省创新水平各子指标相关矩阵的特征值，其最大特征值第一主成分的特征值为 8.5，第二主成分至第九主成分的特征值数值接近 0，说明第一主成分能够提供足够的信息反映湖南省的创新水平。

表 7-7 中的成分包含列中第一列为第一主成分中的九个指标分别对应的系数，通过对碎石图的结果分析，可以得出结论：第一主成分包含了足够的信息，故湖南省创新综合水平 X 可以表示为：

$$X = 0.118X_1 + 0.119X_2 + 0.118X_3 + 0.105X_4 + 0.118X_5 + 0.118X_6 + 0.103X_7 \\ + 0.118X_8 + 0.118X_9$$

表 7-7 相关矩阵的特征分析

	成分								
	1	2	3	4	5	6	7	8	9
X_1	0.118	−0.265	−0.411	1.604	−1.394	3.771	−3.955	15.913	−2.743
X_2	0.119	−0.044	−0.425	1.471	−0.310	1.534	−4.163	−14.976	−20.403
X_3	0.118	−0.267	−0.197	−1.500	−5.702	−5.281	−0.453	−0.609	3.134
X_4	0.105	−0.979	1.707	−0.203	1.653	0.341	0.217	−1.382	1.512
X_5	0.118	−0.121	−0.558	0.662	−0.887	3.728	9.888	−3.114	6.823
X_6	0.118	0.226	−0.290	−2.994	2.770	−0.353	1.754	5.447	−23.861
X_7	0.103	1.163	1.372	0.974	−1.370	−0.098	0.811	1.414	−1.247
X_8	0.118	0.039	−0.537	2.011	3.766	−6.740	0.509	1.848	9.201
X_9	0.118	0.290	−0.298	−1.946	1.482	3.098	−4.483	−4.408	27.663

在 2010 年之前，湖南省的创新水平处于较低的状态（这里的负值不代表湖南省的创新水平是负水平），但 2002~2010 年创新水平仍处于不断增长的状态，2010 年之后，湖南省创新水平呈现出不断上升的趋势，而且这期间的上升幅度较之前的上升幅度略大，这说明湖南省的创新发展在不断深化（见图 7-7）。

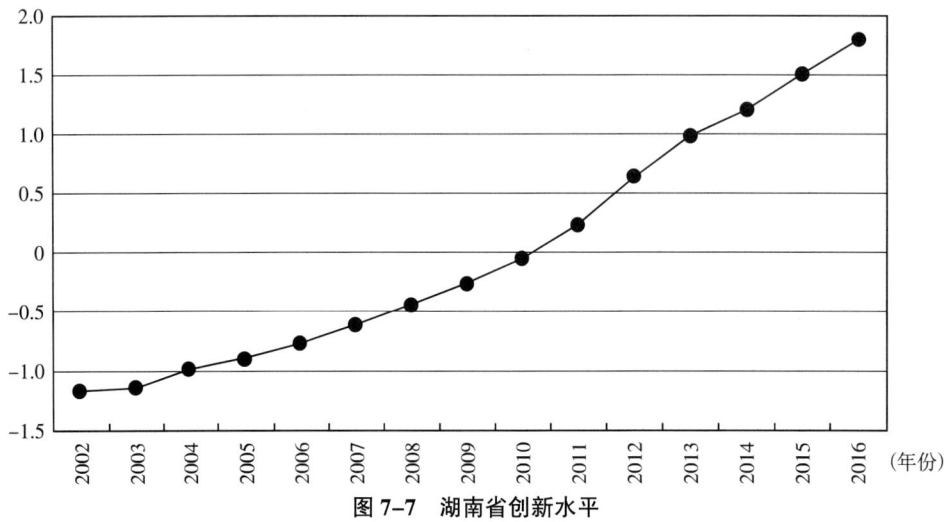

图 7-7　湖南省创新水平

为了分析湖南省创新水平对湖南省制造业开放发展的影响，避免出现伪回归的现象，本章不使用传统的 OLS 回归模型对二者进行研究，对二者建立 VAR 模型进行分析，VAR 模型得以建立的一个重要前提是两个时间序列应该是同阶平稳的，因湖南省创新综合水平序列（X）与湖南省制造业对外开放序列（Y）无法达到同阶平稳，故对序列 X 进行 H-P 滤波处理，经过处理后的两个序列重新命名为 HPX 和 Y。

表 7-8 中显示经过 H-P 滤波处理后的创新水平序列及制造业对外开放水平序列在滞后阶数为 3 阶的情况下，其原始序列的 ADF 单位根检验值均大于 1%、5%、10% 水平下的临界值，则说明两个序列均为不平稳序列，无法建立协整模型。两个序列经过一阶差分后，其 ADF 检验值分别为 -9.04、-2.88，均小于 10% 水平下的临界值，故结

表 7-8　H-P 处理后创新水平与制造业开放发展水平的单位根检验

序列	检验形式 (C, T, K)	ADF 检验值	临界值：1%	临界值：5%	临界值：10%	结论
HPX	(0, 0, 3)	-1.13	-2.79	-1.98	-1.60	非平稳
Y	(0, 0, 3)	2.97	-2.74	-1.96	-1.60	非平稳
DHPX	(C, T, 3)	-9.04	-5.30	-4.01	-3.46	平稳
DY	(0, 0, 3)	-2.88	-4.06	-3.12	-2.7	平稳

注：①检验形式中的 C、T、K 分别表示常数项、时间趋势项、滞后阶数。②当 ADF 检验值大于临界值时，结论为不平稳，反之亦然。

论为创新水平序列及制造业开放水平序列均为一阶单整的。

为了进一步分析湖南省创新发展是否会引起制造业对外开放规模的扩大和对外开放水平的提高，利用格兰杰因果检验进行检验。因为格兰杰因果检验的重要前提是进行检验的两个或者多个变量是平稳的，而前文中提到的湖南省创新水平序列及湖南省制造业开放水平序列（此处的两个变量为 DHPX 及 DY）经过一阶差分后是平稳的，因此使用差分后的序列进行检验，检验结果如表 7-9 所示。

表 7-9　湖南省创新水平与制造业开放水平的格兰杰检验结果

滞后期	零假设	F 统计量	P 值	决策
2	DY 不是 DHPX 的格兰杰原因	18.98	0.00	拒绝
	DX 不是 DHPY 的格兰杰原因	35.09	0.00	拒绝

根据表 7-10 中的 F 统计量以及 P 值可知，制造业开放水平不是创新水平的格兰杰原因以及创新水平不是制造业开放水平的格兰杰原因这两个零假设均被拒绝，即制造业开放水平对创新水平有影响，创新水平也是制造业开放水平的格兰杰原因，其包含的经济意义为：湖南省创新发展与制造业对外开放程度二者互为因果关系，湖南省的创新发展程度加深时能促进制造业对外开放水平的提高，也就是说，湖南省创新能够引领制造业的开放发展。与此同时，湖南省的制造业对外开放规模的扩大、对外开放程度的深化对创新水平的提高也有一定的正向影响，长期内二者的关系是互相影响的。

经过单位根检验及格兰杰因果检验确定可建立创新水平与对外开放发展水平的 VAR 模型（向量自回归模型）。VAR 模型是基于数据的统计性质建立的，可表明经济理论中变量之间的动态关系。VAR 模型建立的过程中滞后期的选择问题比较重要，根据选取滞后阶数使 AIC 和 SC 数值较小的准则，我们选取滞后阶数为 3 阶情况下的 VAR 模型。滞后 3 阶情况下选取的 VAR 模型的特征值小于 1，说明此时的 VAR 模型较为稳定。接下来利用脉冲响应函数对建立的 VAR 模型进行解释。脉冲响应图结果如图 7-8 所示。

图 7-8 描述了一个单位的创新水平进行冲击时，制造业开放发展水平的变动程度。横轴代表响应函数的追踪期数，本节选取 10 期（单位：年），纵轴代表因变量对解释变量的响应程度。图 7-8 中制造业开放发展对创新水平的冲击有正向的反应，在第 1 期时影响为 0，然后正向影响不断扩大，到第 7 期时达到峰值 0.0015，然后正向影响开始缩小，曲线收敛，到第 10 期时正向影响为 0.01。其现实意义为制造业开放发展对创新水平提高有 1 年的适应过程，即创新发展不能立即使制造业出口规模扩大，而是需要一定时间的积累和演变才对制造业开放发展起作用。这种现象符合创新中技术发展的渐进性、累积性过程。长期来看，创新对制造业开放发展的促进作用一直存在，但

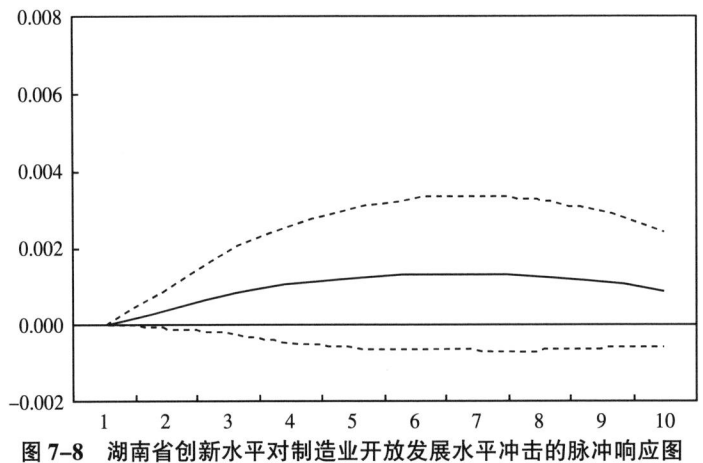

图 7-8 湖南省创新水平对制造业开放发展水平冲击的脉冲响应图

也经历了促进作用增加到一定程度开始下降的过程。因为当一种新技术或者新工具开始应用于产品生产之后,其在一定阶段内能够提高产品的竞争力,因知识溢出效应的存在,新产品的优势作用发挥一段时间后会被模仿甚至超越,此时的产品出口竞争优势有所减弱,行业开放水平的提高速度变缓。

四、创新引领湖南制造业开放发展的路径分析

因为生产结构决定了出口产品和进口产品的产品结构,当生产结构由低级向高级转换时,会带动出口产品结构由低级向高级转换,因此产业结构升级可以提升产品竞争力,扩大该产品所属行业的对外发展水平(季良玉,2016)。整体而言,国际市场中竞争力强的产业,其在出口中所占比例也高,相应的对产品进口需求较低;反之,竞争力弱的产业,其在出口中所占比例较低,对进口的依赖程度大。产业竞争能力能够决定一个国家、一个地区的对外贸易结构以及产业的开放发展水平,对外贸易结构的变化与产业结构的变化趋势具有一致性。因此,我们认为创新对湖南省制造业开放发展的作用路径为:创新通过促进制造业产业结构升级以提高制造业产品的竞争力,进而推动制造业产品出口规模及总额的增加,减少对同等产品或者替代品的需求,提高制造业开放发展水平。

创新水平提高的重要动力是创新投入以及创新产出的增加,包括人力资源投入增加、资本投入增加以及创新环境建设投入的增加、知识产出及高新技术产值的增加。产业结构升级是在知识与技术基础上进行不断演进的过程。无论是技术创新还是知识

创新，都需要以人为媒介进行传播，产业结构从低级向高级的转化，由劳动、资本密集型向技术密集型转化的过程中是离不开技术的开发、推广以及应用的，而这些活动的重要承载主体为创新型的人才以及高素质的劳动者，人力资源投入的增加是科技成果向现实生产力转化的重要保证。

创新对制造业产业结构升级起作用的途径包括催生新生产工具、生产方法促进制造业产业结构升级；新行业替代旧行业促进产业结构变换升级；优化要素配置效率促进产业结构升级；知识溢出效应促进产业结构升级。具体解释为：①创新促进生产工具和生产方法的革新，提高了生产工具的使用效能，促使人、财、物等要素的使用效率提高，降低生产成本。新生产工具和生产方法影响原来的行业部门和产品的更新换代。与此同时，生产工具和生产方法的革新也使其产业链上产业的生产设备进行革新以适应整个产业链的协作生产。②创新促进新行业代替旧行业。一种新产品从开始研发投入到最后退出市场需要经过四个阶段——投入、成长、成熟、衰退，如果技术水平变革发生在这四个时期内任一时期，最终结果都是旧的产品被新产品所替代。一种产品通常是一个产业链中的一个环节，如果其不是最终环节，那么一个产业内新技术的应用必然产生联动效应，引起产业结构的变化，由此会催生新的行业。③创新改变了生产要素的配置，促进了部门生产要素的集约利用。制造业内部的不同行业之间要素配置是不同的，当某行业的技术创新带来生产效率提高时，意味着一单位生产要素的投入带来更多单位的投入，这是要素集约利用程度提高的一种表现。而且一个行业内部的生产效率变化时，会产生更多的需求，使生产要素流入要素集约利用程度及劳动生产效率高的行业，也会导致不同行业之间的劳动生产率发生相应变化，这种变化加速该产业的成长过程，导致制造业内部结构的演进升级。④创新导致技术水平的提高。新技术的知识溢出效应使得技术渗透于产业结构的各个方面，改变了制造业内部各个行业的生产技术结构和生产工艺过程，使制造业内部各个行业的技术、知识、管理、人员素质等因素进行重新组合，知识、信息型智力劳动者的数量越来越多。然后，新技术渗透到传统制造业后使一部分制造业得以改造、提升，焕发出新的生命，如信息技术的渗透作用促使一部分传统制造业行业转变为高技术行业，如通信设备制造业、电子计算机制造业等。

创新有助于产业结构升级，使产品从劳动密集型或低技术含量、低出口复杂度细分行业产品转向技术密集型或高出口复杂度细分行业产品，而高附加值、高技术产品的规模化经营程度也会随产业结构的升级而逐步加深，由此带来制造业产品优势的增加、竞争力加强以及开放发展水平的提高。

五、创新引领湖南制造业开放发展的对策建议

（一）吸收高层次科研技术人才，创造贸易优势产品

目前，人才的供求不均衡，创新人才严重缺乏。结合湖南省创新发展的情况，从省内人才培养角度出发，政府应建立开放式的现代教育体系，加强智能教育、素质教育，改革教育内容，真正做到需有所教、学有所用。在当前中国和美国之间存在贸易摩擦的大背景下，国内高技术人才的需求量势必大大增加，因此应加强企业与高校的合作机制建设，依托高校这一平台，增加注重产品研发、设计、制造工艺等核心问题的科技攻关，提高解决问题的能力学科专业，为企业培育并输出创新型人才。同时，对已就业者提供培训机会，达到与企业合力提升劳动者技能的目标。从人才的引入角度出发，对引进院士及入选"青年千人计划""万人计划""长江学者奖励计划"等，拥有先进技术和自主知识产权的紧缺急需国际性人才，带项目来湖南省创业工作、在国内首次落地的，给予经费支持。对掌握国际领先技术、生成重大项目并带动新兴产业和进出口贸易的，给予重点奖补。人才的储备充足才能创造出有优势的产品，增加外贸优势。

（二）加大研发资金投入力度，增加产品贸易优势

资本从来都是经济发展过程中具有重要作用的发展因素，科学技术创新及科技水平的提高都离不开资金。目前，湖南省的科研资金投入大多来自企业及政府，这种投资主体和投资渠道的单一性严重制约了创新的发展，因此湖南省从政府层面出发应建立稳定增长的财政科技投入机制，并对财政中的科研经费使用管理进行监督。除此之外，产业的创新往往需要巨额投资，若无高效完善的金融体系支持，其结果只能是空谈。为达到给企业创新提供稳定的资本支持这一目的，政府应该完善资本市场体系，建立多层次的资本市场，其可通过扩大直接融资、完善资本市场结构、丰富资本市场产品、稳步发展期货市场、发展拥有长期资金来源的契约性金融机构等措施以拓宽企业融资渠道。同时，政府应该鼓励和吸引外商投资，促进科研资金投资主体的多元化发展，把资金充分利用到位。随着全球化的飞速发展，国际制造业企业研发环节开始向发展中国家转移的溢出效应使内资企业有更多的机会接触到外资的先进技术，这就要求国家鼓励多种形式的技术合作，内资企业要不断提高自身的技术水平和创新能力，

才能更好地消化吸收外资的先进技术。

(三) 培植大型企业，以点带面增加出口

在制造业发展中，湖南应该重视创新型企业或者大企业的作用。因此，应全力打造一批技术研发能力强、核心业务突出、行业份额较大的大产业集团，重点培植一批大型企业使其形成具有强大集聚力的湖南制造"点"。通过发展大企业集团，研发一批拥有自主知识产权的关键技术，生产一批具有国际市场竞争力和规模化经营的"湖南制造"名牌产品，以名牌产品创造名牌企业，引进一批重点项目等方式将企业做大做强。最终通过产业关联效应和区域产业联动效应，整体规划并协调湖南省内各地区制造业的布局发展，互连互动，优势互补，实现湖南省制造"面"的整体提升，使整个制造业各行业间出口竞争优势增加，推动制造业的进一步开放发展。重点培育龙头企业和优势产业集群，促进传统产业转型升级。支持加工贸易做强做大，根据加工产品种类、加工贸易额、新增投资、新增就业等情况，对企业生产线改造、厂房租赁、新产品研发、利息支出、物流等费用给予奖补。

(四) 促进高新技术产业发展，加大出口优势

当前中美贸易的竞争从传统货物贸易蔓延至知识产权、市场准入。美国从对单一产品采取"双反"关税等贸易救济措施，升级为大范围征收高关税、加紧对华高科技出口限制。科技正日益成为中美竞争的核心领域，影响高新技术产业发展，高新技术产业决定制造业未来的发展。故湖南省在促进高新技术产业发展方面应该明确主攻方向，培育特色的新优势产业。现阶段应重点培育和发展节能环保、新一代信息技术、生物、高端装备制造、新能源、新材料等新兴产业，因其具备知识技术密集、物质资源消耗少、成长潜力大、综合效益好等特点。并且推动一批研发强度高（如生物医药、新材料等产业）的高新技术产业发展，走出高加工度、高附加值的切实路子，从而打造出先进的制造业基地，促进产业结构的转型升级，增加产品的优势，以促进高新技术产品出口规模的扩大。

(五) 推进产学研联盟发展，提高开放发展水平

《国家中长期科学和技术发展规划纲要》曾经提出：国家创新体系建设的突破口是建立以企业为主体、产学研结合的技术创新体系，产学研联盟对于湖南省来说有重要的现实意义。针对湖南省自主研发能力弱这一特点，政府必须积极促进企业、高校和科研院三者的紧密结合，以产权为纽带，以项目为依托，借助股份、合伙和技术外包等不同形式，来拓展合作的空间。现实中制造业企业可以与高校、科研院联合申报科

技攻关项目和产业化项目，探索企业与政府出题，企业、高校和科研院共同解题的创新之路，促使不善于合作的企业摆脱封闭研发的窘境，产学研联盟发展的好坏是影响制造业开放发展的一个重要因素。

（六）深化产业国际合作，加快企业"走出去"

湖南省政府应制定制造业"走出去"发展具体战略，建立完善统筹协调机制。积极参与和推动国际产业合作，坚持政府推动、企业主导，创新商业模式，鼓励高端装备、先进技术、优势产能向境外转移（湖南省人民政府，2018）。加强政策引导，推动产业合作由加工制造环节为主向合作研发、联合设计、市场营销、品牌培育等高端环节延伸，提高国际合作水平。创新加工贸易模式，延长加工贸易省内增值链条，推动加工贸易转型升级。支持符合条件的企业在境外发行股票、债券，鼓励与境外企业开展多种形式的技术合作。支持企业在境外开展并购和股权投资、创业投资，建立研发中心、实验基地。

参考文献

［1］2017年国民经济行业分类（GB/T 4754-2017）［EB/OL］. http：//www.stats.gov.cn/tjsj/tjbz/hyflbz/201710/t20171012_1541679.html.

［2］国务院关于印发《中国制造2025》的通知［EB/OL］. http：//www.gov.cn/zhengce/content/2015-05/19/content_9784.htm.

［3］韩苗苗，王辉，赵萌等.唐山市创新型城市创新水平测度与分析［J］.管理观察，2015（7）：168-170.

［4］湖南省人民政府关于印发《促进开放型经济发展的若干政策措施》的通知［EB/OL］. http：//szb.hunan.gov.cn/qyxz/fzzl/cxylkf/201805/t20180502_5004746.html.

［5］季良玉.技术创新影响中国制造业转型升级的路径研究［D］.南京：东南大学，2016.

［6］孙瑜康，李国平.京津冀协同创新水平评价及提升对策研究［J］.地理科学进展，2017，36（1）：782.

［7］谢秉立.创新促进制造业发展的机理与实证研究［D］.杭州：浙江大学，2014.

［8］邹函，邓满.声誉资本、创新水平与企业财务绩效［J］.财会通讯，2018（6）：56-59.

第八章 服务业开放发展与湖南创新引领路径

一、引 言

中共十九大报告指出，大幅度放宽市场准入，扩大服务业对外开放，保护外商投资合法权益。创新对外投资方式，促进国际产能合作，形成面向全球的贸易、投融资、生产、服务网络，加快培育国际经济合作和竞争新优势。2016年，湖南省服务业增加值为14631.83亿元，比上年增长10.6%，其增速在全国排名第6位，增速靠前；但其服务业增加值排名第9位，相对靠后；服务业增加值占GDP的比重为46.37%，全国排名居第17位，低于全国的平均水平48.81%，[①]甚至都没有达到我国《服务业发展"十二五"规划》提出的标准——2015年服务业增加值占GDP比重超过47%。湖南省《"十三五"服务业发展规划》中提到，力争到2020年，服务业增加值突破21000亿元，占GDP比重达48%以上；服务业财政税收贡献率不断提高，服务业地方税收占全省地方税收的比重超过75%；吸纳就业超过1650万人，占全社会从业人员比重达到40%。长株潭城市群实现服务业增加值9450亿元，占全省服务业增加值比重超过45%。《中共湖南省委关于大力实施创新引领开放崛起战略的若干意见》提出，创新是湖南引领发展的第一动力，开放是湖南加快崛起的必由之路，以创新促开放，以开放促发展是湖南加快服务业发展的重要途径。

---

① 资料来源于国家统计局以及笔者整理，其中服务业数据用第三产业数据代替。

改革、开放、创新统领服务业发展，是新时期服务业发展的核心推动力。早期研究表明，服务贸易能促进经济增长。国内一些学者从国家层面和省级层面研究了服务贸易与经济增长的关系（吴振球、王振和张传杰，2013；戈雪梅、熊俊，2013），另有部分学者实证研究了服务业利用外资的经济效应（何骏，2013）。研究结果均表明，服务业开放对经济增长具有促进作用。服务业开放作为"十三五"期间的改革重点，激发创新能力能够促进研发效率的提高，扩大服务业开放程度，增加消费供给，缓解服务业发展瓶颈，提升内需对经济增长的拉动效应，促进国民经济向内需驱动型转变。因此，分析服务业开放的现状，能够更好地把握湖南服务业的发展方向，通过科技创新、模式创新、文化创新、管理创新引领服务业开放发展，推动服务业的结构升级，提升服务业增加值占GDP的比重，增强全省服务业综合实力和竞争力，扩大产业关联辐射效应，提升国际竞争力，进而带动湖南省整体经济的发展。

二、创新引领服务业开放发展的内在机理分析

（一）服务业创新的内涵

"创新"一词由熊彼特率先提出，并将其定义为"一种新的生产函数"。熊彼特指出，发展并不是人口、财富、资本积累性增加造成的规模扩大和量的增加，而是经济生活内部蕴含的质的自发性突破，这种自发性突破就是"创新"。创新是经济社会不断实现和执行的"新组合"，而新组合意味着对旧组合通过竞争加以消灭，创新是"一种生产函数的变动。"（约瑟夫·熊彼特，1990）其中新组合包含了五种情形：采用一种新产品或者开发产品的一种新特性；采用一种新的生产技艺，这种新的技艺或方法存在于商业上处理一种产品的新的方式之中；发现开辟一个新的市场；开拓并利用原材料或半制成品的一种新的供应来源；实现任何一种新工业的新组织形式。这五种情形的新组合就是经济体系中的创新。

关于服务业创新，学术界尚未有公认的定义。从狭义上讲，服务业创新仅指发生在服务业中的创新行为活动（蔺雷、吴贵生，2007）。从广义上讲，服务业创新是一切与服务有关或针对服务的创新行为活动，不管服务是存在于服务业还是制造业。本书认为，服务业创新是指服务生态系统中行动者合作创造价值的过程和结果，知识探索、知识编码和知识开发构成创新价值链三个连贯的环节，包括管理创新、流程创新、组织创新、技术创新和市场创新等多种形式（方远平等，2013）。

（二）创新是服务业开放发展的重要支撑

创新是服务业开放发展的重要支撑，是服务业发展的强大驱动力。创新主要以科技创新、模式创新、文化创新以及管理创新等方式引领服务业的开放发展。首先，科学技术的融入能够提高服务业从业人员的素质，吸引外商投资，增强企业的科技创新能力，推动模式创新，形成以科技服务业为主导的产业结构；其次，模式创新能够在产业链上占得优势，扩大服务业贸易规模，维持技术创新带来的利润，获得技术创新的最大经济收益；再次，文化创新能够进一步提高模式创新的效率，打造蕴含湖湘文化的服务；最后，管理创新为企业提供良好的政策环境，极大地调动其积极性，促进科技与产品和服务的融合。四种创新相辅相成，打造全新品牌，增强服务业的市场竞争力，引领服务业的开放发展。

1. 科技创新改善服务生产要素，引领服务业开放发展

科技创新能够提高服务业从业人员的整体素质，进而推动服务业的开放发展。在服务业的开放发展中，人才尤其是高科技人才起着至关重要的作用，会直接影响服务业的生产效率和开放程度。将最新的科学技术融入服务业，并对从业人员进行严格的、正确的培训指导，能够大大提高从业人员的整体素质，增加有效劳动，进而推动科技服务业的发展，扩大服务业的开放程度。

高素质的服务业人才，能够带动企业自主创新能力的提升、技术水平的提高（汪海霞、王新，2018），进而推动模式创新能力的提高，促进服务业的开放发展。人才作为创新的源泉，是创新能力的关键，高素质的服务业从业人员极大地提高了企业的创新能力，推动了商业模式的创新，提高了企业在服务业市场上的竞争力，进而促进服务业的开放发展。

科技创新能够吸引外商投资，进一步推动科技的创新，进而形成推动服务业开放发展的良性循环。高素质人才、高技术水平能够吸引外商投资（聂名华，2013）。科技创新提高了服务业人才的整体素质和企业的科学技术水平，进而对外商投资产生了巨大的吸引力。外商投资的增加进一步提高了科技创新能力。Apergis 等（2006）的研究表明，FDI 流入可以在某种程度上替代国内投资。因此，FDI 流入能够提高创新能力，推动科学技术的发展。Girma 和 Wakelin（2004）研究发现，英国电子行业研究 FDI 的流入和东道国的创新能力呈现正相关关系。科技创新有利于推动服务业开放发展的良性循环。

2. 模式创新推动服务业发展，引领服务业开放

服务不是产品，但服务需要产品作为载体来供给和消费。科技创新促进服务载体的创新以及服务的宣传，形成新的商业模式，进而促进了服务业商业模式的创新。科

技的创新推动了新技术的产生，但在商业化之前，新技术的价值是潜在的。服务业企业在科技创新过程中，面临其他企业的竞争、新服务以及新载体研发的高成本压力，服务业企业只有根据新技术对企业价值主张、目标市场、利益成本结构、组织结构等的影响，创建与之匹配的商业模式，才能从新技术的商业化中获得最大的经济效益（Chesbrough，2007）。与此同时，处于商业生态系统中的成员企业都会通过科技创新来增加价值，而科技创新又会促进整个商业模式的动态改变，从而推动商业模式创新（谢德荪，2012）。

服务业商业模式的创新，发挥了新技术的作用，加剧了不同企业之间的竞争，同时也带动了服务业的发展，进而又有利于服务业的开放。服务业商业模式的创新，如跨境电子商务、物流服务、文化服务、旅游服务等不同商业模式的发展，都从不同角度推动了服务业的开放发展。跨境电子商务能够使处在不同地域的双方通过电子平台达成协议，完成交易，提高了交易效率，加快了服务业"走出去"进程；物流服务作为物联网的一种表现形式，能够将产品以及附加在产品之上的服务提供给消费者，进而促使供给方的服务"走出去"；文化服务是指将政府为了保障公民的基本文化生活权利，向公民提供公共文化产品与服务的制度和系统的总称。文化服务模式的创新能够体现一个城市服务业发展的水平，进而有利于政府制定相应的政策推动服务业的发展及开放；旅游服务业商业模式的发展，能够让消费者即游客感受到当地优质的服务，为当地打一次"免费"广告，推动服务业"走出去"，促进服务业的开放发展。

3. 文化和管理创新促进服务业开放

文化创新不仅是简单地发展一些文化企业，更重要的是将湖湘文化融入产品和服务中，让世界认识湖湘文化；建立文化创意集聚区，让进入湖南的人，陶醉于湖湘文化之中；实施文化惠民工程，让更多的人享受新时代的发展成果。就服务业来说，文化创新赋予了服务新的含义，将湖湘文化融入其中，带来了具有湖南特色的服务，有助于服务业的开放和发展。

管理创新主要从深化"放管服"改革、推进政务服务信息化，创新公共管理、推进公共服务数字化，创新基层治理、推进城乡治理现代化展开。管理的创新可以更好地促进服务业的开放发展，"放管服"改革能够充分发挥服务类公司企业的主导作用，推动科技的创新以及服务产品的创新和发展；政务服务的信息化大大缩短了项目申报、文件审批等相关事宜的时间，有利于服务业的开放和发展；公共管理和服务的数字化提高了广大人民的生活质量，满足了人们对服务设施的需求；城乡现代化的治理缩小了城乡差距，推动了服务业走向农村的进程。

三、湖南省服务业开放发展的现状分析

（一）湖南省服务业开放发展的时间维度分析

近年来，湖南省服务贸易总额不断增长，2016年稍有下降（由于国家数据统计方法的调整），为51.5亿美元，如表8-1所示。2007~2016年，湖南省服务贸易总额年均增长17.49%，其中出口额年均增长3.34%，进口额年均增长27.78%。2011年之前，服务贸易仅在2008年出现逆差；2011年以后，服务贸易持续逆差，且逆差额度以及逆差额占服务贸易总量的比重逐年上升。2016年，服务贸易逆差为33.3亿美元，占服务贸易总额的64.66%，且进口的增速比出口的增速高出33.2个百分点，服务贸易发展极不平衡。

表 8-1　2007~2016 年湖南服务贸易进出口情况

单位：亿美元

年份	服务进出口		服务出口		服务进口		贸易差额
	总额	同比（%）	总额	同比（%）	总额	同比（%）	
2007	13.4	—	7.7	—	5.4	—	2.3
2008	16.2	23.7	7.8	1.3	8.4	55.6	−0.5
2009	16.6	2.5	8.4	7.7	8.2	−2.4	0.1
2010	20.2	21.7	10.1	20.2	10.1	23.2	0.025
2011	25.2	24.9	12.4	22.8	12.9	27.7	−0.5
2012	29.1	15.2	13.8	11.3	15.2	17.8	−1.4
2013	31.1	7.1	11.3	−18.1	19.8	30.3	−8.4
2014	47.4	52.4	12.2	8.0	35.2	77.8	−23.0
2015	54.4	15.2	13.1	7.4	41.3	17.3	−28.1
2016	51.5	−5.3	9.16	−30.5	42.4	2.7	−33.3

资料来源：商务部，2016年数据按调整后的数据统计方法进行统计。

随着湖南服务贸易的发展，其相对规模也在不断扩大，在全国的占比不断上升。如图8-1所示，湖南省服务进出口总额呈现持续上升的趋势，进出口总额占全国比重由2007年的0.52%上升到2016年的0.78%，但份额仍然较小，2016年湖南省服务贸易总额在全国排名中居第 18 位，这与地区生产总值排第 9 位存在显著差距。① 值得注意的是，湖南省服务出口额占全国比重呈波动下降态势，由 2007 年的 0.63% 上升到 2012 年的 0.72% 的高点之后，开始下降到 2016 年的 0.44%，这表明湖南省的服务业发展较差；进口额占全国比重不断上升，仅 2016 年稍有下降，由 2007 年的 0.42% 上升到 2015 年的 0.97%，然后又下降到 2016 年的 0.94%。这表明湖南省服务业开放发展的程度低，有待提高。

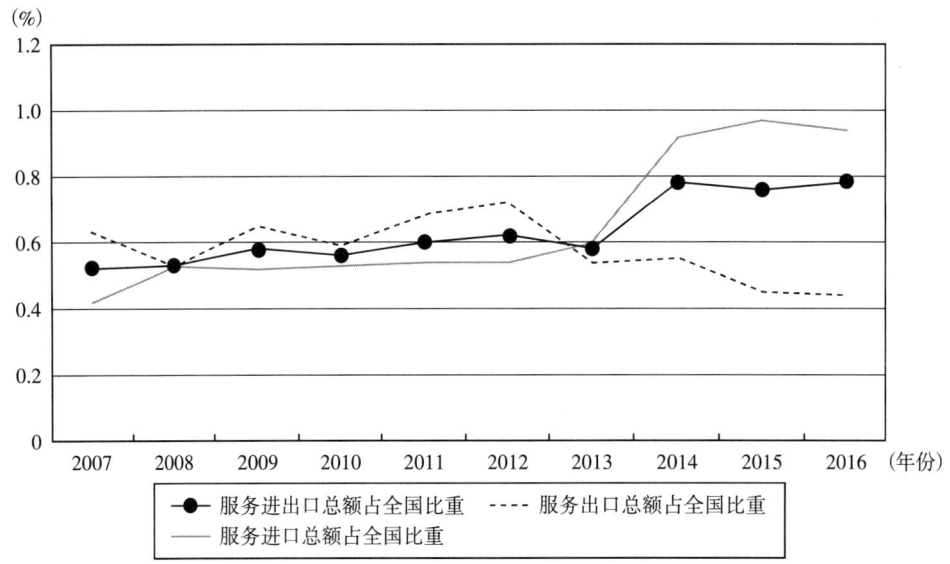

图 8-1 2007~2016 年湖南省服务贸易占全国服务贸易比重

资料来源：商务部。

随着湖南省服务贸易规模的扩大，服务贸易的竞争力也在不断提升，本章将利用服务贸易依存度、服务贸易竞争指数（TC 指数）、服务贸易显性比较优势指数（RCA 指数）以及服务贸易显性竞争比较优势指数（CA 指数）四个指标分析湖南省服务贸易竞争力，如表 8-2 所示。服务贸易依存度是一个国家或地区服务贸易进出口总额占该国或地区 GDP 的比重，衡量国民经济对服务贸易依赖程度，比重越大，表明依赖程度越高。湖南省服务贸易依存度呈现先下降后上升的趋势，但都远远低于全国平均水平，这显示出湖南服务贸易发展程度低，服务开放程度有待提高。服务贸易竞争指数是指一国（地区）进出口贸易差额占进出口总额的比重，其值在 [-1, 1] 变化，当指数为正时，表明该国或该地区具有贸易竞争优势，值越大表明竞争力越强；当指数为负时，表明该国或该地区是该种产品的净进口国或地区，处于竞争劣势。从 TC 指数可以看

---

① 资料来源：《湖南服务贸易发展研究报告》。

出,湖南服务贸易大致处于竞争劣势,且竞争力度越来越差,TC 指数由 2007 年的 0.18 下降到 2016 年的-0.65,且下降速度高于全国水平,这从侧面反映出湖南服务业的发展在全国处于落后地位。服务贸易显性比较优势指数是指一国(地区)某种服务出口额在该国(地区)出口总额中所占比重与该服务的世界(全国)出口额在世界(全国)出口总额中所占比重之间的比率,用以衡量一国(地区)服务的比较优势状况。一般来说,RCA≥2.5,表明比较优势强;1.25≤RCA<2.5,表明比较优势较强;0.8≤RCA<1.25,表明比较优势一般;RCA<0.8,表明比较优势弱。湖南省服务贸易 RCA 指数呈现波动下降的趋势,由 2007 年的 1.06 下降到 2016 年的 0.5。2013 年以前,RCA 指数长期处于 1.25 以下,仅有 2009 年高于 1.25,为 1.28,服务贸易的比较优势一般;2014 年 RCA 指数跌破 0.8,处于比较优势较弱的状态。服务贸易显性竞争比较优势指数是将进口的比较优势从该服务贸易的出口比较优势中剔除,从而得到这个产业的真正竞争优势。以 0 为分界,该值大于 0,表明竞争力强;反之,表明竞争力弱。湖南省服务贸易 CA 指数显现出先上升后下降的一个开口向下的抛物线形状,CA 指数由 2007 年的-0.19 上升到 2011 年的 0.19,然后下降到 2016 年的-1.21,且 2013 年以后都为负值,说明近几年湖南服务业开放发展比较落后。

表 8-2 2007~2016 年湖南省服务贸易竞争力指标

年份	服务贸易依存度(%)		服务贸易竞争指数 TC		RCA 指数	CA 指数
	湖南	全国	湖南	全国	湖南	湖南
2007	1.08	7.67	0.18	0.02	1.06	-0.19
2008	1.02	7.36	-0.03	0.01	0.81	-0.63
2009	0.87	5.92	0.01	-0.05	1.28	0.17
2010	0.86	6.14	0.00	-0.04	1.12	0.04
2011	0.85	6.07	-0.02	-0.10	1.18	0.19
2012	0.83	5.63	-0.05	-0.17	1.11	0.06
2013	0.79	5.68	-0.27	-0.23	0.81	-0.32
2014	1.08	6.22	-0.49	-0.33	0.65	-0.80
2015	1.17	5.91	-0.52	-0.33	0.71	-0.85
2016	1.08	5.91	-0.65	-0.37	0.50	-1.21

资料来源:《中国统计年鉴》《湖南统计年鉴》,商务部以及笔者整理。

(二)湖南省服务业开放发展的空间维度分析

中国的服务业开放采取了渐进式开放路径,协调中国服务业开放与国内服务业规制改革的进程,实现国内服务市场与国际服务市场一体化,通过承接高端服务外包进一步融入并主导全球生产和服务网络将成为未来中国服务业的开放方向。近年来,湖南省服务业增加值虽然增速比较快,但湖南省内各地却由于区域经济结构、服务业发展水平、服务业竞争力等方面存在着显著差异,从而导致较大的区域不平衡性,这主要体现为服务业开放水平的空间异质性。根据省内各个地区的地理位置将湖南分为湘东、湘西、湘南、湘北、湘中五个区域,其中湘东包括长沙、株洲、湘潭;湘西包括湘西土家族苗族自治州、怀化、张家界;湘南包括衡阳、永州、郴州;湘北包括岳阳、常德;湘中包括益阳、邵阳、娄底。如表8-3所示,五个地区大致按照"湘东>湘南>湘北>湘西>湘中"这样一个顺序分布,且近些年这种格局基本没有发生变化。湘东地区的服务贸易额占全省总额的比重最大,2013~2016年的占比分别为65.48%、66.91%、65.79%、67.46%,都保持在66%左右;湘中地区的服务贸易额占全省总额的比重最小,2013~2016年的占比分别为4.99%、4.97%、4.77%、5.09%,基本保持在5%左右,与湘东地区相差61个百分点。

湖南省服务贸易的这种地区差距具体表现在14个地州市之间的较大差距上。以2016年的数据为例,以服务贸易进出口总额为划分依据大致可以将14个地州市分为四个层次。如图8-2所示,第一个层次为长沙、株洲和岳阳,服务贸易进出口总额在3亿美元以上,分别为29.1046亿美元、3.6406亿美元和3.0916亿美元;第二个层次为张家界、衡阳、常德、郴州,服务贸易进出口总额在2亿~3亿美元,分别为2.4172亿美元、2.3727亿美元、2.2271亿美元和2.2024亿美元;第三个层次为湘潭和娄底,服务贸易进出口总额处于1亿~2亿美元,分别为1.9855亿和1.0063亿美元;第四个层次为益阳、怀化、邵阳、永州和湘西,服务贸易进出口总额在1亿美元以下,分别为0.8577亿美元、0.7692亿美元、0.7543亿美元、0.6849亿美元和0.3707亿美

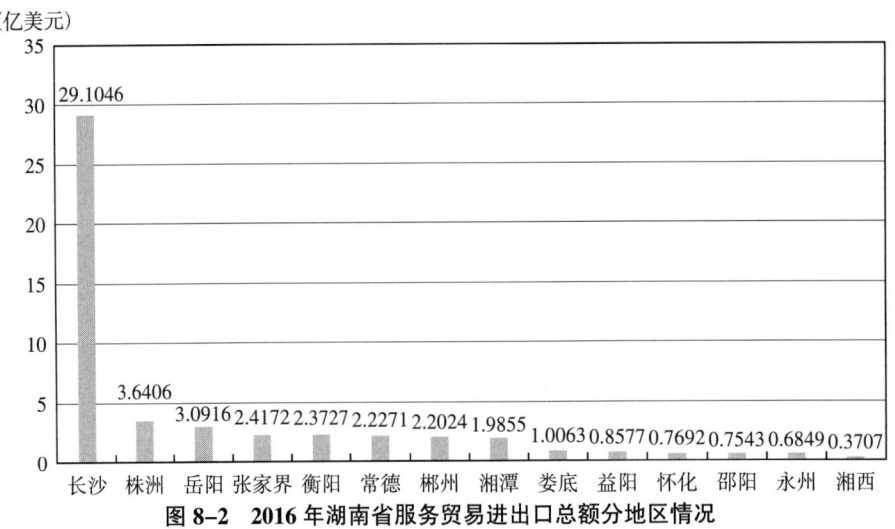

图8-2　2016年湖南省服务贸易进出口总额分地区情况

资料来源:根据商务部和国家外汇管理局湖南省分局服务贸易数据以及其他相关数据整理。

表8-3 2013~2016年湖南服务贸易进出口地区分布情况

单位：万美元

地区	2013年			2014年			2015年			2016年		
	进出口额	出口额	进口额	进出口额	出口额	进口额	进出口额	出口额	进口额	进出口额	出口额	进口额
湘东	203734	49347	45918	316939	50561	266378	357796	53999	303797	347307	43890	303417
湘西	28917	24681	4235	38862	31122	7740	42132	32391	9741	35571	24255	11317
湘南	35141	16678	18462	48373	18301	30072	56120	19575	36545	52600	10999	41602
湘北	27810	15514	12296	45992	16631	29360	61848	21646	40203	53187	8989	44198
湘中	15531	7272	8258	23532	5385	18146	25948	3784	22165	26183	2388	23795
湖南省	311132	113493	197639	473696	121999	351697	543845	131395	412450	514848	90519	424329

资料来源：根据商务部和国家外汇管理局湖南省分局服务贸易数据以及其他相关数据整理。

元。其中,服务贸易总额最少的湘西仅占服务贸易总额最多的长沙的1.27%。

从服务出口来看,长沙、张家界、郴州在全省占有较高比重,2013~2016年平均占比分别为35%、22%、10.9%。其中,长沙占比逐年提高,2016年达到42.9%,比2015年提高9个百分点,高附加值新兴领域的服务出口90%以上集中在长沙;[①]张家界作为世界闻名的旅游景点,旅行服务出口占有比较优势,2016年,张家界是唯一一个保持服务贸易顺差的市;郴州主要得益于湘南承接产业转移示范区的建设,加快了加工服务业的发展。

从服务进口来看,长沙、株洲所占比重较高,2013~2016年平均占比分别为59.4%、10.7%。2016年,湖南省服务进口前50名的企业中,32家在长沙,6家在株洲,[②]调整产业结构所需的高端生产性服务业进口,尤其是技术进口的快速增长,表明这两个地区的经济结构转型居于湖南省前列。

(三)湖南省服务业开放发展的结构维度分析

湖南省服务贸易主要依靠传统服务业,新兴服务业逐渐走强。由表8-4可知,运输、旅行以及建筑是湖南省服务贸易的传统支柱产业,2016年,三大行业贸易总额为443625万美元,占湖南省服务贸易总额的86.17%,这表明湖南省服务贸易的结构调整仍有很长的路要走。新兴服务业以电信、计算机和信息服务,技术服务和知识产权使用费,专业和管理咨询服务等为主,2016年这三个行业的服务贸易总额合计为44522万美元,占湖南省服务贸易总额的8.65%。

通过TC指数,发现湖南服务贸易的竞争力主要体现在电信、计算机和信息服务这一方面,近年来,不仅一直保持正值,而且有逐渐走高的趋势,由2011年的0.46上升到2016年的0.71。2011~2014年,建筑行业的TC指数一直保持正值,但呈现波动性下降趋势,2015年下降到0以下。其他行业的TC指数基本为负值,其中旅行和个人、文化和娱乐服务的TC指数呈下降趋势,竞争力下降;运输,保险服务,金融服务,技术服务和知识产权使用费,专业和管理咨询服务等高附加值服务的TC指数呈现波动上升趋势,竞争力有所增强。

从不同类型服务行业的出口额角度分析,由表8-5可以看出,旅行行业出口额占服务行业总出口额的比重最大,但呈现下降趋势,由2011年的82.11%下降到2016年的58.76%。新兴产业发展迅速,2011~2016年,湖南省金融服务,技术服务和知识产权使用费,电信、计算机和信息服务的出口额分别增长11.8倍、9.8倍和3.2倍,其中技术服务和知识产权使用费,电信、计算机和信息服务出口额同比增长83.4%和

---

①② 资料来源:《湖南服务贸易发展研究报告》。

表 8-4 2011~2016 年湖南省服务贸易行业分布

单位：万美元

服务贸易行业	2011 年		2012 年		2013 年		2014 年		2015 年		2016 年	
	贸易总额	TC 指数	贸易总额	TC 指数	贸易总额	TC 指数	贸易总额	TC 指数	贸易总额	TC 指数	贸易总额	TC 指数
运输	15736	-0.63	12595	-0.64	45986	-0.93	55081	-0.95	24337	-0.84	13322	-0.32
旅行	176832	0.15	187008	-0.01	192932	-0.15	313329	-0.47	406374	-0.57	416443	-0.74
建筑	11436	0.79	10215	0.74	10513	0.08	8701	0.39	19353	-0.15	13860	-0.10
保险服务	1090	-0.73	2616	0.27	1356	-0.93	12840	-0.97	5274	-0.89	581	-0.59
金融服务	1210	-0.89	1799	-0.25	370	-0.86	3273	-0.96	5154	-0.77	2616	-0.33
电信、计算机和信息服务	1970	0.46	1882	0.52	2747	0.41	3333	0.42	4397	0.59	7071	0.71
技术服务和知识产权使用费	5261	-0.78	6201	-0.84	9420	-0.91	12032	-0.89	23916	-0.72	27436	-0.55
专业和管理咨询服务	18032	-0.63	30785	-0.57	25510	-0.38	35231	-0.53	22681	-0.35	10015	-0.41
个人、文化和娱乐服务	34	0.18	76	-0.55	499	-0.93	639	-0.74	3979	-0.52	2489	-0.89
其他服务	20558	-0.68	37301	0.24	21798	0.25	29237	0.32	28832	0.22	21017	-0.03
合计	252159	-0.02	290478	-0.05	311131	-0.27	473696	-0.48	544297	-0.52	514850	-0.65

资料来源：依据新版《国际服务贸易统计监测制度》，为保持延续性及对比，将技术服务和知识产权使用费用合并计算，将维护和维修服务合并入其他服务。

73.4%，有力地推动了服务贸易的发展，有效提高了产业链的竞争力，加快了湖南省经济转型升级的步伐。

从不同类型服务行业的进口额角度分析，从表8-5可以看出，旅行行业进口额依然是占服务行业总进口额的比重最大的，且呈现上升趋势，由2011年的58.62%上升到2016年的85.61%。三大传统行业中，除旅行之外，建筑行业也呈现上升趋势，但运输行业2016年下降较快，这说明湖南省运输行业发展较快。新兴产业中，个人、文化和娱乐服务，技术服务和知识产权使用费，电信、计算机和信息服务等行业进口额增长较快，2016年的进口额分别为2011年的167.64倍、4.53倍、1.95倍，这表明湖南省对新兴服务产业有较大需求以及湖南省在新兴服务行业方面较落后。

从利用外资角度分析，服务业外资利用不断增加。由表8-6可知，2011~2016年，服务业实际利用外资不断增加，由107079万美元增加到519490万美元，占湖南省总利用外资的比重由17.41%上升到40.42%。但大部分行业利用外资不足，结构失衡。2011年，房地产业实际利用外资65282万美元，占服务业实际利用外资总额的60.97%，房地产业吸纳外资过高，但2011~2016年房地产业实际利用外资逐年下降，2016年仅占10.88%。2011~2016年金融业，信息传输、计算机服务和软件业，科学研究、技术服务和地质勘查业，住宿和餐饮业等服务业实际利用外资增长迅速，2016年与2011年相比分别增加了2553.17倍、34.7倍、9.88倍和4.26倍，除科学研究、技术服务和地质勘查业外，其他三项都在2015年达到最大值；卫生、社会保障和社会福利业实际利用外资2015年是2011年的6.8倍，2016年迅速下降；交通运输、仓储和邮政业，租赁和商务服务等服务业略有增加；批发和零售业，水利、环境和公共设施管理业略有下降；文化、体育和娱乐业已降至为零；其他行业涉足较少。由此来看，湖南省服务业结构调整虽然取得了一定成效，但服务业利用外资能力仍需提高，服务业结构仍需调整。

（四）湖南省服务业开放发展存在的问题

近年来，湖南省服务业开放程度不断扩大，服务业得到了迅速的发展，但总体来讲，依然存在一些问题，主要表现在服务业高端人才少、外资利用结构严重失衡、优质文化资源未得到充分开发、服务贸易管理机制不完善等方面。

1. 服务业高端人才少

劳动力，尤其是高素质的劳动力是开放发展的最基本要素。以2016年为例，批发和零售业，住宿和餐饮业，交通运输、仓储和邮政业占服务业就业人员比重最大，分别为26.48%、12.18和11.80%，三者之和超过一半。反观知识密集型行业，信息传输、软件和信息技术服务业，金融业以及科学研究和技术服务业占服务业就业人员比重较

第八章 服务业开放发展与湖南创新引领路径

表 8-5 2011~2016 年湖南省服务业进出口额分行业情况

单位：万美元

服务贸易行业	2011年		2012年		2013年		2014年		2015年		2016年	
	出口额	进口额	出口额	进口额	出口额	进口额	出口额	进口额	出口额	进口额	出口额	进口额
运输	2879	12857	2244	10351	1524	44462	1511	53570	1936	22401	4521	8801
旅行	101434	75398	92836	94172	82269	110663	83355	229974	87558	318816	53189	363254
建筑	10263	1173	8876	1339	5701	4812	6057	2644	8214	11139	6258	7602
保险服务	145	945	1659	957	46	1310	215	12625	281	4993	119	462
金融服务	69	1141	672	1127	25	345	64	3209	580	4574	881	1735
电信、计算机和信息服务	1441	529	1428	454	1934	813	2364	969	3504	893	6042	1029
技术服务和知识产权使用费	577	4684	508	5693	444	8976	658	11374	3385	20531	6209	21227
专业和管理咨询服务	3376	14656	6615	24170	7886	17624	8355	26876	7428	15253	2950	7065
个人、文化和娱乐服务	20	14	17	59	18	481	82	557	951	3028	142	2347
其他服务	3333	17225	23146	14155	13645	8153	19339	9898	17558	11274	10210	10807
合计	123537	128622	138001	152477	113492	197639	122000	351696	131395	412902	90521	424329

资料来源：依据新版《国际服务贸易统计监测制度》，为保持延续性及对比，将技术服务和知识产权使用费用合并计算，将维护和维修服务合并入其他服务。

表 8-6 2011~2016 年湖南省服务业实际利用外资以及相关情况

单位：万美元

行业\年份	2011	2012	2013	2014	2015	2016
交通运输、仓储和邮政业	4124	6966	25623	19888	10785	14541
信息传输、计算机服务和软件业	814	3706	4553	7363	97169	29057
批发和零售业	14724	3315	25001	45355	12458	222348
住宿和餐饮业	3310	7564	17899	9047	26316	17425
金融业	30	200	15675	9509	122800	76625
房地产业	65282	76534	99665	138295	59197	56539
租赁和商务服务业	7033	12803	27386	44023	18693	80151
科学研究、技术服务和地质勘查业	946	5661	2910	17168	7988	10291
水利、环境和公共设施管理业	4887	5130	2195	7679	4404	10416
居民服务和其他服务业	1920	6472	3608	8427	0	1735
教育	0	0	0	0	0	0
卫生、社会保障和社会福利业	0	903	124	1820	6132	362
文化、体育和娱乐业	4009	782	5787	819	0	0
公共管理和社会组织	0	0	5	930	0	0
服务业	107079	130036	230431	310323	365942	519490
湖南省利用外资	615031	728034	870482	1026584	1156441	1285208
服务业占全省的比重（%）	17.41	17.86	26.47	30.23	31.64	40.42

资料来源：历年《湖南年鉴》以及笔者整理。

小，分别为 4.62%、3.2% 和 2.27%，三者之和不足批发和零售业的一半，但三者增速较快，分别达到 20.83%、73.88% 和 85.56%。[①] 由此来看，湖南服务业的高端人才不足，直接导致服务业贸易总体水平不高。

2. 外资利用结构严重失衡

以 2016 年为例，批发和零售业、租赁和商务服务、金融业、房地产业利用外资占比最大，分别为 42.8%、15.43%、14.75%、10.88%。[②] 其次是信息传输、软件和信息技术服务业为 5.59%，其他行业都在 5% 以下，其中，教育和文化、体育和娱乐业几乎没有利用外资，这样一种失衡的外资利用状况，直接导致服务业发展的失衡。

3. 优质文化资源未得到充分开发

2002 年，湖南省提出"发展文化产业，建设文化强省"战略，把文化建设摆到空前重要的位置，实现"文化搭台，经济唱戏"。但在服务贸易方面，优质文化资源开发

[①][②] 资料来源：《湖南统计年鉴》（2017）以及笔者整理。

不够。首先，文化资源没有与广告、宣传等服务业相结合，广告、宣传在湖南省服务贸易中所占比重小，缺少文化内涵。其次，电影、音像产业没有很好地利用本地文化资源，富有湖南省红色文化、特有少数民族文化等的电影、影像作品缺乏。再次，湖南省少数民族地区的特色饮食文化与服务业没有进行资源整合利用，难以走出国门，没能将资源优势转化为经济优势。最后，湖南省的侗文化、土家族文化、苗文化中的建筑文化缺乏有效开发。

4. 服务贸易管理机制不完善

中共十六大以后，我国才初步建立起专门的服务贸易管理机制和促进体系。而湖南省在 2007 年才成立服务贸易管理部门，相对滞后于发达省份。服务贸易管理制度不够完善，缺乏相关配套政策，对"环境服务""教育服务""通信服务""保健和社会服务"等服务贸易领域的系统管理制度缺失，也缺乏相应的行业中介组织。湖南省商务厅服务贸易处与发展改革委员会、财政厅、文化厅、海关等相关部门间沟通与协调不畅。与国际组织、外国企业的工作联系机制也有待加强。

四、创新引领服务业开放发展的路径与对策

创新对湖南省服务业的开放发展具有显著的引领作用，主要通过科技创新、模式创新、文化创新以及管理创新引领服务业的开放发展。①科技创新是服务业创新的基础，只有科技的领先创新，才能为服务业创新提供支撑。通过进一步优化基础设施、科技立项进行重点扶持、加快科技成果的转化等方式促进科技的创新，促进服务业的发展以及为服务业提供新的传播载体，进而带动服务业的开放发展。②模式创新能够使服务的新载体适应新的竞争市场，更好地发挥科技创新的潜力，从而利用旅游业以及湘绣、湘茶、湘瓷等湖南特色旅游商品为湖南服务做宣传，进而促进服务业的发展以及服务业的开放。③文化创新为湖南服务业输入新鲜血液，打造全新的、具有湖南特色的服务，如将湖南文化融入建筑服务业、广告宣传，带有红色文化、少数民族文化的特色旅游以及湖湘文化与饮食的结合，都可以提升国内市场，开拓国际市场，进而促使湖南特色服务"走出去"，带动服务业的开放发展。④管理创新主要是立足湖南区域优势和特色产业，以科技资源优化配置为主线，推动科技服务机构按照服务标准化、管理信息化、机制市场化的要求发展。鼓励、引导各类中介机构和社会力量参与和介入各类服务活动，逐步建立以企业为主体、市场为导向、产学研合作、多元化的科技服务业体系，推动科技信息服务专业化分工和产业链上下游互动。四种路径相辅

相成，共同引领湖南服务业的开放发展。

（一）加大研发力度，培育人力资本

第一，引导企业加大研发力度。为了鼓励创新，加大研发力度是解决问题的关键。政府部门要鼓励、引导服务业企业，挖掘其研发潜力，从资金到政策支持企业的科研创新。落实企业研发费用税前加计扣除税收优惠政策，建立企业研发投入后补助机制。省级财政对享受研发费用税前加计扣除政策的企业，根据其上年度研发投入增量，按照一定比例给予奖补，引导企业普遍建立研发准备金制度，推动以企业为主体的研发投入快速增长。

第二，加大专业人才引进和培养。高端专业人才是服务业创新和发展的源头，人力资本的培育是提高服务业企业创新能力、推动服务业发展的必由之路。针对这一点，湖南政府应完善人力资本培育机制、减少人才的流失，利用网络通道，促进高校以及企业之间科研成果共享，以高效率的方法，有针对性地培养人才，进而提高科研创新能力，推动服务业的开放发展。对引进院士及入选"青年千人计划""万人计划""长江学者奖励计划"等拥有先进技术和自主知识产权的紧缺急需国际性人才，带项目来湖南省创业工作、在国内首次落地的，给予经费支持。对掌握国际领先技术、生成重大项目并带动新兴产业和进出口贸易的，给予重点奖补。支持市州、县市区和园区加强开放型经济专业人才培训和储备。

（二）促进跨境电商发展，推动新兴产业的发展

第一，支持跨境电商集聚发展和公共服务平台建设。鼓励具备条件的市州、县市区自主发展跨境电商，支持跨境电商集聚园区扩大业务规模，对跨境电商综合成本给予适当补贴。支持长沙市积极争取跨境电商综合试验区等试点，支持海关、国税、外汇等部门的跨境电商通关管理系统建设。

第二，支持跨境电商龙头企业发展，加强支撑孵化体系建设。支持具备条件的市州、县市区引进跨境电商龙头企业。支持跨境电商支撑服务和孵化体系建设，对带动和促进中小企业发展跨境电商、服务数量在100家以上、有实际进出口业务的企业或机构给予一定的奖励，以要素分配方式对市州、县市区给予支持。

（三）融入湖湘文化，打造湖湘服务品牌

将湖湘文化与服务业相结合，打造全新服务。文化的创新旨在以文化为引领，带动服务业的发展及开放。例如，文化与旅游业、建筑服务业、饮食服务等服务业相结合。发展特色旅游业，是大力发展"一带一圈"地区重点旅游企业发展，突出发展

红色旅游和历史人文旅游；二是加大湘绣、湘茶、湘瓷等湖湘特色旅游商品的开发力度，加强特色旅游购物街区和特色旅游古镇、乡村的建设；三是利用湖南省优质文化资源开发绿色生态游和民俗风情游、发展工矿旅游等新兴旅游。发展特色建筑服务业，一是将建筑行业配以不同的湖湘文化，带给客户一种走进湖湘文化中的感觉；二是以湖湘文化为主线向客户介绍住宅，以达到宣传湖湘文化的效果；三是赠予具有湖湘文化的小礼品，以表示湖南优质的服务以及湖湘文化的魅力。湖湘饮食的发展要采用现代营销方式和组织形式，开发特色饮食文化，弘扬湘菜文化、壮大湘菜品牌，提升国内市场、开拓国际市场，打造特色湘菜文化品牌。

（四）放松行业管制，创造良好的制度环境

受行业性质的影响，诸多服务行业都受到了较多的政府管制，如交通运输业、邮电通信业等传统服务业和金融业等新兴服务行业，成为中国吸引外商直接投资的阻碍。根据迈克尔·波特的钻石模型理论，良好的竞争环境是企业创新的先决条件。探索运用外贸财银保、扶贫财银保、出口退税融资、知识产权质押融资等创新性金融工具，发挥财税、产业、金融政策的协同组合效应，构建"银行自偿+保险担保代偿+政府补偿"的风险分担机制，着力解决中小微企业融资难、融资贵的问题。设立商业保理机构，以产业链核心企业为信用载体，为上下游企业提供金融服务。对新兴服务产业投资基金及其参股并运作规范的子基金投资的项目，协调银行、信托等金融机构开展投贷结合予以跟进，并优先纳入担保代偿补偿、信贷风险补偿等相关政策扶持范围。除此之外，完善相关法律法规的同时设立高效的监管机构和争端解决机制，并配备专业的人员，为服务业开放提供良好的制度环境；深化要素市场改革，纠正资源配置扭曲的现状，改善民营企业融资困境，充分发挥市场潜力。

（五）立足当地资源，发展特色服务

湖南省政府应与当地政府相联合，为当地服务业的开放发展寻找一条适宜的出路。依据当地不同的自然资源，发展不同的服务业，以促进服务业的开放和当地经济的发展。长沙应大力发展文化创意、现代金融、研发设计、现代物流、电子商务等服务业；株洲、衡阳应集中发展研发设计、电子商务、现代物流、文化旅游等服务业；湘潭应着重发展现代物流、研发设计、健康养老、旅游休闲等服务业；岳阳应重点发展现代物流、商贸服务、文化旅游等服务业；郴州应大力发展电子商务、会展业、健康养老、休闲度假旅游等服务业；怀化应大力发展商贸物流、生态旅游、健康养老等服务业；常德应大力发展商贸物流、文化旅游、教育医疗等服务业；益阳应大力发展现代物流、电子商务、服务外包、旅游休闲等服务业；娄底应大力发展现代物流、文化旅游等服

务业；邵阳应大力发展现代物流、商贸服务、文化旅游、中医药等服务业；永州应大力发展商贸服务、电商物流、特色旅游等服务业；张家界应大力发展文化创意、旅游休闲、健康养老、会展会议等服务业；湘西应着力发展民族文化生态旅游、电子商务、现代物流等服务业。只有因地制宜，才能推动湖南服务业的整体发展和开放进程。

参考文献

［1］Apergis N., Katrakilidis C. P., Tabakis N. M. Dynamic Linkages Between FDI Inflows and Domestic Investment：A Panel Cointe-gration Approach［J］. Atlantic Economic Journal，2006，34（4）：385-394.

［2］Chesbrough H. Business Model Innovation：It's Not Just About Technology Anymore［J］. Strategy & Leadership，2007，35（6）：12-17.

［3］Girma R. & Wakelin D. Industrial Development，Globalization and Multinational Enterprises：New Realities for Developing Countries［J］. Oxford Development Studies，2004（2）：331-339.

［4］Markusen J., Rutherford T. F., Tarr D., Trade and Direct Investment in Producer Services and the Domestic Market Forexpertise［J］. Canadian Journal of Economics，2005（38）：758-777.

［5］方远平，谢蔓，林彰平. 信息技术对服务业创新影响的空间计量分析［J］. 地理学报，2013（8）：1119-1130.

［6］戈雪梅，熊俊. 江苏服务贸易与经济增长关系的实证分析［J］. 华东经济管理，2013（12）：26-29.

［7］何骏，郭岚. 中国服务贸易竞争力提升研究——基于全球主要服务贸易国家面板数据的实证分析［J］. 山西财经大学学报，2013（3）：44-55.

［8］蔺雷，吴贵生. 服务创新［M］. 北京：清华大学出版社，2007.

［9］聂名华. 中国外商直接投资区位差异性与优化配置［J］. 商业经济与管理，2013（10）：72-80.

［10］汪海霞，王新. 产业升级、人力资本与企业自主创新能力关系研究［J］. 工业技术经济，2018（1）：103-110.

［11］吴振球，王振，张传杰. 我国国际服务贸易与经济增长关系的实证研究——基于VAR模型的分析［J］. 宏观经济研究，2013（4）：72-78.

［12］谢德荪. 源创新［M］. 北京：五洲传播出版社，2012.

［13］约瑟夫·熊彼特. 经济发展理论［M］. 北京：商务印书馆，1990.

［14］张月友，刘丹鹭. 逆向外包：中国经济全球化的一种新战略［J］. 中国工业经济，2013（5）：

产业篇

- 产业集群创新与湖南推进对策分析
- 工业互联网运行机制与湖南创新引领路径
- 军民融合运行机制与湖南创新引领路径

第九章 产业集群创新与湖南推进对策分析

一、引 言

近日,湖南省人民政府印发了《促进开放型经济发展的若干政策措施》(以下简称《政策措施》),省委办公厅、省政府办公厅印发了《关于加快推进开放崛起专项行动的通知》(以下简称《专项行动》)。这两个文件的出台,标志着湖南省开放崛起战略"四梁八柱"推进体系,即基本的主体框架全面完成,湖南的开放型经济进入跨越式赶超、加快崛起的阶段。"中国开放的大门只会越开越大",内陆省份加快发展尤其需要加大开放的力度,开放是湖南的希望所在、潜力所在、出路所在。2016年11月召开的省第十一次党代会提出了创新引领开放崛起战略,湖南以开放的胸襟,抢抓机遇,建设内陆开放新高地,努力走在中部地区开放发展的前列。根据湖南省人民政府印发的《政策措施》,湖南省第十一次党代会以来,创新引领开放崛起战略正在深入实施,湖南省开放型经济已经进入了一个全新的发展阶段。《政策措施》中指出要促进加工贸易创新发展,推动加工贸易与新型贸易业态融合,鼓励加工贸易企业加大研发投入。重点培育龙头企业和优势产业集群,促进传统产业转型升级。支持加工贸易做强做大,根据加工产品种类、加工贸易额、新增投资、新增就业等情况,对企业生产线改造、厂房租赁、新产品研发、利息支出、物流等费用给予奖补。

湖南省产业集群创新作为驱动湖南省经济发展的重要动力更应该紧紧围绕《政策措施》,走开放崛起之路。不仅要实现产业集群内部创新,还要实行正确的开放战略实现产业集群外部创新。不仅要坚持"引进来"策略,还要实行"走出去"战略,让省外辐射省内、省内惠及省外,以实现湖南省与外省的对接从而发挥产业集群创新的整体联动作用。鉴于此,本章主要通过对湖南省产业集群创新的现状进行分析,发现其现存的问题,从而为湖南省区域经济增长提出可行性的建议。

二、产业集群与产业集群创新相关概念界定

(一)产业集群

产业集群(Industry Cluster)亦称"产业簇群""竞争性集群""波特集群",是某一行业内的竞争性企业以及与这些企业互动关联的合作企业、专业化供应商、服务供应商、相关产业厂商和相关机构(如大学、科研机构、制定标准的机构、产业公会等)聚集在某特定地域的现象。如信息技术企业和相关厂商、相关机构等在美国硅谷的聚集。迈克尔·波特于1990年在《国家竞争优势》一书中提出产业集群概念并详加论述。产业集群有助于相互竞争的企业提高竞争力,对特定产业的发展和国家竞争力的增强有重要作用。不同产业集群的纵深程度和复杂性相异。许多产业集群还包括由于延伸而涉及的销售渠道、顾客、辅助产品制造商、专业化基础设施供应商等,政府及其他提供专业化培训、信息、研究开发、标准制定等机构,以及同业公会和其他相关的民间团体。因此,产业集群超越了一般产业范围,形成特定地理范围内多个产业相互融合、众多类型机构相互联结的共生体,构成这一区域特色的竞争优势。产业集群发展状况已经成为考察一个经济体或其中某个区域和地区发展水平的重要指标。

从产业结构和产品结构的角度看,产业集群实际上是某种产品的加工深度和产业链的延伸,从一定意义上讲,是产业结构的调整和优化升级。从产业组织的角度看,产业集群实际上是在一定区域内某个企业或大公司、大企业集团的纵向一体化的发展。如果将产业结构和产业组织二者结合来看,产业集群实际上是指产业成群、围成一圈集聚发展的意思。也就是说,在一定的地区内或地区间形成的某种产业链或某些产业链。产业集群的核心是在一定空间范围内产业的高集中度,这有利于降低企业的制度成本(包括生产成本、交换成本),提高规模经济效益和范围经济效益,增强产业和企业的市场竞争力。从产业集群的微观层次分析,即从单个企业或产业组织的角度分析,企业通过纵向一体化,可以用费用较低的企业内交易替代费用较高的市场交易,达到降低交易成本的目的。通过纵向一体化,可以增强企业生

产和销售的稳定性；通过纵向一体化行为，可以在生产成本、原材料供应、产品销售渠道和价格等方面形成一定的竞争优势，提高企业进入壁垒；通过纵向一体化，可以提高企业对市场信息的灵敏度；通过纵向一体化，可以使企业进入高新技术产业和高利润产业等。

（二）产业集群创新

产业集群创新，作为本书的一个核心概念之一，是在产业集群生成与发展过程中所拥有的各种形式、各种类型以及各种规格的新内容的酝酿和出现。产业集群创新融合了集群内部的创新能力、创新网络以及创新资源等。这其中，既有产业集群生成过程中的各类创新，也有创新集群生成之后不断发展和涌现出来的创新；既有技术创新，也有制度创新，当然还包含了产品创新和形式创新等（姜江等，2013）。彭宇文（2012）基于理论建构与认知的层面对产业集群创新进行了较为系统的论述，研究认为产业集群创新是一种具有较为规范"网络范式"特征的技术创新组织形式，并且伴随产业集群本身成长及其技术创新组织形态的演进而持续完善。也有不少学者针对产业集群创新表现出的特征进行研究：一是产业集群创新具有的知识分享性。产业集群本身所特有的本地化网络可以自发地为集群内部企业提供一个低成本、高效率的知识创造和分享平台，基于社会嵌入和信任的地方化知识和技术的非正式扩散机制，使集群企业之间通过比较、观察和模仿等模式相对容易地获得技术和知识，通过地方化学习甚至可以弥补集群企业研发的不足。二是产业集群创新的本土嵌入性。环境嵌入性和文化嵌入性均表明企业在行为选择时受到周边环境和思维意识的限制和引导，区域商业文化传统对企业内部商业活动、区域内经济活动主体间的合作具有十分显著的影响。集群内部企业间互相沟通与交流也是在此种约束下进行的，从而有效地促进了创新在集群网络中的扩散，集群企业的经济行为嵌入在当地区域的各种社会关系和制度结构中，并受到本区域文化的深刻影响。产业集群创新作为一种具有"网络范式"特征的技术创新组织形式，是随着技术创新组织形式的演变而不断发展和完善的，同时也是与产业集群本身的演进分不开的。

三、产业集群创新的动力与效应分析

(一) 产业集群创新机制的影响因素

产业集群创新机制的影响因素可以分为外部环境因素和内部环境因素,外部环境因素包括社会创新系统、政府创新政策、社会服务体系、创新人才教育和技术发展市场等;内部环境因素包括战略选择能力、研究开发能力、生产制造能力、资金利用能力、信息积累能力等。正是内外环境因素的交织作用、催化互动,共同影响着产业集群创新机制的运行。

1. 外部环境因素

外部环境是产业集群创新机制运作的必要条件,它始终与产业集群创新机制存在着物质循环、能量流动和信息传递。

(1) 社会创新系统。社会创新系统是社会各层面创新系统相互联系构成的有机系统。作为一个复合体,社会创新系统是由一系列公营和私营组织为生产、扩散和使用知识而形成的一个组织与制度网络系统。这些组织主要有科研机构、大学、政府和企业等。科研机构致力于学科领域的前瞻性、基础性和应用性问题的创新活动,旨在引领科学前沿、推动经济建设和加快社会发展。产业集群通过吸收和内化科研机构的创新成果来补充和满足创新机制运作的需要。大学不仅是人才培养和社会服务的主要基地,也是科技创新的集中场所,产业集群借助大学科技创新平台来获取创新所需要的人才、知识、信息和技术等。政府是社会创新政策的制定者、实施者和监督者,也是产业集群创新的提倡者、指导者和主要评价者,可以为产业集群创新机制提供资金、政策和制度等方面的支撑。企业是社会创新系统的主要构成要素,能够为产业集群创新提供管理经验、智力供给和技术帮助等。

(2) 政府创新政策。政府创新政策是政府制定的有关创新方面的政策、措施和方案。政府正是借助于相关的政策来有效规范和约束社会主体的创新行为,实现创新知识、信息和技术的有效流通,加快科技创新成果的现实转化,增强社会的整体实力和竞争优势。事实上,政府制定创新政策的主要目的就是不断推进社会主体的持续创新,提高社会主体的竞争能力。对于产业集群创新机制而言,政府创新政策有助于促进产业集群内部的创新知识、信息和技术的发掘、应用和推广,促成产业集群创新机制的良性循环和高效运作,培养产业集群的创新理念、创新思维和创新行为。为了鼓励和支持社会主体的创新活动，各国政府都制定了一系列内容相关、关系紧密的策略措施，如产业政策、金融支持政策和创新奖励政策等，这些政策都不同程度地会对产业集群创新机制的运作及其绩效发挥产生影响。

（3）社会服务体系。社会服务体系是伴随社会经济的不断发展而逐渐形成的有机整体，其内容处于相对变化状态。创新服务平台借助联结集群区域内部主体关系，利用集群区域的资源优势、技术优势和人才优势，通过提供研究开发、技术推广、硬软件共享、产品检测、信息服务、技术服务、管理咨询、人员培训等多方面服务网络，构建直接为产业集群创新服务的开放性技术平台。这些平台既包括科技基础条件类平台，也包括专业性、行业性创新平台。前者的主要目的是实现大型科学仪器设备资源的共建共享，利用现代信息技术和网络技术扩充、集成基础科学数据库、专业科学数据库等科技资源，加强专利、标准、科技报告等文献资源的建设，为产业集群发展提供良好的研发服务；后者通过整合重点共性技术开发、中间试验、产品测试等领域的基础条件资源，提高公益性技术和产业共性技术、关键技术的集成、配套能力，为发展壮大产业集群、提升产业集群竞争力提供全方位、高质量的服务。

（4）创新人才教育。在产业集群创新机制运作的实践过程中，不断生成了"效益靠技术，技术靠人才，人才靠教育"的生态链，它内含着这样一系列意蕴：要提高集群创新效益，必须增强技术创新水平；要增强技术创新水平，必须培养创新人才；要培养创新人才，必须实施创新人才教育。产业集群创新本身就是创新人才战略，没有创新人才战略就没有真正的产业集群创新。因此，创新人才就成为决定产业集群创新竞争成败的关键要素，它不仅导控着产业集群创新活动的实施，而且也制约着产业集群创新活动的绩效。

（5）技术发展市场。技术发展市场是一个综合概念体，它既体现技术发展阶段，也表现技术市场发育程度和竞争特征。技术市场是技术交易的主要场所，是各种技术交换关系的有机结合。技术固有的风险性、长期性、成本性和周期性，造成技术流通过程的动态性和多元性，导致产业集群创新活动及结果的复杂性。借助技术市场，产业集群可以弥补技术创新能力的不足，弱化技术开发风险，获得技术商品，缩短技术创新周期，降低技术创新成本，取得技术创新回报。

2. 内部环境因素

虽然产业集群创新机制离不开外部环境条件的支撑，但集群创新机制功能的实现仍需要产业集群内部环境的保障。内部环境既是集群创新机制生成、运作的根本，也是集群创新机制功效指向的主要方面。

（1）战略选择能力。集群创新战略是指导集群创新活动和创新机制运作的策略体系。不同性质的集群创新需要不同内容的集群创新战略来指导，需要不同水平的集群创新战略选择能力来支撑。不同的集群创新战略具有不同的集群创新内容和创新优势。产业集群创新战略选择包括体制外创新和体制内创新两种。前者主要是调动社会各方面力量来支持和推动集群创新，后者主要是充分发挥集群功能和效益的内涵式发展。体制内创新一方面可以学习和借鉴其他集群创新的成功经验，紧密结合地方经济结构和产业结构实际，创造出一套灵活新颖、高效务实、别开生面的创新理念和制度；另一方面也可以巩固和增强产业集群的传统优势和文化底蕴，实现产业集群的跨越式发展。

（2）研究开发能力。研究开发能力主要包括技术选择能力、技术解决能力、技术模仿能力、技术创造能力和技术组织能力。技术选择能力是把握技术发展趋向、确定技术研究方向、选择技术研究项目和识别技术问题的能力；技术解决能力是根据已有经验解决技术研究过程面临的主要问题的能力；技术模仿能力是遵循技术研究基本原理对现存技术进行模仿、改进和应用的能力；技术创造能力是技术模仿能力的深入发展，是进行新发明、新创造的能力；技术组织能力是根据技术研究实际来设置研究目标、制定研究计划、组织研究资源、实施研究过程和进行研究评价的综合能力。其中，每一种能力都会不同程度地影响集群创新机制的正常运作。

（3）生产制造能力。生产制造是产业集群创新计划和项目转化为创新产品和服务的主要环节。生产制造能力是产业集群将创新成果引入集群生产系统转化为产品和服务，实现经济效益的能力。从内容上看，生产制造能力主要体现在两个方面：一是现有产品在市场和消费者群体中占比或者适应的范围；二是新开发出的产品在市场和消费者群体中占有或者适应的范围。前者是研究最优生产与销售对策，后者是研究最优开发对策。事实上，提高产业集群创新机制运作绩效，需要在注重保持和提高现有生产制造能力的基础上，不断拓展和开辟新产品适应市场和消费者的范围。

（4）资金利用能力。资本是制约产业集群创新的主要因素，资本的优质程度、充足状态和利用水平直接影响产业集群创新机制的运作。从来源上看，产业集群资本可分为内部积累型和外部市场融资型两种，这两个方面都是产业集群获得资本的基本渠道，二者协调互补，组成了产业集群创新机制运作的资本结构。产业集群创新机制的运作既离不开产业集群内部积累资金的支持，也需要外部市场融资方式获得资金的支持。当前，产业集群创新机制运作在很大程度上受到外部资本市场的影响，特别是对于产业集群创新具有关键作用的外部资本。由于资本的价值性、稀缺性，不同层次、类型和性质的产业集群为了获得发展、创新所需的资本必然展开激烈竞争，而提高资金利用水平正是产业集群赢得竞争、获得持续发展的主要策略和途径。

（5）信息积累能力。信息积累能力是产业集群在所依存环境中以信息收集、整理、创新和共享为主导，通过与外部环境的物质循环、能量流动和信息传递以及其他产业集群的交流互动中形成的相对地位和功能作用。产业集群的内部结构之间相互作用并与外部环境发生联系，从而获取产业集群发展创新、遗传演进所需的信息资源和信息流，以及选择信息生成、创新的方向。通过探寻与获得外部信息，营造与拓展信息生态空间，产业集群能够广泛联系外部环境因子，传递有价值的知识信息。信息积累能力之所以是影响产业集群创新机制的内部环境因素，一方面是由于优化信息的传递需要随时获取保持与外部信息源、信息链、信息网络的联系；另一方面是由于信息积累能力的培养能够弱化集群创新过程中信息流通不畅的问题，增强产业集群内外环境互动，实现集群创新信息的发酵增长与有效转移。

(二) 产业集群创新的动力机制

产业集群创新的动力机制是指驱动产业集群创新的力量结构体系和运行规则，并且具有一定的稳定性和规律性，这种动力机制在产业集群创新发展的不同阶段体现为生成动力机制和发展影响机制。产业集群创新动力机制主要包括集群学习机制、竞争与合作机制、扩散与溢出机制、组织机制。

1. 集群学习机制

产业集群优越的学习能力是这些地区企业创新成功的主要因素。首先，长期发展起来的集群模式方便了"集体学习进程"。信息、知识和实践在整个集群区快速传播，从而提高了企业和机构的创新能力，增强其创新优势。其次，集群区域化生产体系减少了"动态不确定性因素"，增加了企业决策的可靠性和前瞻性，促进了本地区的学习能力和创新能力。最后，创新是行为主体集体努力的过程，企业，特别是中小企业的创新依赖广大行为主体的专业知识。集群中存在贸易网络、技术传播机构、贸易联合会和培训协会等组织形式，使企业不必承担全部创新费用和压力。创新费用和压力可以分散到区域众多的主体中，促进行为主体集体参与创新过程的积极性和主动性。另外，产业区、创新区、区域创新网络学、创新空间概念都强调产业集群过程中的互动学习能力建设，创新空间特性受到极大关注。比如硅谷、筑波科学城、班加罗尔等地区，这些地区产业集群的起源和发展虽然各不相同，但是良好的区域性贸易网络、完善的制度支持机制、较低的交易费用和较高的外部效应等，成为促进区域产业学习能力的重要因素，极大地提高了这些产业集群的创新优势。

产业集群创新能否成功，主要取决于产业企业利用、管理和转换外部性的能力。熊彼特认为，产业集群内企业利用外部性也就是集体学习的能力，主要取决于企业家的能力。但产业集群内企业进行集体学习的努力能否真正转换为集群创新的绩效和盈利，还与其面临的产品市场的技术水平、所处的区域机构发展和制度环境紧密相关。Porter 的一个重要思想是"溢出"效应，集群行为主体中的"溢出"或集聚效应是集群产生的关键因素，这些合作元素表明，集群中协同效应是一种包括知识交流在内的重要驱动力，集群学习机制是产业集群创新的重要动力机制。毛才盛（2016）指出，在该机制中各个企业可以形成有效的创新价值网络，通过集群内部的学习行为，实现产业知识以及资源的流通共享，以及各企业之间的协作创新。蔡宁、吴结兵（2005）认为，在产业集群的网络式创新中集群的知识基础与集体学习机制发挥着关键作用，集体学习机制是实现产业集群网络式创新的重要途径。

2. 竞争与合作机制

根据研究可得，企业集群是为了获取竞争优势。Porter（1990）认为，企业集群能够利用正的外部性，它们被迫与其他集群内的企业展开激烈的竞争，这就为集群企业的创新提供了激励。他还把集群定义为由集群内公司、供应商、服务提供商和相关机构进行竞争与合作而形成的一个地理集中（地理邻近），而这又是由要素条件、需求条件、相关支撑产业、公司战略和结构以及竞争对手等之间的关系带来的。与此同时，他非常重视竞争机制在产业集群创新中的作用，认为产业集群中的关键组织机构（包括企业、大学、标准机构、贸易协会、金融机构、政府部门等）通常是横向和纵向交错相互关联的，其安排既可以是正式的也可以是非正式的，更为重要的是，这些相互关联的组织和机构既可能存在合作关系，也可能存在竞争关系，产业集群的创新收益实际上来源于加入了合作活动的竞争者们。合作机制在产业集群创新中发挥了重要作用。通过不同机构的密切合作，如专业组织、商会、集群组织等之间的合作，以及基于个体网络的激烈的非正式互动，产业集群创新获得了更多的优势。陈柳钦（2005）认为，产业集群是提升产业竞争力的关键，产业集群竞争力提升的一种重要表现是集群创新优势的获得，而竞争与合作机制则是产业集群创新优势获取的重要动力来源。他还进一步解释说，在产业集群内大量企业联合进行新产品开发，由此会形成一种既存在竞争又有合作的"竞合"机制。陶良虎、陈得文（2008）指出，企业竞合关系是产业集群创新的核心动力因素，特别是现代产业集群创新的网络化发展，使集群创新主体间能够在信任的基础上，在知识交流和能力互补等方面进行相互合作，伴随着协同性竞争，从而使竞争与合作机制成为现代产业集群创新网络的核心动力机制之一。鞠芳辉等（2012）结合我国制造业集群的实践对竞争与合作机制进行了讨论，像宁波、温州等地的服装产业集群，由于当前基于通用技术的关联产业少而引发同质化竞争，产业集群对于企业创新的负面效应开始显现；相反，由于缺乏合作导向的领导企业及相应的制度化规则，产生了合作的限制效应，即使这些服装产业集群创新中群体成员之间存在合作与竞争的关系，合作的限制效应也不断显现出来。

3. 扩散与溢出机制

一些研究考察了产业集群创新地理学，重点关注的是大学和与R&D相关的机构。研究发现，邻近R&D功能、大学研究和熟练劳动的存在，通过知识外部性提升了产业集群创新。他们的研究还表明，集群创新活动的倾向可归因于知识外溢的作用，而不仅是因为生产的地理集中。研究中心、技术研究所、大学、智囊团、管理人员教育和职工培训学校，积极促进了产业集群内企业之间的相互合作和技术转移。集群内企业之间联合 R&D、产品设计、制造或合作营销努力等。在发达的产业集群中，如行业协会这样的中层机构在这些协调机制中作为发起人和管理者也往往发挥了关键作用。陈旭（2005）分析了产业集群创新中的技术扩散特征，同时研究了产业集群内技术创新扩散的动态过程，为集群内企业把握产业集群内技术创新扩散与溢出机制提供了理论指导。冯云生等（2012）利用系统基模理论分析了高技术产业集群中技术创新与扩散的问题，其研究结果表明，高技术产业集群内企业的技术扩散动力随着创新加强、政策优惠、产品推广等促进技术扩散因素的加入而增强，从而使集群创新的技术扩散效应放大，进而促使企业技术扩散动力增强，这是一个正反馈环。李宇等（2017）研究发现，有意识的知识溢出在网络功能与知识创造的关系中起部分中介作用，网络位置对网络功能与有意识的知识溢出具有正向调节作用，并且网络位置对有意识的知识溢出与知识创造具有正向调节作用。庄小将（2016）构建了知识溢出影响集群企业技术创新绩效的理论模型，结果发现，知识溢出可以直接推动集群企业技术创新绩效，也可以通过组织学习影响集群企业技术创新绩效。

4. 组织机制

产业集群创新网络中，核心创新网络主要由企业组织构成，除此之外还包括大学、科研机构、金融机构、政府机构和中介服务机构等，这些不同的组织机构所构成的产业集群创新网络的一个重要的创新优势来源就在于其集群组织创新，组织创新机制在产业集群创新网络中发挥了重要作用。贸易协会、商业财团、商会等中介组织有助于改进产业集群内企业和当地社区之间的交流，促进创新过程在一个集群规模上进行，中介组织是产业集群创新不可或缺的组织条件。在产业集群创新过程中，关键的行为主体不仅包括生产企业，而且还包括大学、标准机构、贸易协会、金融机构、政府部门等支持机构，这些组织不仅为集群内知识创造提供了重要服务，而且为企业的行为提供了实际指导。范太胜（2008）认为，组织创新机制在产业集群创新网络中作用的发挥主要是由契约作为联结方式，包括企业、大学和科研机构、政府机构、金融机构和中介服务机构等网络节点，都是通过契约联结而形成良好的协同创新关系网。李宇和王俊倩（2015）认为，组织间学习和网络能力在产业集群有效技术溢出的正向利用过程中各自发挥了关键性作用，克服技术模仿等造成创新集群动力缺失的关键在于形成核心大企业与中小企业的协同创新态势。赵鹏（2018）从组织结构、创新动力和创新扩散三个维度探讨了产业集群的创新机制，他认为产业集群的创新得益于基于产业集群网络平台的整合与协同。

(三) 产业集群创新的效应

产业集群创新对产业集群的发展起着至关重要的作用,根据产业集群相关概念可知,产业集群往往是与区域经济相联系的,因此,产业集群创新在推动区域经济发展过程中至关重要。在区域经济生态系统中,产业集群居于核心地位,产业集群的创新发展决定着区域的经济乃至整个社会综合实力的强弱。

1. 产业集群创新可以提高区域生产效率

产业集群创新使产业集群在区域内更合理地配置,大量的中小企业集聚于一定区域,可以进一步加深区内生产的分工和协作。在这种集群内发展,除了可以分享因分工细化而带来的高效率外,还由于空间的邻近性,大大降低了因企业间频繁交易而产生的交通运输成本。此外,在现代产业集聚体内,经济活动主体的合作交易往往能够在社会文化背景和价值观念上达成共识,这种基于社会网络信任基础的合作分工,可以减少企业之间的相互欺诈,对于维持集群稳定和提高生产效率起着非常重要的作用。

2. 产业集群创新可以促进集群内新企业的快速衍生与成长

在集群内部,不仅有很多的相关企业在此集聚,而且还有很多相应的研发服务机构及专业人才,新企业在此发展,可以发现更多的市场机遇,获得更丰富的市场信息及人才支持,从而降低市场风险。而且由于集群内部分工的不断细化,可以衍生出更多的新生企业,从而进一步增强集聚体自身的竞争能力。产业集群创新可以增强集群内企业的竞争能力,更好地发挥产业集群的集聚优势,降低生产经营中遇到的风险,同时吸引更多企业向优势集群聚集。

3. 产业集群创新可以增强产业集群的集聚效应

创新产业集群能够吸引更多的相关企业到此集聚,扩大和加强集聚效应。集聚本身产生的外部经济就是外部企业进入的动力,产业集群的雏形一旦形成,便进入了内部自我强化的良性循环过程,即吸引更多的相关企业与单位向该集群聚集,而新增的企业与单位又增大了集群效应,如此产生滚雪球效应,推动区域经济快速发展。而产业集群创新无疑为产业集群的发展创造了更有利的条件,在产业集群发展过程中,不断因地制宜、因时制宜地改变发展策略,提高聚群优势,从而更好地发挥产业集群的集聚效应。

4. 产业集群创新可以充分发挥产业集群的扩散优势

知识技能在产业集群内的扩散作用是快速的,而不同的产业集群间知识的扩散作用却是缓慢的。在发展新事物方面,产业集群通过更多更佳的商情机会,提供进入诱因。产业集群本身就代表了机会,它将外部新的人员、技术、公司、机构吸引到集群中,从而引发知识技能的聚集过程。知识技能的聚集作用将引发新一轮更大规模的知识技能的扩散过程。知识技能在产业集群中的聚集和扩散作用的循环进行，不仅进一步提升了产业集群的创新优势，而且还有助于产业集群的创新优势的可持续发展。产业集群内或附近工作的人，更容易觉察到产品、服务或供应商有待加强的地方。拥有这样的洞察力，这些人更容易离开所在的企业，瞄准那些空白地带自行创业。由于新事业的组成，时间一久，产业集群通常会朝深度与广度两个方面成长，进一步提高产业集群的优势。产业集群内部密集的竞争，加上较低的进入、退出障碍，有时会导致企业在这些地区频繁进出。两相抵消后，许多在产业集群内存活下来的企业，拥有与其他地方竞争对手正面迎战的实力。

四、湖南省产业集群创新现状分析

国内外学者从不同方面研究产业集群，使产业集群的概念和相关理论日渐成为国家和地方政府制定经济政策的理论依据。按照传统的区域经济理论，湖南紧邻东部沿海发达地区，理应利用东部地区的知识和技术优势的辐射来加速发展湖南的经济。然而，近几年来湖南经济发展的事实证明，这种思路并没有从根本上带动湖南经济的发展。在这种情况下，对湖南产业集群发展的现状进行分析研究，为湖南产业集群战略提供实际可操作性的思路和政策建议，对于湖南产业结构的调整与升级，稳步加速推进湖南的工业化与城市化，实现湖南"四化两型"跨越式发展有着积极的现实意义。

（一）先进制造业产业集群已初步形成

装备制造业已形成长沙工程机械制造、株洲（湘潭）轨道交通设备制造、长沙汽车及零部件制造和衡阳高等级输变电装备制造等一批产业集群；冶金初步形成了以华菱钢铁集团的三个子公司湘钢、涟钢、衡管为龙头，分布在湘潭、娄底、衡阳三市的钢铁产业集群；石油化工形成了以巴陵石化、长岭石化为依托的岳阳石油化工产业集群。此外，浏阳生物医药产业集群也初具雏形。2016年12月1日，湖南省政府召开新闻发布会，发布《湖南工业新兴优势产业链行动计划》，确定重点培育先进轨道交通装备（含磁浮）产业链、工程机械产业链等20个新兴优势产业链，加快制造强省建设，预计到2020年总产值将达到16990亿元，年均增速在19%左右。[①]对接"中国制造2025"，抢抓新一轮发展机遇，望城经开区加快推进智能制造建设步伐，开启高质量发

---

① http://hunan.ifeng.com/a/20161202/5196429_0.shtml.

展的新征程。2016年末,中信戴卡签约落户望城区,成为长沙打造国家智能制造中心的一个标杆性项目。如今项目一期生产车间抓紧生产,二期建设如火如荼。2017年,是望城经开区致强崛起的奋进之年,园区超额完成全年目标任务,经济社会发展呈现又好又快的良好态势。一是经济指标跃上新台阶。完成规模工业总产值1044.5亿元,同比增长15.6%;完成规模工业增加值260.4亿元,同比增长14.4%。二是招商引资实现大突破。全年引进投资5000万元以上的项目40个,总投资315.15亿元。其中,100亿元级项目1个、50亿元级项目2个、10亿元级项目6个、亿元级项目19个;世界500强企业5家、上市公司12家。[①]另外,华为、伟创力、TDK、亿达、苏宁等一批行业领军企业成功落户。如今,园区内企业厂房内到处可以看到开足马力的现代化生产线和高智能机器人忙碌的身影,在长沙打造国家智能制造中心的大蓝图中,最年轻的国家级园区望城经开区正"撸起袖子加油干",着力为长沙、为湖南贡献一个全新的千亿产业集群。

(二)形成了一批富有湖南地域特色的产业集群

由于受历史文化和当地资源的影响,湖南省形成了一批乡土气息浓厚、有深厚文化底蕴的产业集群,如浏阳花炮、醴陵陶瓷、湘潭槟榔等。2017年,浏阳全市花炮产业1~11月运行数据出炉,全市花炮产业集群实现总产值207.2亿元,同比增长9.5%。值得关注的是,出口内销都实现了增长,其中出口销售额28.8亿元,同比增长22.6%;国内销售额132.1亿元,同比增长8%;原辅材料及相关产业实现销售额46.3亿元,同比增长6.4%。从出口市场看,从2017年初开始,浏阳花炮出口销售额就一直保持着增速,第一季度出口额便同比增长10.4%,这一势头一直延续至今。[②]浏阳实行"整改+奖补促退出"等政策,调优花炮产业结构。截至2017年底,浏阳已有224家企业、74家工区申报退出,兼并重组生产企业81家,全市烟花爆竹生产企业总数控制到558家。其中,洞阳镇实现全镇烟花爆竹产业全退出。浏阳花炮产业集群被省委列入全省"十一五"规划重点培育发展的50个产业集群项目。从目前发展的态势看,浏阳花炮产业集群具备了规模化、集群化、市场化、国际化的优越条件,只要遵循产业发展规律,强化集约发展,加强现代管理和科技创新,浏阳花炮产业完全可以做成全球最大的集生产、加工、销售、燃放于一体的特大型产业基地。另外,醴陵陶瓷作为湖南特色的陶瓷产业经过多年发展,目前也涵盖了日用瓷、电瓷、工艺瓷、工程陶瓷、陶瓷新材料五大系列4000多个品种,形成了覆盖艺术、餐饮、电力、建筑、信息等领域的产品

---

① http://hn.rednet.cn/c/2018/04/17/4604851.htm。
② https://www.sohu.com/a/212475808_699472。

体系。到 2016 年末，醴陵全市陶瓷产业总产值达到 624 亿元，有陶瓷企业 650 家，从业人员近 20 万人，电瓷产量占全球的 1/3，日用瓷产量占全球的 1/10。近年来，醴陵围绕打造千亿陶瓷产业集群目标，集中力量建好规划面积 28 平方公里，基础投入超 200 亿元，国内外独树一帜，集"产、创、展、商、游"于一体的中国陶瓷谷。① 而且，湖南省作为槟榔生产加工的大省，到 2017 年全省槟榔产量预计已超过 20 万吨，产业规模将超过 200 亿元。胖哥、小龙王、宾之郎、皇爷、口味王、伍子醉、和畅七大龙头企业，规模化的工厂都聚集在湘潭，湘潭槟榔产业产值占到全省槟榔产业产值的六成左右。作为整个产业链的中游，槟榔加工企业最近 20 年一直在探索自动化生产的道路，希望以此实现现代化管理、精细化生产的目标。这样的尝试，效果是显著的。目前，槟榔食品生产已摆脱过去的小作坊或前店后厂式的粗放加工，逐步迈向现代化生产。为了扩大产能，拓展市场，提高品质，近几年槟榔企业在技术改造方面加大投入，全行业技改投入每年在 3 亿元以上。②

（三）循环经济产业集群已经初步形成

湖南汨罗循环经济产业园是省级重点工业园，按"一区两园"布局规划，其中新市片区整体规划面积 18 平方公里，2015 年调扩区核准面积 689.19 公顷。产业园区现已集聚各类企业 256 家，其中规模企业 141 家，从业人员近 40000 人。园区一直秉承循环经济理念，大力发展再生资源产业，形成了从回收、粗加工向中高端产品转变的循环化体系，收购网点达 5000 多个，遍布全国 30 多个省市，再生资源年回收量达到 200 多万吨。再生铜、铝、塑料、不锈钢、碳素等再生产品产量达到 240 万吨，成为全国影响较大的原材料产品生产基地。2015 年，全区实现工业总产值 352 亿元，同比增长 13%；实现税收 5.6 亿元；其他主要经济指标均以两位数增长。③

（四）积极打造千亿级产业集群

目前，湖南省在积极打造千亿级的产业集群，其中以新能源产业集群及住宅产业集群为代表。在新能源产业领域有桑顿新能源，虽然它"入局"较晚，却在母公司桑德集团的全力支持下，以完整的电池产业链布局异军突起，令整个行业为之惊艳。截至 2018 年，桑顿新能源入湘 8 年，打造了完整的锂电产业生态链。总投资 100 亿元的一、二、三期项目已全部建成，目前在全国正极材料行业排名前三，动力电池领域排

---

① http://www.zhuzhou.gov.cn/articles/1812/2017-9/155509.html.
② http://www.hnxttv.com/news/2018-03/28/cms110272article.shtml.
③ http://www.yueyang.gov.cn/mlzfw/25221/25222/26762/26772/27512/content_637763.html.

名前十。桑顿新能源打算深耕湖南，规划千亿产业集群产业园。近两年来，通过与政府通力合作，不断引导人才会集，组成强大的技术科研团队，桑顿新能源大力加速产品技术研发进度。完成多项新产品、新技术、新工艺研发项目，解决了行业内众多关键技术难题，目前已申请专利 150 余项。良好的营商环境也坚定了企业发展的信心和投资的决心。在桑顿新能源，一个千亿产业集群园区的蓝图已经绘就：桑顿计划在 2020 年打造出首座智慧工厂，实现生产智造化、产品智能化，全面实现工业 4.0。同时，打造行业领先的"互联网+"电池云平台，实现电池全生命周期的监控。① 在建筑方面，湖南省政府将视角转入农村，于 2016 年开始建设产值过千亿住宅产业集群，借精准扶贫助推农村住宅产业化。目前，湖南省千亿住宅产业集群处于厚积薄发、蓄势待飞的状态。自 2014 年 4 月以来，湖南省就推进住宅产业化连续下发了四个文件，并取得了突破性进展和阶段性成果，从全国来说，现在湖南省应该走在了前列。据了解，湖南省先后启动了长沙市、永州市、郴州市、湘西州等多个住宅产业化基地建设，产能达到了 1200 万平方米。2015 年，长沙被住房和城乡建设部授牌"国家住宅产业现代化综合试点城市"，成为 2015 年获批的三个城市之一。省住房和城乡建设厅透露，"十三五"期间，湖南省将建成 15 个住宅产业化生产基地，实现住宅部品部件规模工业产值年均增长 20% 以上。建立集住宅产业化技术研发和住宅部品部件生产、施工、展示、集散、经营、服务为一体，具有国际一流水平、产值过千亿的可持续发展住宅产业集群。②

五、湖南省产业集群创新中存在的问题

（一）创新意识较淡薄，自主创新能力较差

目前，湖南省产业集群中企业自主创新能力提升仍然存在着四大制约因素：自主创新意识淡薄、创新资源不足、创新支撑体系不强、创新产出能力较弱。不少集群由众多产品雷同、相互竞争的中小企业构成，资金、技术实力较薄弱，企业间相互模仿、"搭便车"行为较为普遍，一些中小企业认同"不创新是'等死'，创新是'找死'"的说法，有危机感却又显得无奈；虽然部分产业集群中存在规模较大的企业，但自身定

---

① http：//hnrb.voc.com.cn/hnrb_epaper/html/2018-05/16/content_1309351.htm？div=-1.
② http：//hunan.ifeng.com/a/20160311/4358286_0.shtml.

位较低端，以及相当多民营企业家受传统观念束缚等影响，创新意识淡薄。诸多集群的中小企业资金有限，融资难又进一步加剧创新资金不足问题；相当多集群缺乏公共技术创新平台，缺乏实现产、学、研合作的信息咨询和其他配套服务，缺乏促进产业集群自主创新的投融资体制，集群管理机构和中介机构推动自主创新的协调能力不强，相关技术服务机构如知识产权服务、技术培训服务机构等尚不完善。大部分集群中的企业处于价值链的低端，缺乏拥有自主知识产权的核心技术，加上技术水平低、开发能力弱，多数企业创新产出能力不强，自主创新产出少、质量不高，导致不少产业集群陷入"技术能力低—无创新或创新成果差—产品竞争力弱"的恶性循环。最近几年，首先，湖南省虽然很多国有企业改制基本完成，但部分国企尚未建立规范的现代企业制度。其次，产权交易不活跃，非国有资本难以参与国企改革，非公经济和中小企业发展依然面临着体制、机制的制约，发展环境未得到实质性的改善，创新动力难以激发。最后，湖南省企业研发投入严重不足。全省每年用于 R&D 的总投入约占 GDP 的 0.6%，与全国平均水平相差 0.5 个百分点，开发投入不足成为打造优势产业的关键瓶颈。

（二）高端产业集群创新机制不完善

目前，在高科技产业与创新驱动上，我国国际经济竞争力明显增强但仍存在不足。一国国际经济竞争力直接体现在其国际贸易上。我国 2013 年成为世界第一贸易大国，成就斐然，然而各界普遍认为我国贸易大而不强。关于我国贸易大而不强、国际竞争力不足的具体表现和原因，最核心的共识有两点：一是我国出口主要是中低端产品，在高端行业缺乏竞争力；二是我国企业创新不足，主要是由于市场竞争不足、开放不够。而发展高科技产业、实施创新驱动，是我国高质量发展、提升国际经济竞争力的应有之义。湖南省目前已经形成了一批比较成熟的产业集群，但是大部分产业集群仍然集中在农产品、传统制造业及一些低端的现代制造业产业集群上，湖南省的高端产业集群仍然处于创新不足的状态。未来，湖南省的发展不仅要依靠传统的产业集群，还应该极力完善产业集群创新机制，促进高端产业集群的发展。

（三）新兴产业集群建设不足

虽然湖南省在新兴能源先进装备等产业已经拥有一些大产业，但是湖南省新兴产业集群效果仍然不明显。虽然在先进装备制造业方面已经拥有了中联重科、三一重工、南车株洲电力机车等，但是没有形成大规模的集群效应，总体来说仍处于各自为政的状态。而且一些产业缺乏龙头企业，缺乏品牌效应。如风电装备制造业上下游间缺乏配套，产业规模不大，龙头企业实力不强。太阳能和风能利用发展速度依然很缓慢，核能发电仍然处于空白,生物能源利用程度也还不高,智能电网及其他新能源应用处于起步阶段。

六、湖南省产业集群创新的推进对策

产业集群创新动力有不同的来源,并受到许多因素的影响。为了激发创新动力,需要国家、集群和集群企业三个层面的共同努力,建立促进创新动力产生的有效机制,消除创新动力产生的障碍,从而最大限度地增强集群的创新欲望,促使集群持续不断地进行创新活动。湖南省更应该在经济发展中"通过产业链创新,打造湖南制造新优势",形成产业集群创新的优势地位。

(一)坚持推进自主创新,促进产业发展升级

目前,湖南省仍处于自主创新不足的阶段,产业集群的发展与创新主要依赖区际创新的辐射及溢出。因此,湖南省应该加快推进自主创新,从而促进产业发展升级。可以采取以下措施:一是培育创新文化,加强知识产权保护,提供创新基础设施,进行制度环境创新,营造并优化集群创新环境。二是培育集群自主创新的有效载体。要从全省角度通盘考虑各类科技园区的功能,调整、整合、优化现有科技园区规划布局,使之符合提升产业集群自主创新能力的要求。加快园区内以创新为核心的综合服务体系建设,配套发展金融、物流、孵化器等,不断增强科技园区集聚创新机构、激励和支持创新活动的功能。三是加大集群内企业自主创新的投资支持。制定优惠的财税政策,加强对集群企业自主创新的公共财政投入。加快建立促进集群自主创新的金融服务机制,开展金融产品创新,完善金融担保、风险投资和创业投资基金,加大金融支持创新项目力度;完善技术交易市场、产权交易市场,促进技术与资本的有机结合。四是引进高校科研机构的创新资源。制定财税、金融等优惠政策促进产学研结合,共建高层次研究院、企业研发中心、工程技术中心,或开展重大项目、关键项目的联合攻关,探索资金、技术或人员交流等多样化合作形式,或通过联营、投资、参股等多种方式协同创新,以实现资源共享、优势互补、降低创新成本、提高创新效率。五是推动集群创新中介服务机构发展。加快发展技术咨询、信息服务、法律、设计、技术评估等中介组织,提高集群创新的综合服务水平。对科技中介机构从事技术转让、技术开发业务和与之相关的技术咨询、技术服务取得的收入,应免征营业税,在一定数额以下免征企业所得税。

（二）加强高层次创新人才培养与引进

新技术浪潮下，发达国家竞相推出高科技产业促进计划，我国在高科技产业领域面临的竞争加剧。工业互联网、智能制造、大数据等技术发展迅速，将从根本上改造未来制造业。谁拥有了未来高科技产业的主导权，谁就能在未来国际经济竞争中赢得主动。目前，湖南省高层次科技人才和创新团队的缺乏对湖南省产业集群创新的发展形成了严重的制约。因此，湖南省应该采取以下措施加强高层次创新人才培养与引进：首先，大力发展教育、培训事业，培养企业家和高素质人才。教育、培训是提高人们的知识水平、科学技术能力的最重要途径，而知识、科学技术能力是创新的前提；教育能培养出高素质的企业家和高技术人才，企业家是最善于捕捉创新机会、最有创新冲动的群体，而高技术人才是进行创新活动的主力军。其次，通过加快推进人才流动、激励机制等改革，强化对创新人才的激励，实施更加积极开放的创新人才引进政策，打破创新人才自由流动的体制机制障碍，促进科研院所、高等学校人才与企业科技人才的双向流动以及全流域间跨地域流动。

（三）引导产业内创新主体聚集，打造产业技术创新集群优势

湖南具有较好的产业基础和较突出的创新优势。当前，湖南正积极创建创新型省份，深入实施创新驱动发展战略，提高全社会研发投入占 GDP 的比重，以长株潭国家自主创新示范区为龙头，以岳麓山大学科技城、马栏山视频文化创意产业园等创新平台为重点，实施重大科技项目攻关，推动重大产品创新，培育科技创新团队，引进科技领军人才，促进湖南综合创新能力再上台阶。湖南正积极创建长株潭衡"中国制造2025"国家级示范区，重点打造长沙"创新谷"、株洲"动力谷"、湘潭"智造谷"，大力支持智能装备制造、机器人、生物制药、电子信息等产业发展，大力支持传统产业和优势产业向智能制造升级，积极促进工业化与信息化融合、军民融合、三次产业融合。湖南正积极创建长株潭国家级军民融合创新示范区，重点建设好长沙中电信息安全与军民融合产业基地及中电软件园、中国航发株洲航空动力产业园、湘潭船舶电力推进系统研制基地、衡阳白沙绿岛军民融合产业示范园。落实军工央企及科研院所与湖南的合作事项，推进"两机"重大专项、国产大飞机重大专项等军民融合重点项目，发展航空航天，以及具有军工技术优势的兵器装备、工程机械、新材料、新能源等产业。

但是目前湖南省很多产业集群依然存在规模小、结构层次低等问题。因此湖南省发展产业集群不应该"求全、求多"，而应该要"专、精、特、新"，即打造龙头企业和特色品牌产业群。首先，应该充分发挥湖南的比较优势，保持湖南优势产业的领先

地位。其次,应该找准突出扶持产业,重点做好产业集群规划的实施,突出扶持发展专业特色园区和产业集聚带,引导同行业企业向各专业园区聚集,改变目前不同程度存在的园区内企业行业分布散、乱的局面,选择带动力强、市场占有率较高、具有地方特色、拥有自主品牌的产业集群发展的优先进行分类指导,对单体规模不大却表现出极高效率的产业集群提出针对性强的推进措施和政策,促进产业集群结构优化升级。

(四)支持招大引强和湘企"走出去"战略

首先,支持引进重大项目。支持市州、县市区政府在法定权限范围内制定出台具有创新性、可操作的优惠政策,着力引进世界500强、中国500强、中国民营500强企业等战略投资者,突出招引项目投资额大、资本有机构成高、转型升级带动力强的工业制造业项目、高科技项目、总部项目、外向型项目和产业链招商、"抱团入湘"项目,促进实体经济向产业链中高端跃升。省财政根据各地引进重大项目资金到位等情况给予支持。建立长效机制,对落地湖南省的重大战略性龙头项目及重大并购重组、重大军民融合等招商引资项目,采取"一事一议"方式综合施策、重点扶持。其次,支持引进新企业、新业态。对引进战略性新兴产业、工业新兴优势企业及重大科技成果转化等新产业、新业态、新技术项目给予奖励。再次,支持"一带一路"重大项目。支持联盟抱团"走出去",支持有序开展重点领域对外投资、对外承包工程。对湖南企业通过绿地投资、跨国并购实施的5亿元以上国家鼓励类对外直接投资项目,以及湖南工程企业完成营业额10亿元以上海外总承包项目或20亿元以上分包项目且带动湖南省产品出口的,根据相关情况给予不超过400万元的一次性奖励。支持境外经贸合作园区。对经东道国政府正式批复认可、湖南企业主导建设或运营、带动湖南实体经济发展效果明显的境外经贸合作园区,经省商务厅、省财政厅认定为省级境外园区的,一次性给予不超过300万元的奖励;对经商务部、财政部考核认定为国家级境外园区的,一次性再给予不超过300万元的奖励。

参考文献

[1] Porter M. E. The Competitive Adavantage of Nations [M]. New York:The Free Press, 1990.

[2] 蔡宁,吴结兵. 产业集群的网络式创新能力及其集体学习机制 [J]. 科研管理,2005(4):22-28,21.

[3] 陈柳钦. 产业集群与产业竞争力 [J]. 南京社会科学,2005(5):15-23.

[4] 陈旭. 基于产业集群的技术创新扩散研究 [J]. 管理学报,2005(3):333-336.

[5] 范太胜. 基于产业集群创新网络的协同创新机制研究 [J]. 中国科技论坛,2008(7):26-30.

[6] 冯云生,李建昌. 基于产业集群的技术创新扩散动力因素分析 [J]. 东吴学术,2012(1):85-90.

[7] 姜江，胡振华.区域产业集群创新系统发展路径与机制研究［J］.经济地理，2013，33（8）：86-90，115.

[8] 鞠芳辉，谢子远，谢敏.产业集群促进创新的边界条件解析［J］.科学学研究，2012，30（1）：134-144.

[9] 李宇，陆艳红，张洁.产业集群创新网络的知识创造效用研究——有意识的知识溢出视角［J］.宏观经济研究，2017（6）：94-106.

[10] 李宇，王俊倩.产业集群技术溢出的正向利用机制与创新绩效——兼论如何减小技术模仿等负效应［J］.经济管理，2015，37（3）：23-32.

[11] 陆雄文.管理学大辞典［M］.上海：上海辞书出版社，2013.

[12] 毛才盛.产业集群创新网络的协同机制研究［J］.现代商贸工业，2016，37（34）：11-12.

[13] 彭宇文.产业集群创新动力机制研究评述［J］.经济学动态，2012（7）：77-81.

[14] 陶良虎，陈得文.产业集群创新动力模型分析［J］.江海学刊，2008（2）：210-214.

[15] 赵鹏.网络组织分析框架下的产业集群创新机制研究［J］.经济论坛，2018（5）：13-17.

[16] 庄小将.知识溢出对集群企业技术创新绩效影响——基于传统产业集群企业的实证研究［J］.技术经济与管理研究，2016（10）：38-44.

第十章 工业互联网运行机制与湖南创新引领路径*

一、引 言

工业互联网是在近年来的科技创新浪潮中兴起的。全球各主要制造强国对工业互联网的关注度越来越高,逐渐形成以龙头企业为引领、以产业协同为依托的集团化发展态势,2017年的中共十九大报告中也明确提出"加快建设制造强国,加快发展先进制造业,推动互联网、大数据、人工智能和实体经济深度融合,在中高端消费、创新引领、绿色低碳、共享经济、现代供应链、人力资本服务等领域培育新增长点、形成新动能"。当今时代,既是创新的时代,又是开放的时代,面对新一轮的产业变革和开放创新发展浪潮,面临"一带一部"区位优势提升和高铁时代带来的空间区位优化的重大机遇,创新是湖南引领发展的第一动力,开放是湖南加快崛起的必由之路。目前,中国工业正从传统制造业快速进入智能化发展时期。我国"十三五"规划将"互联网+"和"中国制造2025"作为国家发展战略,预示着云计算、大数据、物联网等新一代信息技术正成为制造业的发展方向和目标。如何抓住这一重大历史机遇,构建开放创新经济新格局,扩展创新发展新空间,对建设经济强省、科教强省、文化强省、生态强省、开放强省具有十分重要的意义。

---

* 本文是2017年湖南省社科联智库咨询项目"大数据时代湖南发展互联网经济的对策研究"(ZK2017002)的阶段性成果之一。

二、工业互联网的内涵和发展

(一) 工业互联网的内涵和特征

1. 工业互联网的定义

工业互联网是制造系统的一部分，是制造系统中的数字神经系统。狭义的工业互联网是指连接物理系统和信息系统的桥梁，实现数据的采集、传送、集成、处理与反馈，包括传感器、控制器、工业网络、工业数据平台（钟荣丙，2017）。广义的工业互联网是狭义的工业互联网与分析应用，是指除物理系统以外的部分，包括传感器、控制器、工业网络、工业数据平台和工业软件。在 21 世纪，工业互联网有望再次改变我们的世界。工业革命促进了全球工业系统的融合，再加上作为互联网革命的一部分开发的开放式计算和通信系统，为加快生产力、减少低效和浪费，以及改进人的工作体验开辟了新领域。在过去 10 年里，企业已将互联网技术运用于工业应用，但利用程度相对较低，互联网信息技术的发展潜力还没有完全发挥出来。智能设备、智能系统和智能决策代表着机器、设备组、设施和系统网络的世界能够更深入地与连接大数据和分析所代表的数字世界融合（刘贺贺等，2016）。

2. 工业互联网的全球发展和系统特征

随着互联网思维及其技术在工业领域的逐步推广和全方位渗透，世界先进国家相继提出了抢占全球工业竞争制高点的振兴计划和战略布局。其中，中国提出了"中国制造 2025"，德国提出了工业 4.0 战略，美国则制定了工业互联网计划。三者的基本理念相近，都是借助互联网发展的良好态势，促进传统工业的转型升级和新一轮产业优化和创新发展。在总体发展目标上，三者皆以"智能制造"为主攻方向，从而实现生产效率的提升。"中国制造"的核心是智能升级，指工业化与信息化的高度结合；德国工业 4.0 将信息化与自动化技术高度集成，打造智能工厂与智能生产，从而提高资源利用率；美国工业互联网战略将互联网技术渗透到设计、研发、制造、营销、服务等各个阶段，实现互联网与工业的充分融合，从而提高整个生产系统的运行效率。结合各国自身工业体系结构和工业发展现状，三者又体现各自的发展特色和侧重点。从产业链来看，德国工业 4.0 偏重制造环节，通过价值链上企业间的横向集成、网络化制造系统的纵向集成，以及端对端的工程数字化集成，推动生产方式由集中式控制向分散式增强型控制转变，从而提升生产系统制造能力的柔性化水平，美国工业互联网则强调服务环节，同样倡导将人、数据和机器连接起来，形成全球化的工业网络，但其更注重物联网、互联网、大数据等对生产设备管理与服务性能的改善；"中国制造2025"所依托的"互联网+"是两化融合的升级版，它以优化生产要素、更新业务体系、重构商业模式等途径来完成互联网与传统产业的深入融合，因此"互联网+"贯穿了产业链的全环节，其本质是"生产要素互联网化"（王坚，2016）。

根据 IIC 的技术报告，[①] 工业互联网系统（IIS）将展示三个基本的端到端特性：物理安全、信息安全、系统自愈（王明波，2017）。这三个系统特性不仅是鉴别工业互联网系统的主要依据，也是鉴别工业互联网技术的主要依据。物理安全（Safety）表示不会导致不可接受的安全风险的系统操作条件，这些安全风险包括对人们健康造成直接的实际损伤或伤害，或者对于财产或环境的破坏而对人们造成的间接伤害。这种物理安全特性有时也称为系统的可靠性。信息安全（Security）表示不允许非预期地、非授权地对工业互联网系统或数据的访问、改变或销毁的系统操作条件。这种信息安全特性有时也称为系统的可信性。系统自愈（Resilience）表示能够避免、缓解以及管理动态负面条件，同时完成指派的任务；并且能够在事故之后重构操作能力的系统条件，这种系统特性有时也称为稳定性。

（二）工业互联网产业体系发展

1. 传统制造体系

传统制造体系从功能上分为生产执行与生产管理两个部分。生产执行的主要功能是控制指令下达并转变为机器动作，实现物理的制造过程，核心模块包括工业控制、执行驱动、生产装备等；生产管理的主要功能是通过对生产数据采集、传送、分析，实现对生产装备的更好管理和优化，核心模块包括传感、监控、工业软件等。因此，传统制造体系下的工业数字神经系统是由传感器、网关、工业软件等组成的。其存在的主要问题有三个：一是感知有限，并非所有设备均可加载传感器，部分设备过于陈旧，无法感知；二是数据分散，数据不全面、数据非实时、数据质量有待提高；三是智能初级，实现简单的数据分析（郭佳等，2017）。

2. 工业互联网对制造体系产生的变革

随着信息技术的发展，制造系统正在发生一系列变化。首先，制造系统架构发生变化，一是新增工业数据平台；二是工控形态发生变化，既有基于 PLC 的传统架构，又有嵌入式工控。其次，数据由分散走向集成，工业数据平台的出现将底层设备数据

[①] Industrial Internet Consortium. The Industrial Internet Reference Architecture Technical Document [EB/OL]. [2015-06-30]. http: www.iiconsortium.org/white-papers.htm.

全部进行数据清洗集成，打通不同系统之间的数据。最后，智能的广度与深度大幅提升，随着数据的集成和工业大数据技术的发展，利用工业数据可实现智能排产、个性化定制、预测性维护。工业由于互联网的加入使得原有环节呈"四化"趋势。新增工业环节是工业数据平台，具备大数据分析功能的平台，同时通过平台，实现上下层级的打通。原有环节的趋势是集成化、智能化、平台化和扁平化。集成化指由中间平台牵引，未来各层级数据及功能将进一步集成，随着标准协议的统一，底层设备将进一步集成；智能化指软硬件更加智能化，提升各环节大数据的分析计算及应用，新的业态需求将牵引出更加智能化的产品及应用；平台化指工业软件向平台、云端迁移；扁平化指底层工控架构将趋于扁平化（王峰，2016）。

（三）互联网对工业创新体系建设的影响

1. 平台经济体成为技术创新体系的新型主体

互联网使企业形态逐渐向平台经济体演进。平台经济体是一种由多方主体参与，共同建立、共同运营、共享资源和共享利益的商业生态系统，围绕一个强有力的平台，各参与者可共生共荣。平台随着行业的发展而成为决定行业发展秩序的因素（梁祥凤等，2017）。平台及其生态圈之间的竞争将成为新商业模式的竞争格局，通过平台经济体，创新主体可实现技术获取、技术产业化和产业组织服务等定制化服务，平台经济体在实现盈利的同时也促进技术研发、扩散和产业化进程。

2. 集成创新不断涌现，制造创新网络化明显

伴随信息技术的指数级快速发展及其与制造业的深度融合，"积木式"集成创新呈爆发式发展。集成创新更加强调研究、开发、调试、制造等环节的并行性，缩短产品研发周期，突出各创新主体的协同性。集成创新并非将不同成果简单罗列，而是以创新性成果为基础，注重不同主体以及创新系统与外界环境的交互，以不同的方式将各要素进行重新组合，形成具有新功能的新产品。

3. 无缝开放式创新成为制造业创新体系的动向

无缝开放式创新是指在创新过程中采用全程负责，每个创新阶段无缝对接，迭代开发、循环往复。在研发思路采集阶段，将客户深度卷入；在产品研发各阶段，充分利用客户的认知与客户无缝合作。在产品创新的初级阶段，做到最为活跃的使用者推动创新，使产品成为"领先用户"的产品。在这一过程中，网络技术为众包提供技术条件和平台，缩小与用户之间的时间与空间距离，也降低了参与的成本和门槛。

三、工业互联网融合创新的路径和发展模式

（一）互联网与工业融合创新的主要路径及作用机制

1. 互联网与传统产业的融合从下游产业向上游产业推进

从产业链来看，越靠近下游及最终用户的行业发生变革的时间越早。消费品行业最靠近消费者，面对多变的消费需求，互联网给消费品行业带来的挑战是其他任何行业无法企及的（杜娟等，2014）。消费品行业亦成为与互联网融合的先导性、引领性行业，主要表现在网络购物驱动的生产组织模式从大规模集中生产转向按需制造、个性化、柔性化生产。从生产经营的具体环节来看，越处于下游的行业，与互联网发生融合创新的环节越多。21世纪以来，作为最先在消费品行业兴起的营销模式创新，网络销售已成为互联网与工业融合最成熟的领域。在移动互联网时代，消费品行业亦成为最先经受冲击，以及创新最活跃、涉及环节最多的行业，移动社交营销、个性化定制、众包研发等创新模式多源自消费品企业，分别涉及研发设计、加工制造以及营销等多个环节。装备行业和原材料由于离最终用户远近不同，受互联网影响的时间和程度有较大差异（张伯旭等，2017）。相对来看，装备行业与互联网相融合的生产经营环节比原材料更多一些，主要涉及采购、研发、设计、运维服务、营销等。原材料行业与互联网融合的环节更少，仅在生产监控等局部领域得到应用。

2. 互联网从价值链交易环节向研发设计环节渗透

互联网对企业价值链的影响存在一定的规律，即逐步从微笑曲线采购、营销端向研发、设计和制造端渗透，从交易环节的价值传递向研发、制造环节的价值创造延伸（安晖、安琳，2015）。最先受互联网渗透和影响的大多是处于价值链后端的营销活动，继而是研发设计、运维服务等活动，生产制造环节相对受影响较小。制造业的研发设计环节与用户需求联系紧密。企业利用互联网资源开放共享的特点，在研发、设计环节也实现了基于互联网的按需设计，这也成为继营销之后与互联网融合得较好的领域之一。在具体模式上主要表现为基于互联网的众包、远程设计等形式。工业生产体系处于较为复杂和恶劣的环境，对可靠、稳定及安全性的要求比消费级应用更为严苛。为提高系统稳定性，通常不轻易采用最新技术和产品，同时，工业生产过程中相对独立、封闭的体系与互联网开放、共享的特征也不相符。虽然生产运营环节的互联网创新不及其他环节深入，但随着实时感知的物联网、高速传输的光纤宽带和新一代移动

通信网络以及云计算和大数据等技术的突破和集成,互联网向装备行业融合渗透的条件已经基本具备。目前,互联网与传感网络技术、工业通信技术、智能决策技术等加速融合,从而实现对生产运营过程的监控,并辅助智能决策。工业互联网的理念与实践正是源自于此,主要表现为基于生产装备远程运维、监控的大数据智能决策服务,保障生产设备或装备产品的良好运行状态,并为产业链上下游企业及客户提供有价值的决策信息。

3. 互联网由价值传递的单一渠道向价值创造的互动平台转变

互联网最初在营销、交易环节进行渗透和融合,价值通过互联网在线营销促使交易双方进行转移转化,此时互联网仅作为单一环节的价值传递渠道;随着研发、设计、生产、服务等价值创造环节与互联网的不断融合,价值链各环节的互动、集成、协作变得越发顺畅,企业内部、企业之间价值创造的效率提升,实现了更大增值。由此,互联网已从单纯的价值传递渠道演变为价值创造和增值的核心平台。

(二)互联网与工业融合创新的主要模式及特点

1. 满足消费者及企业个性需求的服务模式创新

用户主导地位提升受益于互联网,共性产品无法满足用户的个性需求,个性化定制服务已从奢侈品快速扩展到常用普通商品,从少数人扩展到社会公众,定制产品的种类和用户群体得到极大扩展,用户体验更加到位。移动互联网时代,个性化长尾市场具有更加可观的规模,在互联网核心应用发展到社交网络的背景下,以满足个性化需求为目标的社交营销创新应运而生。一些企业正探索利用微信、微博等社交平台集中用户群,并利用大数据等实现精准营销和个性化服务。从互联网企业角度来看,企业和消费者一样都是客户,满足企业的个性化需求也是互联网企业服务创新的重要方向。一些企业开始通过移动运营管理平台实现线上线下订单与渠道资源的整合及企业的移动化升级,包括深度挖掘行业设计资源,建立产品快速研发体系,提供个性化定制的移动应用,帮助企业实现互联网化转型,重塑竞争力。

2. 以分散式网络协同为特征的生产组织模式创新

互联网变革了企业组织关系网络,产品设计、生产和销售已不再在单一企业甚至单一地区进行,在数字技术、网络技术的发展及开放贸易路线的推动下,企业可由互联网平台实现设计、采购、生产、组装、销售等各环节的分散化、异地化、虚拟化协同,企业生产组织的基本模式由集中式控制向分散式协同转变。这在互联网与工业融合之初主要体现为网络化协同设计、协同制造等活动。随着互联网与工业的进一步融合发展,以分散化为特征的众包、远程定制、云制造等新模式出现了。"众包"通过开放网络平台,充分激发社会创新潜力,实现了研发设计由企业内集中控制向企业外分散控制的转变。"远程定制"以研发设计的网络化实现远程设计、异地下单、分布式制造。"云制造"则将"云服务"理念运用到制造领域，实现基于虚拟企业联盟的众包设计和制造资源按需弹性供给。此时的分散式网络协同的发起方与合作对象均不固定，研发、采购、设计甚至制造环节都是开放的，谁拥有企业所需的各类优质资源都可以毫无阻力地加入。

3. 深度融入互联网思维的全流程开放式创新

互联网的开放共享使用户不仅深度介入交易、消费等环节，而且能够广泛、实时参与到生产和价值创造的全过程。一些企业借助互联网，在研发、设计、制造、营销及服务等全过程实现与用户充分的协同互动。企业内外部组织正从有界趋向无界、从有形走向无形、从垂直变为扁平，用户正取代企业领袖成为企业决策制胜的终极力量。用户全程参与的供需互动模式创新通过企业官网、微信、微博等网络工具，建立开放式创新平台，实现用户在线体验、互动设计，并与企业研发、营销、供应链系统实现无缝对接，从众多的个性化需求中提取出共性需求。通过平台，与全世界的研发机构与个人进行互动，形成用户需求与全球一流创新资源的高效对接，经过筛选的多种设计方案可进入与用户的互动阶段，最后研发出集中式定制的产品，再由互联网预定的形式进行生产和销售。

4. 多业态多技术融合的产业生态体系创新

互联网与工业融合的不断深入正催生多种技术多种业态融合的生态服务系统。例如，普天新能源的"新能源汽车智能管理网络平台"集成和整合充电桩网络、物联网、互联网、大数据等技术，将新能源汽车的研发、制造及商业应用模式等主要环节与用户需求进行对接，构建新能源汽车产业生态创新体系，形成以需求为导向、电动车辆技术引领的产业链运转模式，为消费者、企业、行业和公共管理部门提供了有价值的大数据决策信息（万劲波、封颖，2014）。

四、湖南省工业互联网创新发展现状分析

（一）湖南省发展工业互联网的意义

1. 工业互联网是全球生产力变革的关键基础

全球制造业在经历了蒸汽时代、电气时代、计算机控制时代三个历史阶段后，当前正朝着网络化、智能化时代迈进。网络化、智能化的前提首先是构建一张打通制造

业信息孤岛、支撑工业大数据安全有序流动的"高速公路网",在安全、功能、性能等方面都有着更加复杂的要求,现有的互联网以及工业控制网都不能完全胜任,必须在各类网络基础之上叠加、融合、创新,即打造全新的工业互联网。工业互联网的跨界融合特征必然会带来一系列新的技术创新,有力支撑了大规模个性定制、开放式协同制造、服务型制造等新模式、新业态得以深度应用和全面普及,进而推动人类生产力实现再一次跃升。根据GE公司预测,到2030年,工业互联网将为全球GDP带来15万亿美元的贡献(周剑、肖琳琳,2017)。

2. 工业互联网是湖南省建设制造强省的必然选择

工业互联网为智能制造提供不可或缺的网络连接,提供工业大数据的采集、传输、计算和分析,提供新模式、新业态发展所必需的信息服务(刘峰,2016)。工业互联网将为企业研发设计、经营决策、组织管理提供新的工具,为产业链上下游协同提供新的平台,将有力推动湖南省工业生产方式由粗放低效走向绿色精益、生产组织由分散无序走向协同互通、产业生态由低端初级走向高端完善,进而逐步破解工业发展难题,推动全产业链整体跃升。加快研制工业互联网前沿关键技术,将使湖南省在新一轮产业变革的竞争中走在前列,改变长期以来湖南省在技术、产业发展过程中相对较慢的态势。

3. 工业互联网是湖南省网络空间自主权提升的重大历史机遇

工业互联网推动网络空间向生产领域拓展,成为网络空间竞争的"新赛场"。工业互联网的快速推进,将促使网络本身随需而动,加速技术演进、网络架构重构和能力跃升,提升湖南省网络竞争力。从网络治理角度来看,由于技术产业水平等因素,在传统互联网领域治理格局短期内可能难有实质性改变,而工业互联网的发展将形成新的基础设施、新的网络架构、新的技术标准。

4. 工业互联网是湖南省经济加速转型升级的关键驱动力量

新常态下,湖南省经济要实现"双中高",就要开启"双引擎",而工业互联网能够为"双引擎"提供高效的"助推燃料"。工业互联网催生大规模个性化定制、网络协同制造、服务型制造、智能化生产等一系列新模式、新业态,推动产能优化、存量盘活、绿色生产,创造更多新兴经济增长点;工业互联网打破创新个体的封闭围墙,为分布全国乃至全球的智力资源、制造能力提供了汇聚平台,推动了企业从封闭式创新走向开放式创新,加速了制造业领域的大众创业、万众创新。

(二)湖南省工业互联网创新发展取得成就

1. 工业实现了稳步增长

2017年,全省全部工业增加值为11875.9亿元,比上年增长7.0%,占GDP比重的

38.2%；2016 年全省规模工业增加值为 11337.3 亿元，是 2010 年规模工业增加值的 1.83 倍，年均增速达 12.7%（见图 10-1）；工业对经济增长的贡献率为 36.9%，拉动全省地区生产总值增长 3.2 个百分点。战略性新兴产业增加值为 3335.3 亿元，增长 9.5%；生产性服务业增加值对经济增长的贡献率为 19.7%。在规模以上工业中，非公有制企业增加值增长 7.7%，占规模以上工业的比重为 76.2%。高加工度工业和高技术制造业增加值分别增长 12.2% 和 15.9%，占规模以上工业的比重分别为 38.0% 和 11.3%。装备制造业增加值增长 14.2%，占规模以上工业的比重为 29.8%。省级及以上产业园区工业增加值增长 10.3%，占规模以上工业的比重为 69.7%，比上年提高 4 个百分点。六大高耗能行业增加值增长 1.8%，占规模以上工业的比重为 30.3%，比上年下降 0.3 个百分点。分区域看，长株潭地区规模工业增加值增长 8.1%，湘南地区规模工业增加值增长 7.2%，大湘西地区规模工业增加值增长 7.5%，洞庭湖地区规模工业增加值增长 6.5%。以长沙为例，2017 年规模工业先进制造业中，电子信息设备制造业实现增加值 293.81 亿元，比上年增长 34.9%，年均增长 36.4%，总量是 2010 年的 10.7 倍；汽车制造业实现增加值 157.82 亿元，比上年增长 14.7%，年均增长 25.3%，总量是 2010 年的 3.4 倍；医药制造业实现增加值 112.85 亿元，比上年增长 15.1%，年均增长 19.2%，总量是 2010 年的 2.9 倍。

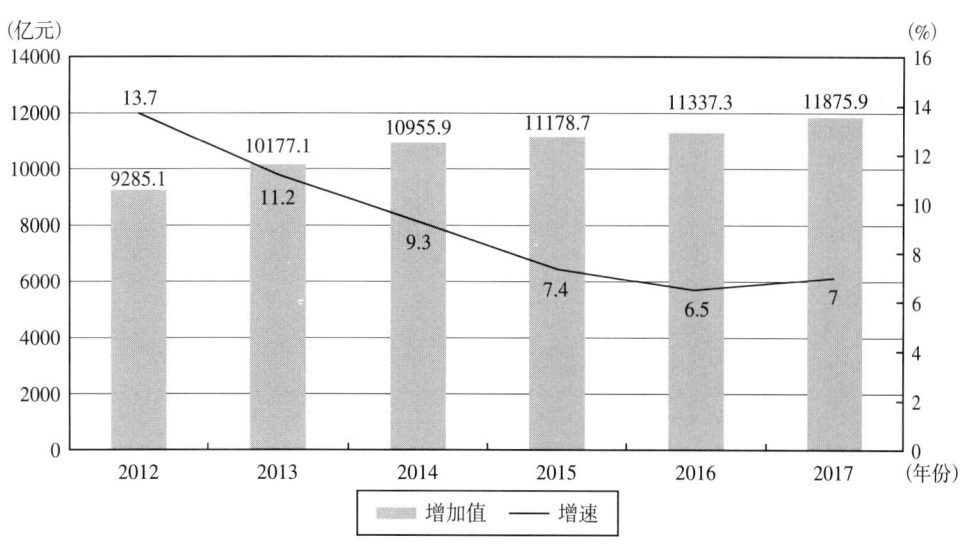

图 10-1　2012~2017 年湖南省全部工业增加值和增速

2. 推动互联网产业规模较快发展

2017 年，湖南省纳入统计的移动互联网产业营业收入达 845 亿元，同比增长 43%，其中长沙市达 750 亿元，占全省的 88%。移动互联网产业链进一步做深做强，技术上向大数据、云计算、物联网、人工智能等新一代信息技术升级，产品品类上向集成电路、智能终端延伸，业态上共享经济、工业互联网等新业态蓬勃发展。截至2017年12月底，工商登记的全省软件和移动互联网企业户数达43028户，同比增长37.6%，长株潭占全省总量的56%。2017年，新注册软件和移动互联网企业户数11753户，长株潭占全省总量的60%（见表10-1）。2014年9月，长沙市政府印发《机器人产业发展三年行动计划》，到2017年末，工业机器人产业产能突破100亿元。在高新区信息产业园建设长沙北斗卫星导航产业基地，力争到2020年形成一个新的千亿级产业集群。湖南宇环智能装备有限公司已正式落户长沙经开区，其作为集工业机器人等智能装备的研发、制造、销售于一体的高新企业技术，总投资2亿元，第一期工程2015年完工。2014年9月，全球机器人企业四大巨头之一的德国库卡公司正式签约落户长沙。2014年11月，长沙市政府印发的《关于加快北斗卫星导航应用产业发展的意见》明确指出，依托长沙高新区的优势，力争到2020年，形成一个新的千亿级产业集群。

表10-1　湖南省软件和移动互联网企业户数统计表

市州	2017年底企业户数（户）	2017年新注册企业户数（户）	增幅（%）
全省总计	43028	11753	37.6
长沙市	20446	6125	42.8
株洲市	2291	562	32.5
湘潭市	1523	312	25.8
衡阳市	2614	600	29.8
岳阳市	2271	507	28.7
常德市	1841	460	33.3
张家界市	784	194	32.9
怀化市	1435	386	36.8
益阳市	2030	433	27.1
娄底市	1589	464	41.2
邵阳市	1510	438	40.9
永州市	1715	492	40.2
郴州市	2028	590	41.0
湘西州	951	190	25.0

3. 大数据产业蓬勃兴起

2010~2017年，湖南省工业经济平稳较快发展，规模工业总量迈上新台阶，工业发展对经济社会贡献稳步提高。2013年，全省全部工业增加值首破万亿元大关。东江湖大数据中心项目第一期2017年6月26日正式启用，PUE值保持在1.05~1.16，创造了国内IDC最低纪录，一期工程共3000个机架，华为、阿里巴巴、国家超算湖南中心、网宿科技、中国电信、华润集团等19家公司签订落户园区协议，总投资200亿元。证通电子长沙云谷数据中心自2015年成立以来，已实际完成投资近10亿元，新建的云谷数据中心1号栋泛金融云服务机房已于2017年6月底正式投产运营。中国联通湖南长沙云数据中心是中国联通在中南地区最大的数据中心，总用地面积145亩，一期共2000个机架，2017年底IDC机房主体已完工，2018年上半年投产。永州（华为）云计算数据中心项目一期共设6个IT机房，可部署1000个标准服务器机柜，主体框架已经完成，预计2018年完工并投入试运营。益阳芙蓉云计算中心项目截至2017年底总投资约8亿元。芙蓉云数据中心的设计和建设等级为最高的Tier4等级，是目前亚洲地区等级最高、计算功率密度最大的在建数据中心，2018年8月首批机楼将交付用户使用。①

4. "互联网+"制造加速融合

"互联网+"经济快速发展，新一代信息技术与传统产业跨界融合态势良好，移动电商、移动金融、智慧城市、智慧医疗等新兴产业集群雏形初显。北斗导航、云计算、物联网等新兴领域不断取得突破。企业信息化深入推进，中联重科、三一集团等装备制造业龙头企业对接移动互联网推动制造服务化，率先在业内开启物联网的应用。华菱集团以云创平台为抓手，通过推进"互联网+钢铁"产业链协同创新平台、智慧衡钢等智能制造示范工程的建设，在"互联网+"制造深度融合方面率先取得了新突破。三一集团、中联重科、长沙智能制造研究总院等企业搭建的工业云平台在全国已走在前列。三一集团打造的基于工业大数据的"根云平台"在国内已成为与航天云网、海尔等并驾齐驱的三大平台之一。2017年，有363家中小型企业通过长沙工业云平台进行信息化建设，平均降低成本20%。此外，远大住工开发的住宅产业化产业链云平台、湘茶集团开发的觅茶会电商平台等都加快推进了企业转型升级。2017年，长城计算机、中联重科、铁建重工的三个项目入选工信部制造业与互联网融合发展试点示范项目名单。

5. 载体建设顺利推进

截至2017年，湖南省共有中电软件园等9个专业园区获评省级软件和信息服务产业园（见表10-2）。长沙信息产业园在商务部对全国100个国家电子商务示范基地的考核排名中名列第4。中电软件园、长沙智能制造研究总院获评工信部"2017制造业双创平台试点示范企业"。马栏山视频文创产业园正式揭牌，湖南广电和长沙广电已作为首批项目正式入园。2017年，移动互联网集聚区——长沙高新区全年引进移动互联网企业1622家，全区移动互联网总数达4877家。

---

① 资料来源：《2017年湖南移动互联网产业年度发展报告》。

表 10-2 湖南省移动互联网产业园区

园区名称	园区软件和移动互联网产业产值规模（亿元）		园区软件和移动互联网企业数量（家）	
	2017年	2016年	2017年	2016年
中电软件园	220	160	280	220
衡阳高新技术产业开发区	48.3	48.1	71	57
长沙（国家）广告产业园	45.2	44.4	1850	1791
芯城科技园	30	27	210	160
武陵移动互联网产业园	27	19.4	54	44
长海创业基地	19	18	113	95
大汉惠普信息产业园	2.5	0.1	48	2
湘梦电子商务产业园	0.5	0.4	13	12
东江湖大数据产业园	0.3	0	6	0

（三）湖南省工业互联网产业推进面临的问题

当前，我国政产学研各界在工业互联网推进方面已经达成共识，成立了中国工业互联网产业联盟，各方探索实践的积极性高涨。但应当看到，工业互联网具有难度大、风险高、成本高、跨领域等特点，湖南省作为内陆地区在企业创新和产业推广方面面临更加严峻的考验。

1. 产业协同支撑能力不足

工业互联网所需的技术产品供给不足，国外软硬件产品往往价格昂贵或存在限制，国产软硬件系统种类少、功能不健全、缺乏系列化能力，往往不能满足企业创新发展需要。供应链整体协同能力不足，如技术密集型企业想要实现基于工业互联网的大规模个性化定制，往往需要供应链具备更强的协同组织能力，但这方面仍有待发展。企业间缺乏必要的融合发展平台，当前工业云、工业大数据平台等公共性平台仍然匮乏，已有的一些平台支撑能力也有待提升。同行业存在过度竞争甚至无序竞争，难以形成市场化合作机制，不利于共性关键技术协同攻关。

2. 专业与复合人才较匮乏

目前，湖南移动互联网方面的骨干人才、创意技术仍处于缺失和起步的阶段。2016年4月，在长沙举办的移动互联网岳麓峰会上，领英网发布了全球移动互联网人才报告，"湖南移动互联网人才来自前十大大学分别是中南大学、湖南大学、湖南师范大学、湖南农业大学、长沙理工大学、中南林业科技大学、湘潭大学、湖南科技大学、长沙学院、国防科技大学。而对应的全国移动互联网人才的十大来源则是上海交通大学、清华大学、北京邮电大学、北京大学、浙江大学、华中科技大学、复旦大学、北京航空航天大学、武汉大学、同济大学等"。形势严峻的是湖南的移动互联网团队和企业不仅在吸引外地名校精英人才方面乏力，而且还存在着巨大的人才外流现象。领英网调研报告中的数据显示，中南大学、湖南大学、国防科技大学、湖南师范大学四所长沙"211"大学的学生中留在长沙工作的不到20%，流向湖南其他地区的仅有5%，流向北京、上海、广州、深圳等国内一线城市和成都、重庆、南京、杭州等二线城市的毕业生达75%。新技术是移动互联网企业最核心的内容，移动互联网企业的所有产品都是围绕人来进行的，人就是移动互联网企业最核心的资源，在人才来源相对匮乏、人才净流出的双重压力下，湖南省的移动互联网人才存在不足。

3. 区域竞争力不强

湖南作为中部内陆城市，互联网工业起步晚，发展相对滞后。从全国范围看，我国互联网工业地域分布呈现"沿海领先，中西部落后"的特点，主要集中在珠三角、环渤海、长三角和西三角四大区域，长沙乃至湖南处在薄弱地带，发展相对滞后。与长江经济带其他省份相比，湖南省互联网产业发展相对落后，排名第9（见表10-3）。珠三角区位优势明显，凭借在终端制造领域的优势，稳居我国互联网产业产值的首位。环渤海地区在移动互联网软件与服务、移动终端制造等领域都具有较强的实力。长三角地区在与移动互联网有关的软件和服务等方面具有较强的实力。西三角地区还有很大的发展空间，其是中国移动互联网产业最具成长性的区域。

表10-3 湖南省与部分省市互联网产业发展指数排名

排名	省份	总指数	一级指标					
			政策环境	人才状况	投资热度	产业发展	创新创业	网民信心
1	上海	69.14	65.14	83.53	72.05	53.88	64.74	77.85
2	江苏	66.13	58.78	74.13	53.07	59.66	77.74	73.31
3	浙江	64.48	77.49	68.55	64.13	40.65	69.21	82.24
4	贵州	57.73	77.93	50.19	43.23	54.48	56.78	90
5	重庆	54.65	62.16	54.68	37.1	56.19	60.31	67.84
6	四川	54.28	61.22	69.53	33.89	37.65	66.7	66.02
7	湖北	50.13	60.01	64.61	31.73	32.95	63.43	55.87
8	安徽	47.12	39.81	55.89	27.02	39.67	67.42	51.41
9	湖南	45.47	44.2	57	24.35	49.22	50.58	48.23
10	江西	42.81	37.68	44.92	35.81	47.14	42.31	50.09
11	云南	41.28	42.7	35.54	39.13	51.93	39.04	38.84

资料来源：《2017年中国大数据发展报告》。

五、湖南省发展工业互联网创新引领建设对策

(一)优化工业互联网"双创"环境建设,提升产业协同支撑能力

1. 打造制造企业互联网"双创"平台

一是引导企业加强信息化管理。支持企业将信息化建设纳入企业发展战略规划,加大信息化投入在销售中的比重,在企业内部打通销售、采购、财务、生产监控、报表等关键环节,形成企业内部统一的云平台。二是开展制造业"双创"试点示范。围绕行业细分领域的领军企业,实施线上线下结合的制造业"双创"试点示范,构建国家、省、市(州)三级协同推进的工作体系。三是打造制造业"双创"基地(园区)。依托国家新型工业化产业示范基地、国家级经济技术开发区、国家高新技术产业开发区,积极发展创客空间、创新工场、开源社区等新型众创空间,培育一批支持制造业发展的示范基地(园区)。四是培育制造业"双创"孵化器。支持在医药、高铁、机械等领域的龙头企业,利用在行业领域的专业优势,搭建与自身业务相关的创业孵化器,围绕主营业务构建"双创"孵化器。五是促进"双创"投融资服务和成果转化。支持大企业设立产业投资基金,利用资金优势为创新创业提供金融服务。组织创新创意大赛,打通创意征集遴选、导师辅导、天使对接、终极路演、创意孵化、产品产业化等环节,推动创意向技术转化、技术向产业孵化。

2. 推动互联网企业构建制造业"双创"服务体系

一是建设基础资源和开发平台。搭建工业云平台的软件和服务环境,以云服务方式为中小微企业提供信息化产品租用模式的服务。提供统一标准和接口的工业云基础资源,包括云存储、云主机、云防火墙、云灾备、带宽出口等基础服务,并与省级枢纽云平台实现数据对接和资源共享。二是在云端开发汇集各种应用。坚持"应用为要、重点突破",优先开发企业"补短板"急需的信息化单项应用。根据行业特征和产业链所需的差异化应用服务,在重点领域率先突破形成有代表性的行业标杆。整合省内有关行业专有云和政府工业应用平台,逐步向工业云平台迁移汇聚。三是实施工业企业上云计划。通过组织企业参加培训、巡展、座谈会,以及实施政策激励等渠道帮助成千上万中小企业走上云端。支持龙头企业打通内部信息流和数据流,打造内部一体化,并与省级工业云平台互联互通。四是打造工业大数据平台。汇聚各类工业云平台沉淀的企业和应用数据,整合政府部门的工业经济宏观发展数据,开发政府决策、战略规

划、管理咨询等工业数据服务和开发工具,打造湖南工业大数据生态系统。

3. 强化制造业与互联网基础支撑能力

加快自动控制与感知关键技术研发和产业化。跟踪国际科技前沿,支持开展自动控制与感知新技术的研发,加快新技术、新产品、新成果产业化应用。加强传感器关键技术研发和产业化发展,提升传感器智能化、微型化和集成化水平。促进计算机视觉、智能语音处理、生物特征识别、智能决策控制及新型人机交互等人工智能关键技术的研发和产业化。提升自主工业软件支撑能力。重点支持工业基础软硬件、嵌入式系统、高端工业软件、新型工业 App 应用平台的研发和产业化应用,加快计算机辅助设计仿真、制造执行系统、产品全生命周期管理等工业软件产业化,提升流程工业综合自动化、装备自动化及物联网应用等方面的系统集成能力。推动工业软件与工业大数据平台、工业互联网、工业信息安全系统和智能装备的集成应用。推进行业应用工程技术和解决方案研究,支持行业创新示范工程建设。推动工业互联网建设。跟踪 IPv6、工业以太网、泛在无线、软件定义网络、5G 等新技术发展,支持企业开展工业互联网创新应用。深入实施湖南宽带覆盖工程,加快推进 4G 网络覆盖、宽带中国示范城市和智慧城市建设,推广应用节能高效、高性价比的宽带网络设备,建设低延时、高可靠、广覆盖的工业互联网。加强网络安全、数据安全和安全测评等专业软件开发,提高智能工业产品的漏洞可发现、风险可防范能力。支持建立湖南省工业控制系统信息安全测评服务机构,开展社会化工业信息安全测评服务。

(二)加大对工业互联网创新人才的培养和引进,夯实"湖南制造 2025"的基石

引进和培育高端科技人才。以"互联网+"推进"湖南制造 2025"的关键在于人才,最主要的是高端信息技术人才和工程技术人才。因而,必须树立人才意识,制定高端科技人才的引进和培育规划,完善高端科技人才的引进和培养政策,为高端科技人才发展营造良好的环境。一是加快高端科技人才培养,优先保证紧缺专业人才的培养,通过出国培训学习、科研课题研究和岗位集中培训等形式,构建人才发展高地。每年选拔出 10 名有突出贡献的高端科技人才,政府资助其参加继续教育、出国研修等。二是坚持引进与培养并重,加大培养投入力度。鼓励高端人才引进创新创业团队,形成人才聚集效应。高等院校、科研院所的协同创新中心、国家重点实验室、国家工程(技术)研究中心等研发机构,来株单独或与湖南企业联合设立分支机构、建立省级相应机构,除为其提供必要的实验室、实验设备等条件外,再给予 50 万~100 万元的启动资金支持;研发人员超过 50 人,且高端科技人才占比达到 60% 以上的,可滚动支持,每年 100 万元。三是健全完善人才服务体系,配套完善相关服务措施。在人才的

工作环境、科研经费、工资福利、继续教育、学术交流、住房、配偶就业、子女入学等方面使政策落实到位。建立人才服务平台的单位，设立专项资金用于高端科技人才引进培养的，给予一次性20万元资助；对设立孵化器、加速器的单位，给予一次性30万元资助；对围绕制造业主导产业建立省级以上产业技术创新战略联盟的核心单位，一次性补助50万元。四是对做出重大贡献的，将授予湖南省"领军人才"和"优秀专家"荣誉称号，并给予50万元奖励。对培养引进高端科技人才成绩突出的单位，按照人才的质量和数量，给予最高50万元奖励。

（三）大力推进工业互联网创新，实现技术"换道超车"

一是建立多样化的产学研创新平台，完善工业互联网创新体系。区分产业集中度，以市场需求为导向，选取重点产业领域，集中力量攻克关键技术和前沿技术，分领域建设切合产业特色的创新体系。在产业集中度较高的领域构建以行业骨干企业技术研发机构为主体的产业技术创新支撑体系。在产业集中度不高的行业利用互联网技术建立公共研发机构为主体的产学研结合的创新技术供给模式。对于技术更新换代快、市场化活跃的新兴产品领域，应用大数据、云计算、网络化的现代技术手段，充分营造技术成果转化、应用和产业的政策环境，发挥高校、科研机构、中小微企业、科技人员等多元化主体在产业创新技术供给中的作用。在大数据信息平台的建设方面，以经费支持的形式，加强政府对大数据平台软实力建设的支持，提高大数据平台的效率、辐射性和服务性，也应建立高质量的云计算、大数据的第三方平台。制造业设计应用平台也是应发挥政府作用加强建设的平台之一。现代元器件具有微型化、集约化特点，材料与器件制造一体化的趋势日趋明显，上下游产业相互合作与融合更加紧密，产业结构出现垂直扩散趋势，尤其与装备制造业发展高度关联，减少生产企业负担，缩短批量应用周期至关重要。

二是培育融合发展系统集成和数据共享与深度应用服务，提高企业核心竞争力。实施融合发展系统解决方案能力提升工程，突破系统集成技术瓶颈，面向重点行业智能制造单元、智能车间、智能工厂建设，培育一批系统解决方案供应商。重点鼓励有条件的龙头骨干企业和高端装备企业向外输出系统集成、智能化制造、实施方案咨询等业务，服务行业发展。引导优势软件企业向制造执行管理、工业控制集成、智能产品设计等领域拓展，向系统集成服务提供商转型。面向重点行业组织开展行业系统解决方案应用试点示范，为中小企业提供标准化、专业化的系统解决方案。发展工业云和大数据服务。支持制造业云平台建设，推动工业企业研发设计、生产制造、检验检测、数据管理、技术标准、工程服务的开放共享，打造制造资源池，推动分散制造能力的在线集中发布、协同和交易，实现制造资源优化配置。依托数字湖南产业园、信息技术产业园等专业园区，建设重点领域制造业工程数据中心，为企业提供数据共享和深度应用服务。加快工业数据服务平台研发和推广应用，推动大数据在工业设计、生产制造、售后服务等产品全生命周期的应用，形成一批工业大数据解决方案。推广两化融合管理体系标准。支持企业导入两化融合管理体系，以贯标为牵引，推动企业业务流程再造和组织方式变革，构建开放式、扁平化、平台化的组织管理新模式，打造精益管理、个性化定制、供应链协同、精准营销等互联网环境下的核心竞争能力。

参考文献

［1］安晖，安琳. 我国工业互联网的发展路径［J］. 中国工业评论，2015（6）：54-58.

［2］杜娟，王建伟，王峰，秦业. 互联网与工业融合创新的主要路径及模式初探［J］. 产业经济评论，2014（5）：20-26.

［3］郭佳，干勇，延建林，吕彤. 互联网背景下制造业创新体系建设研究［J］. 中国工程科学，2017，19（3）：95-99.

［4］梁祥凤，王居华. 互联网+时代安徽省制造业发展策略研究［J］. 华东经济管理，2017，31（9）：30-34.

［5］刘峰，刘晓敏，肖翔. 互联网经济发展的困境与对策研究——以湖南为例［J］. 湖南社会科学，2016（1）：149-153.

［6］刘贺贺，刘棣斐，刘钊. 工业互联网带来的产业变革［J］. 电信网技术，2016（8）：27-33.

［7］万劲波，封颖. 中国互联网产业创新发展的战略思考［J］. 中国科学院院刊，2014，29（2）：199-208.

［8］王峰. 工业互联网的重大意义和产业推进思考［J］. 电信网技术，2016（8）：36-39.

［9］王坚. 创新思维：构建工业互联网新布局［J］. 上海信息化，2016（12）：44-48.

［10］王明波. 工业互联网背景下我国制造业发展问题探讨［J］. 经济师，2017（2）：291-292，295.

［11］张伯旭，李辉. 推动互联网与制造业深度融合——基于"互联网+"创新的机制和路径［J］. 经济与管理研究，2017，38（2）：87-96.

［12］钟荣丙. "互联网+"助推"湖南制造2025"路径研究［J］. 合作经济与科技，2017（14）：16-21.

［13］周剑，肖琳琳. 工业互联网平台发展现状、趋势与对策［J］. 智慧中国，2017（12）：56-58.

第十一章

军民融合运行机制与湖南创新引领路径

一、引 言

军民融合是把国防和军队现代化建设深深融入经济社会发展体系之中,促使经济、科技、教育和人才等各个领域的进步,在更广范围、更高层次、更深程度上将国防和军队现代化建设与经济社会发展相结合。其内涵应该包括以下内容:①技术转移能力,包括"军工技术转民用"和"民用技术军用化";②军民两用技术,兼顾军用和民用两大用途特性,在其基础上进行开发和产业化;③实现装备采办中军民融合,在国防军工装备采购中有效利用民用资源和服务;④部门管理中加强军民融合一体化,改革相关部门政策体制和运行机制,促使军民深度融合;⑤在产业链上打破军工企业的封闭状态,进一步融入社会。军民融合相较于军民结合而言,更加强调国防创新系统和民用创新系统的有机结合,对有关管理体制和运行机制的改革要求更高,更加适应我国经济体制、政治体制改革的走向。

党和国家高度重视军民融合发展,中共十九大明确提出,"更加注重军民融合",将其确立为新时代党的强军思想的重要内容,实现党在新时代的强军目标的战略途径,成为新时代坚持和发展中国特色社会主义基本方略的一个重要组成部分。目前,军民融合发展已经上升为国家战略。2016年7月,中共中央、国务院、中央军委印发的《关于经济建设和国防建设融合发展的意见》指出,要坚持总体国家安全观,站在发展战略全局高度,全面深化各领域改革,进一步把国防和军队建设融入经济社会发展体系,把经济布局调整同国防布局完善有机结合起来,不断提高经济建设和国防建设融合发展水平。2017年7月,科技部、中央军委科学技术委员会联合印发《"十三五"科技军民融合发展专项规划》要求,到2020年,基本形成军民科技协同创新体系,推动形成全要素、多领域、高效益的军民科技深度融合发展格局。2017年12月,国务院办公厅发布《国务院办公厅关于推动国防科技工业军民融合深度发展的意见》指出,国防科技工业是军民融合发展的重点领域,是实施军民融合发展战略的重要组成部分,对提升中国特色先进国防科技工业水平、支撑国防军队建设、推动科学技术进步、服务经济社会发展具有重要意义。

在此背景下,作为军工大省的湖南不仅要加快军民融合深度发展,同时应该探索推动军民融合创新发展的新模式、新路径,以建成军民深度融合的国防科技工业新体系、军民良性互动的国防科技协同创新新体系、层次优化的军民融合产业结构新体系、布局合理的军民融合产业区域发展新体系。近年来,湖南省认真贯彻落实国家军民融合发展战略,先后制定了《湖南省国防科技工业军民融合深度发展"十三五"规划》和《关于加快推进军民融合产业发展的若干政策措施》等一系列政策规划,意在将湖南打造成军工强省。因此,本章将通过对军民融合运行机制的理论构建,总结我国军民融合发展阶段,并结合实际情况对湖南省军民融合现状进行分析,最终提出创新发展湖南省军民融合的相关对策建议。

二、军民融合运行机制理论分析

(一)军民融合运行机制的功能特点

在管理科学领域,运行机制始终是学术界研究的重点,其所具有的独特功能和作用能够有效激励和约束行为主体的主观管理活动,有助于实现管理效能的最大化。就军民融合运行机制而言,其内涵应是国防建设与经济社会发展相互融合的内在运行方式,它应该具备的功能特点如下:

(1)系统整合性。系统是一个有机整体,任何系统都不是各个部分的随意组合或简单相加,其整体的功能应当大于各要素的性能之和。我国军民融合运行机制应遵循一个包含各种资源、要素相互协调配合的系统性原则,它始终应该具备相关性、整体性、目的性和动态性等特点。军民融合运行机制不应只是将所有资源和要素简单组合,而是要在确保协调发展的前提下谋求系统功能和作用的最大化,实现经济建设系统的

"富国"与国防军事建设的"强军"相整合。此外，还要保证系统的层次性和开放性，确保系统具有合理的结构，同时保持与外界的物质和信息交换。

（2）资源共享性。军民融合的发展过程中涉及的资源应该包括科学技术资源、人力资源、资金资源和信息资源等。而这些资源均为有限资源，一定时期内，若将有限的资源盲目过多地投入军工产业或民用产业，必然会引起两种产业发展的失衡。因此，需要军民互动及交流，使有限的资源得到合理化分配，并尽可能调节军民产业间的资源利用，从而避免闲置与浪费，最大程度上实现资源的最优配置。

（3）约束规范性。层次结构分明、配套设施完善及彼此协调的运行机制对军民融合发展具有显著的约束规范作用。运行机制的构建及运转，不仅需要各作用主体在军民融合的内容、标准、范围、模式、程度和方法等明晰规则下推进，更为重要的是能够使主体间的行为权责分明、有章可循、利益配置合理、妥善。约束和规范的特点是军民融合迈向正规化、有序化及科学化发展的重要保障，对军民融合运行机制的完善影响甚深（张军果，2016）。

（二）军民融合运行机制的分析框架

结合新时代军民融合发展背景和军民融合运行机制功能特点的分析，本章将针对以下几个方面对军民融合运行机制展开研究，具体包括协同创新机制、统筹规划机制、合作竞争机制、激励保障机制和评价监督机制。其中协同创新机制是引领军民融合发展的根本动力，是提升军民融合发展活力的重要源泉，能够切实有效地推动军民融合功能和结构升级，为军民多因素融合发展创造条件；统筹规划机制作为落实国防工作和经济工作的前提，为军民融合发展制定明确的规划和方向，起到领导和决策的重要作用；合作竞争机制是军民融合协同创新发展的基础，是保持机制运行的强大生命力，对军民融合发展起到巨大的驱动和促进作用；激励保障机制是高效发展的"强心剂"和"定心丸"，能够有效协调各主体要素间的关系，充分调动内部积极性，提高运行效率；评价监督机制是军民融合过程中的重要环节，有助于确保整体或局部工作的良性发展，进一步实现透明和高效管理。这几个方面密切联系，同时也相互制约，共同构建了我国军民融合运行机制（见图11-1）。

（三）军民融合的运行机制分析

1. 军民融合协同创新机制

协同创新机制是新时代军民融合发展的关键机制，任何机制都离不开协同创新的根本动力。构建军民融合协同创新机制，实质上就是要把国防科技创新真正纳入国家创新机制当中，与民用科技创新机制实现协同，激发创新活力。不管是军用还是民用，

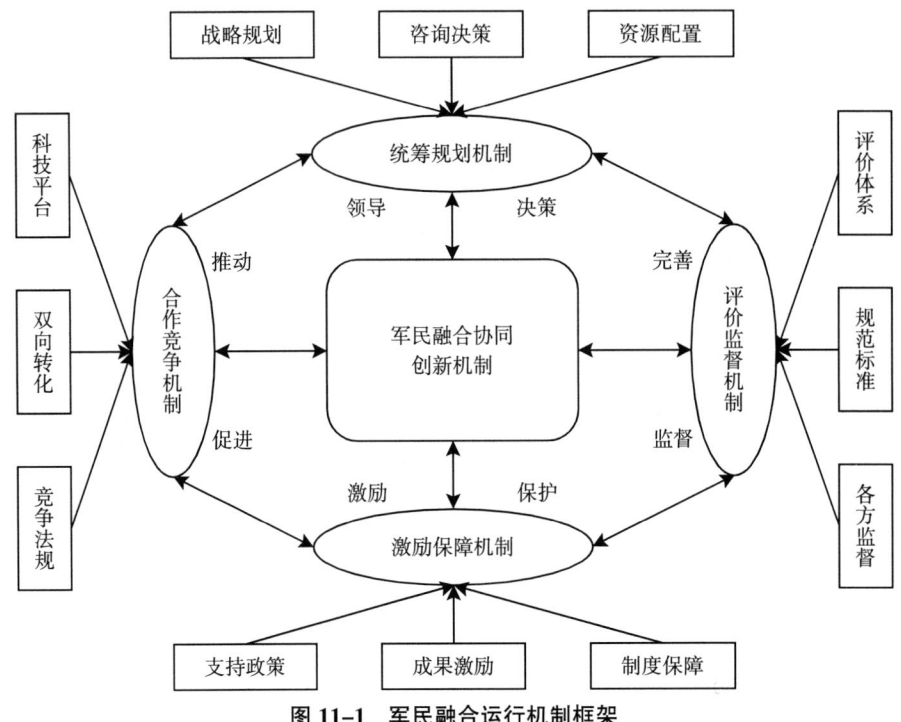

图 11-1　军民融合运行机制框架

科学发现或知识创新都是科技进步的重要环节。因此，军民融合发展首先必须依靠大学、科研机构、企业等创新主体的生产与研发才能创造军民创新发展的新格局。但对于协同创新而言，军民融合发展不能仅停留在单个创新主体的层面，而是应该寻求多个创新主体间人才培养、产业发展和科学研究等功能的协同与集成化，相互之间的联系与合作所创造出的效应达到"1+1>2"，在这之中，政府政策的推动、中介机构的信息流通和金融支持也起到至关重要的作用。在军民融合协同创新机制中，降低国防科技或民用科技的专用性，实现国防科技与民用科技的通用最大化，也是新形势下军民融合机制运转不可忽视的根本要求。

2. 军民融合统筹规划机制

统筹规划机制主要建立于中央军民融合发展委员会、国家安全委员会和国防部等中央机构统一领导下，国家和军队规划主管部门根据军民融合发展需求提出并落实相关工作机制。机制运转中，必须注重调整并强化国家发改委和军委战略规划部在军民融合发展战略规划的职能作用，充分发挥有关专家的咨询协商功能。不断适应军民统筹要求，具体要在基础设施、科技工业、教育和应急应战等领域合理规划，根据需求合理分配有效资源，促进科技、人才、信息和资金等要素资源双向流动。始终做好将军民产业发展纳入国民经济和社会发展规划，切实编制中短期和长期军民融合发展战略规划，做到有章可循，充分实现军民发展的引领带动作用（张纪海等，2016）。

3. 军民融合合作竞争机制

合作竞争机制是军民融合发展持续推进的重要保证。不管合作还是竞争，都建立于政府、企业、大学和科研机构等主体之上，构建满足各主体间联系和制约的科技平台至关重要（曹阳等，2012）。平台必须实现资源共享、成果相互转化的合作机制，为现实生产、研发架起便捷通达的桥梁，同时平台在市场体制主导下，以各方竞争的姿态促进军民产业进步。在军民科技成果共享的基础上，鼓励军地协同发展军民两用技术，切实促进基础产业与高端技术的有机结合，推进军民结合、双向转化，满足国家安全和地方经济竞争力的双向需求。出台有利于产业发展的竞争法规，推动良性竞争、避免恶性竞争，保证军民融合的有序发展。

4. 军民融合激励保障机制

激励保障机制的功能集中表现在各种激励和保障措施能够明显提升军民发展的科研水平和创新能力上。首先，政府的财政及产业政策能够反映政府政策的信号和意图，提供行动框架和相关准备，进而确定相关活动范围和重点领域，指明军民融合发展的方向，调动各企业和机构的积极性。其次，成果和产权激励能够使系统内的企业成为真正具有自主经营权、决策权的主体，并使产权和责任更加明晰，利于企业开展整体决策。最后，制度保障能够有效落实企业现代制度，维护企业权益，为推动系统内建立公平公正的市场竞争创造条件，同时也能为军民发展主体注入一针"强心剂"，保障资源配置合理、利益分配均衡。军民融合激励保障机制是整个运行机制完备的重要部分。

5. 军民融合评价监督机制

建立评价监督机制的目的在于提高军民发展效率以及降低各项成本，同时规避一定的风险。在评价监督过程中，确定需求评价、计划评价、项目综合评价和效益评价等评价内容，并明确计划、预算和立项等阶段的评价要求，采用演示论证、模拟仿真等现代化、科学化及具有权威性的评价手段。同时，加快形成完整的评价监督体系，明确责任主体并加强自我评估，在此基础上积极吸纳各方意见建立系统、配套的军民融合评价监督标准和规范。努力完善监督检查制度，充分发挥行政、审计、纪检和社会监督的职能作用，对专项资金管理、装备采购等工作的关键环节进行严格把关，力求公平公正。始终把评价监督作为一项非常重要的工作，是形成科学高效和整体协调的运行机制的基石。

三、我国军民融合的发展阶段

军民融合是涉及我国国防与经济建设全局的重要理论和实践，是统筹国防建设与经济建设的重大发展战略。古今中外的现实表明，如何协调处理国防建设和经济社会发展的关系，一直是影响民族兴衰、国家存亡的大事。经济建设是国防建设的基本依托，经济建设搞不上去，国防建设便无从谈起；国防建设是经济建设的根本保障，国防建设发展不上去，经济建设便无稳定的环境可言。因此，加快军民融合发展战略是时代发展的必然要求，也是历史发展的必然规律。新中国成立以来，我国国防科技工业军民关系和军民融合发展经历了几个重要的阶段（牛振喜，2011）。大体来看，可划分为以下几个阶段：

（一）军民结合起步和探索阶段

第一个阶段是新中国成立至改革开放前（1949~1977年）的军民结合起步和探索阶段。20世纪50年代，我国老一辈革命家就已提出"军民结合"的思想。1952年，兼任中央兵工委员会主任的周恩来作出了"兵工企业要贯彻军需与民用相结合原则"的决定。1956年，毛泽东强调指出，生产上要注意军民两用，应该学会军用和民用两种技术、两套设备，其远见卓识为我们提供了宝贵的理论和现实经验。同年，毛泽东提出"军民结合，平战结合，以军为主，寓军于民"的重要思想，为了深入贯彻该思想，相关部门提出了《关于在和平时期发挥国防工业的生产能力，组织生产民用产品的办法》，引导军工生产力往民用生产转移。而在20世纪60年代初期至改革开放前，由于受国际形势变化和"文革"等因素的影响，我国军民结合探索的脚步出现一定程度的停滞。但值得一提的是，我国在当时极其困难的情况下，还是成功建设了"两弹一星"的宏伟工程，为我国国防科技事业奠定了重要基础。

（二）军民一体化实践阶段

第二个阶段是改革开放至20世纪末（1978~1999年）的军民一体化实践阶段。国际形势在20世纪70年代得以缓和，国际竞争的方向逐渐发生偏转，经济和科技的发展对世界各国而言越发重要，和平和发展成为时代的主题。中共十一届三中全会提出，把全党工作的重点转移到社会主义现代化建设上来，国防科技应服从和服务于国家经济建设大局，正因为这一重大转变，我国军民结合正式迈向了实践发展的道路。1982

年,邓小平作出"军民结合,平战结合,军品优先,以民养军"的十六字修改方针,它为我国国防科技以及军民发展指明了方向,国防科技工业开始了大规模的军民一体化实践(范肇臻,2010)。1986 年以后,中央加快了国防工业体制改革步伐,根据各项改革方针积极探索军民结合、以民养军的新路子,对航空、航天、核、兵器等工业部门进行相关撤销和整合工作,同时对军工企业进行一系列调整和改造。由于当时军品订货不断下降,军用资源逐渐利用民品生产,从锅碗瓢盆、电表、座钟到电扇、望远镜、录音机和自行车等,这不仅在一定程度上缓解了军工企业生存的压力,也使军民一体化实践取得初步成效。

(三)军民融合发展阶段

第三个阶段是 21 世纪至今(2000 年至今)的军民融合发展阶段。进入 21 世纪,国际形势进一步缓和,国防科技力量不断强大。江泽民提出坚持寓军于民,形成富有生命力的国防科研生产体制,赋予军民融合新的思想。2007 年,胡锦涛在中共十七大报告中提出了"建立和完善军民结合、寓军于民的武器装备科研生产体系、军队人才培养体系和军队保障体系,坚持勤俭建军,走出一条中国特色军民融合式发展路子"的战略思想。2015 年 3 月 12 日,习近平在十二届全国人大三次会议解放军代表团全体会议上,第一次明确提出把军民融合发展上升为国家战略。2017 年,中央政治局召开会议,决定设立以习近平为主任的中央军民融合发展委员会,统一领导军民融合深度发展。习近平总书记所做的中共十九大报告,深刻阐明军民融合在强国强军中的战略地位,明确了新时代军民融合发展的新目标、新任务,提出要坚定实施军民融合发展战略,形成军民融合深度发展格局,构建一体化的国家战略体系和能力,标志中国正式迈向军民融合发展的新阶段。

总的来说,我国军民融合经历了几个重大的历史转折点,实现了历史性跨越,形成了军民融合"从无到有"的过程,从新中国成立初期薄弱的军民接触逐渐探索出军民结合的新路径,虽然历经国内外各种困难阻碍,但最终经过不断实践,坚定迈向军民融合深度发展的漫长道路(见图 11-2)。

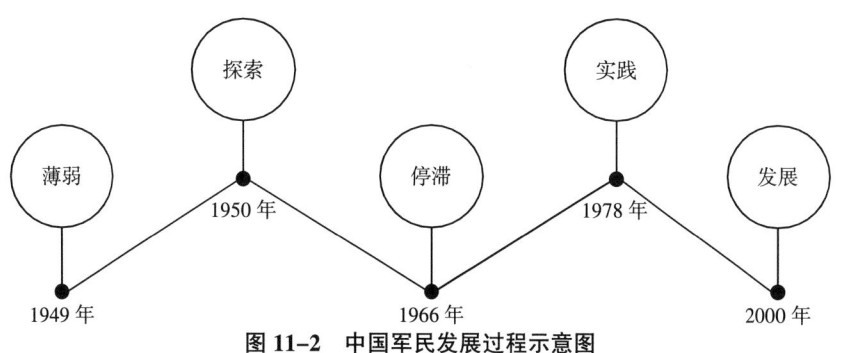

图 11-2 中国军民发展过程示意图

四、湖南省军民融合发展现状分析

(一) 湖南军民融合的主要成就

湖南省是传统的军工大省,是我国国防科技工业布局的几个重点省份之一。近年来,全省军民融合产业发展态势良好,在军民融合领域形成了一定的比较优势,并完成了由单一军品向军民融合产业相互支撑的历史性转变。由此,在推进军民融合发展的过程中取得了一些成就:

1. 产业规模快速增长,经济效益显著提高

经过几十年的发展,湖南军民融合产业已经渗透到了国民经济的诸多领域,产业规模不断壮大,对国民经济发展的贡献日益突出。2017年,全省规模以上工业企业累计实现主营业务收入39463.90亿元,同比增长12.4%,增速比2016年同期加快4.8%;每百元资产实现的主营业务收入为157.7元,同比增加3.7元,高于全国平均水平49.3元;资产利润率7.13%,同比提高0.58%。全省军工经济发展势头强劲,2016年全省军民融合产业工业总产值首次突破千亿元,2017年同比增长17%,达到1200亿元。

2. 产业优势逐步凸显,竞争实力显著增强

目前,湖南全省共有军工及军品配套单位150个,形成了以核、航空、航天、特种装备制造、船舶、民爆和化工六个主导产业为骨干,以新能源、新材料、军工电子信息技术为先导的军民融合特色产业格局。全省分别创建湖南株洲、湖南平江工业园区和湖南湘潭雨湖区三个国家级军民结合产业基地,与陕西省同列为产业基地最多的省份之一,行业分布如表11-1所示。基于此趋势下,产业投资显著增长,全省55个军民融合产业重点项目涉及总投资974亿元。

表11-1 湖南省国家级军民结合产业基地概况

序号	批次	产业基地名称	主导产业	其他产业
1	第二批次	军民结合·湖南株洲	航空航天	装备制造、电子机械
2	第三批次	军民结合·湖南平江工业园区	民爆器材	装备制造、新材料、电子信息
3	第四批次	军民结合·湖南湘潭雨湖区	装备制造	汽车及零部件、电子信息

3. 军民融合初显成效,政策环境显著改善

目前,湖南省共有103家企业持有武器装备科研生产许可证,236家单位持有军工

保密资格证，越来越多的优势民营企业或单位参与军工产品的研发生产，为全省军民融合产业的发展提供了新生力量，"民参军"发展渠道不断拓展。与此同时，更多先进、成熟和可靠的通用型军用技术向民用领域扩散，为工业转型升级提供重要支撑。特别是汽车制造、工程机械、电子信息等支柱产业中，带有军工血缘的单位及技术占到70%左右。

近年来，湖南省政府贯彻落实中央政策精神，陆续颁布了《湖南军民融合产业发展规划》《湖南国防科技工业军民融合深度发展"十三五"规划》和《加快推进国防科技工业军民融合深度发展的若干政策措施》等促进军民融合的规划措施，为湖南省军民融合建设明确进一步发展的方向，并提供了良好的环境。同时，为了更好地深入贯彻军民融合发展战略规划，省委省政府成立了军民融合产业发展领导小组，并在2011年设立军民融合产业发展专项资金。专项资金自设立以来，共支持军民两用项目317个，安排专项资金4.3亿元，带动投资132.95亿元，其中2017年专项资金总额达1.5亿元。

4. 创新能力不断发展，资源优势显著提升

全省拥有国防科技大学、中南大学、湖南大学和湖南科技大学等几十所高校，为军民技术研发输送大量人才资源打下坚实基础。目前，湖南军工建成国防科技重点（学科）实验室28个（其中国家级9个）；企业技术中心27个（其中国家级9个），占全省的13%；博士后工作站10个；全省国防科技工业军工各类技术人才达到3万多名，占行业从业人员的27%；湖南军工获得省部级以上奖励177项，其中39项科研成果获国家级奖励，申请专利3500余项，授权1500余项。这些都说明湖南省已经形成了明显的人才和资源的"洼地效应"。

（二）湖南军民融合存在的问题

经过长期以来的军民融合，湖南省取得了不少成就，在建设国防科技的同时也带动了地方经济的增长。但随着军民融合的不断深度发展，产业发展、创新体制和运行机制等需要面临新的形势，发展中也相应地存在一些问题。

1. 引导军民融合的思想观念相对滞后

湖南地处中部地区，信息吸收相对闭塞，省内民众关于军民融合的思想观念相对滞后（朱厚望，2017）。主要由四种形式表现：一是国防意识薄弱。多数人长期处于相对和平的环境之中，可能对国防观念逐渐淡薄，个人警惕性下降，同时也存在相关干部及工作人员的国防宣传与动员工作不到位，一系列认知上的偏差也会造成思想、行动上的落后。二是市场意识不强。市场经济条件下，企业竞争优胜劣汰，但湖南一些军工企业的管理人员或是普通工人仍然故步自封，计划经济思想深刻，而对市场经济规律认识不到位。因此，不能在竞争环境中打造属于自己的军工品牌，难以实现突破，

以至于在行业内艰难求生。三是机遇意识不强。近年来，中央不断提出军民融合的思想，颁布各项军民融合发展政策和战略规划，为湖南省各地方发展军民融合提供了大量思路和契机，但湖南省内很多军工企业秉持观望态度，并没有将思路与契机转化为现实行动，这样只会导致发展机遇的逐渐流失，最后缺乏发展竞争力。四是军民融合意识不强。尽管湖南党政军的管理层和决策层意识到军民融合的重要性和迫切性，始终重视军民融合发展，但作为主要参与者的基层工作人员、企事业单位和普通民众对军民融合的概念及意识相对薄弱。目前来看，湖南省的多数企业和民众仍然将军用产品和民用产品区别看待，不能将它们融入同一个领域，其观念思想还有待增强。

2. 军民融合体制机制亟待完善

实施军民融合发展战略需要多种体制机制协同配合，湖南省军民融合依然在管理体制、协调机制和保障机制等方面存在问题。在管理体制上，以部门纵向管理为基本体系，容易形成军民分割、管理模式呈现条块分割的局面，宏观管理决策缺乏统一的协调，重复建设和建设不全等问题不断产生（杜人淮等，2015）。同时，管理体系的相对独立和封闭既不能适应信息化条件下现代战争的特点和需要，也阻隔了军民科技要素的联系，这会使和平时期军工优势无法充分发挥，战时难以满足军品装备的巨大需求。在协调机制上，湖南省目前主要负责推动军民融合产业发展的政府部门是国防科技工业局。该单位作为与绝大多数市州行政级别平级的直属机构，其决定对各市州和省级其他部门的约束是有限的，并且省国防科工局作为行政机关的组成部分，对于党委和军队的事务更无权干涉。此外，省内尚未建立规范、高效的军民通用信息交流平台，军地之间信息交流存在障碍，出现军工任务需求信息不对称、渠道沟通不畅等问题，影响军民两用技术转化效率。在保障机制上，由于军民融合式发展是一项长期战略，因而需要强有力的金融、资源、人才和智力保障，其中金融和资源保障更多属于政策层面，所以这里主要强调人才和智力保障，湖南省与各高校所建立的军民融合合作多集中在技术领域，但人文社会科学方面的联合还有待加强。

3. 市场产业发展能力略显不足

军民融合产业发展能力直接影响军民融合发展战略的整体施行，推进产业能力发展是国防和经济发展的关键。湖南省在三个方面还需进一步改善：一是传统军工方面，传统军工所有制过于保守，地方军工改革步伐滞后于其他领域的国有企业，计划经济色彩依然浓厚，推进"军转民"项目需要层层审批，复杂的层级管理和烦琐的审查程序严重影响了军工企业参与民品研发、生产的积极性。二是投资主体和形式单一，投资渠道分离情况较为严重，也就是说，国有军工企业融资方式的渠道较为单一，研发和生产保障主要依靠国家财政投入。目前的科研生产体系当中，军品科研生产的投资主体相对单一，社会投资成分较少，主要依赖于政府投资。还没有建立起多元化的筹资机制和融资环境,对政府的财政拨款和政策性贷款的依赖很大,不利于适时引进社会资本进行投资和能力建设。而政府投入主要是直接投资的单一方式,并且有关投资的监督机制亟待完善。三是缺少中介组织,造成金融投资复杂、信息沟通不对称等问题。银行等金融机构是军民两用技术产业化发展的资金保障,技术创新及成果转化通常需要强有力的资金支持。缺少关键的金融中介机构,企业和科研机构便难以调动产业研发的活力,不利于产业能力的持续推进。而缺少专业的信息交流中介机构,引起信息不通畅,不仅阻碍了军民科技资源的双向转移,也使进入军品研制的企业单位降低了效率。

4. 资源共享障碍和结构矛盾依然存在

湖南省在创新资源方面虽然取得了一些成就,但还是存在资源共享和资源结构两方面的问题。在资源共享方面,军民两大系统运行相对封闭,难以实现资源的双向互动和优化配置。全省军工单位可对外使用的生产设备和科研仪器设备有 2 万余台套,由于保密分级制度等尚未完全建立,共性基础设施基本没有开放共享,国防专利不能及时解密转化民用,不仅使民用高科技单位参与军品研发受到一定影响,也使得军方和民用单位一时之间缺乏信任感。由于技术门槛和标准的不统一,大量民口优势技术、基础设施和人才也难以在军工能力建设中发挥应有的作用。在资源结构方面,由于长期在相对封闭的计划经济体制下运行,直接参与市场竞争的机会比较少,使得国有军工单位普遍缺少熟悉民用领域的经营型人才,缺少能够按照一般市场规律实施质量成本控制的管理型人才。民口企业尤其是民营企业,虽然具有灵活的人事管理和流通制度,但还存在保密机制、工作方式、质量管理等准备不足的问题,尤其是缺少熟悉军品研制生产特殊管理体制的经营管理人才,这会使整个机制的运转存在缺陷。

5. 军工科研行业制度壁垒仍需突破

当前,军工科研行业制度改革创新能力不强,在一些方面形成了制度壁垒。在军工科研行业准入制度方面,由于正式渠道难进,目前相当多挤进国防科研生产领域的民用单位,或本身存在军工发展的渊源,或采用非制度因素。程序的透明公开性还存在缺失,容易形成弊端。此外,申报程序复杂,圈外企事业单位很难寻求到门路,一些民用信息领域的科研生产单位尽管具备较高的技术水平,但按照正规程序,需要经过军、民各方管理部门加以认证,手续繁杂,很容易造成优势企业资源的流失。在军工科研企业现代企业制度建设方面,军工"自我封闭、自成体系、自我配套"的体制没有完全被打破,社会化大生产的优势尚未充分利用起来,造成民营单位体制机制灵活、能力基础好、市场竞争力强等优势未能充分发挥。现有的军工生产企业在投资和经营等方面承担的风险相对较低,政府投资和行业保护等因素使其缺乏足够的竞争意识,也造成很多企业在军工科研领域不断丧失竞争能力。国防科技企业在武器装备研制生产的技术积累、经验积累、与政府和军方的关系方面具有先天优势,而民营企业则存在后发劣势,也由于国防科技科研生产研发投入大、生命周期长的特点,民营企业同样不占优势,并且主观参与意识相对薄弱。军品由于品种多、批量小,难以构成规模,整体效益低且风险大,因此民用企业不愿意承担军品任务。

五、湖南省推进军民融合的创新引领对策

湖南省正处于"十三五"发展的重要战略机遇期,必须贯彻中央军民融合战略思想和创新发展理念,持续推进军民融合深度发展,开展军民协同创新,推动军民科技基础要素融合,加快建立军民融合创新体系,真正实现富省与强军的统一。新时代,湖南省推进军民融合应该遵循以下创新发展对策:

(一) 推动军民融合思想意识发展

(1) 强化军民融合思想的宣传教育。紧跟经济社会发展和国家安全新形势,在新的起点上推动各市州国防教育普及发展,使广大的人民群众认识到军民融合的重要性。在新时期,依旧存在一些落后的思想观念,这就要求我们在改革中务必做到推陈出新、摈弃糟粕、实事求是、解放思想、与时俱进,以新的姿态和观念看待军民融合,引导全民思想进步。更新方式方法主要是挖掘军民融合观念更深层的内涵,将国防、经济军民融合教育覆盖面拓展渗透到学校、社区、企业等各个层面的教育之中,使民众对国防、市场经济和军民融合等概念有所了解。明确军民融合发展的宗旨是将国防军队体系融入经济建设体系,将两者的技术与资源优势有机整合,开放共享实现共赢,达到"1+1>2"的效果,破除狭隘的本位主义和部门利益束缚,提高全省的资源利用效能。并树立互利共赢的观念,改变传统的等、靠、要的观念,主动作为,以互利共赢为目标(董晓辉等,2012)。

(2) 深化军民融合思想的理论研究。理论研究具备较强的总结性、前瞻性、批判性和导向性,是更新思想观念的重要手段,省内各地方政府、部门、单位都应该重视理论研究。推动军民融合制度建设,深入引导军民融合的思想观念,需要加强军民融合思想的理论研究。这不仅有利于发现现有思想观念的深层次问题,更有利于为更新思想观念奠定理论基础。一方面,需要总结和剖析湖南历年来实施军民融合以来的成绩、经验和教训,总结客观规律,以利于打破旧的、落后的思想观念,为树立和倡导有利于军民融合的思想观念奠定基础;另一方面,特别需要省内学者将眼光投向国际,深

挖国内外发展军民融合或军民一体化的经验、教训。鼓励学者在结合湖南实际情况的基础上，充分借鉴国际经验，大胆提出新的政策建议。此外，还应为对外交流或相关人员的外出学习、考察创造条件。军民融合是一项社会性的大战略，所以军民融合思想观念的研究不应仅限于高校、科研院所、党校和政策研究室等智囊机构，也应当拓展到军工企业、民用企业和媒体，尤其需要重视军队政工干部和科技人员在军民融合制度建设方面的创新性研究。

（二）促进军民融合管理体制创新

（1）深化管理体制改革。加强组织领导能力，持续提升组织、资源、制度供给等宏观调控和战略规划能力。省军民融合领导机构必须统筹协调国防科技工业和社会经济发展，研究制定各项计划，协调处理军民产业难题。始终做到管理创新与技术创新相融合，将高新信息技术带入军民融合发展，积极推进资源管理、制度管理和监督管理，做好战略性新兴产业、科学技术、现代信息服务和国防人才培养的衔接，务求全省经济与军民融合产业共同发展。组织构建三跨（即跨区域、跨行业、跨部门）共同协作的军民融合产业发展创新模式，创造协同创新的新布局，维护公平竞争的市场环境，形成军工与民用产业互动互促的良好格局。此外，管理部门应积极探索资产管理新模式，提升对产业资产的调配能力。

（2）推动微观制度创新。湖南省民营军工企业应该提高开放意识，杜绝故步自封，加强企业竞争意识，积极寻求市场行业合作与竞争，并在地方经济体制带动下促进军工生产研发与产业进步，企业应不断提高科技化和信息化，强调基本信息的透明公开，提升市场信用度以拓宽产业销售渠道，更加充分地满足市场需求。在制度体系创新上，由于政府是整个体系的主导者，企业在一定程度上很难接触制度层面的创新，缺乏对现今管理模式和制度的渗透，造成合作和竞争力度不够。这就需要制度方面提供各参与方吸收和渗透的机会，使各方都能为制度创新献上自身宝贵的经验，同时加强产权归属问题研究，确定企业法人财产制度，优化企业财产组织形式；进一步改善全省和地方军工资产管理职能，军民融合产业在很大程度上需要以资本为重要起点，才能有效推动经营管理制度的改革创新；引导有能力的军工企业成功上市，加强市场竞争体制机制管理方式，不断完善行业企业治理结构，使更多军民品的研发、生产和经营符合市场经济运行的规律。

（三）提升产业创新和技术创新能力

（1）优化产业创新发展环境。坚持发展第一要务，全力打造高新技术产业圈、高铁经济圈，培育产业企业聚集、资金资本汇集的区域经济强磁场，促进产业竞争与合作动力。政府应该加快职能转变，改革行政审批制度，进一步简政放权。开展武器装备科研生产许可与装备承制资格认证联合审查，试点军品研制生产单位政策普惠；开展国防科技工业社会投资项目核准、备案管理权限下放试点，坚决落实各项企业减负政策，切实为企业发展减轻经营负担；积极加强与工信部门、国防科工局、军队装备管理部门等机构的联系，完善重点项目建设对接工作机制；积极推进产业链合作，加强湖南省与中央军工集团公司的战略合作，创新合作机制；加强物流领军企业与军工企业的对接，提升现代物流业服务军工的能力；大力弘扬军工文化，营造全社会共同支持军民融合产业创新发展的良好氛围。

（2）改造技术产权市场。湖南省技术产权交易中介机构要积极扩大业务范围，推出独具特色的非上市股份公司股权转让业务和知识产权转让业务的新模式，率先实行各类股权的全流通；利用税收等各种优惠政策引导科技成果、科技型企业及其他各类所有制企业的权益性投资和技术产权交易进入产权交易所，使交易中心搭建起技术与资本结合的桥梁，使高新技术企业可以借此引进风险资本，解决资金短缺问题；利用中介机构建立公共信息网络，加大军工企业和民用企业之间的需求信息和技术信息交流，并完善中介机构的人才培育和集聚功能。

（3）积极推进产学研用结合。加快科技成果向军工核心能力和现实生产力转化，培育新的保军支撑点和新的经济增长点。采取切实措施推动国防科技大学、中南大学、湖南大学、湖南科技大学等大专院校及相关科研院所与企业的合作，争取形成多个机制灵活、运转高效、利益共享的产学研用战略联盟，并支持其承担国家和省级重大科技项目。切实发挥高校和科研院所的创新能力，以及企业家和科技领军人才在科技创新中的中坚作用，争取一大批科技成果转化落地，提高科技进步对军民融合产业增长的贡献，以科技创新推动军民融合产业转型升级，打造产业核心竞争力。完善科研管理和成果转化机制，进一步改造提升现有的国家级、省部级国防重点实验室和企业技术（工程）中心，加强有关院校国防特色学科条件建设，增强科研生产能力水平。

（四）实现资源共享和创新人才培养

（1）推进科研基础设施开放共享。围绕国防科技工业关键领域，坚持创新驱动，大力推进湖南省先进科技基础设施的开放共享。组织实施国防科技重点实验室、国家重点实验室、国家工程研究中心、军工重大试验设施与国家重大科学基础设施开放共享，研究制定省级层面科研基础设施开放共享管理办法。统筹布局省内国防科技实验室和技术研发中心，有效避免重复建设和建设不到位等问题；推进省内先进设施、设备和仪器的共享（如长沙超算中心等），融入共享化网络系统；建立重点领域军工行业数据库，规范数据库操作流程和服务标准，同时加强相关人员服务化水平，促进科技成果共享；重点推广具有高新军工特性的产业技术，提升军民两用技术、成果转化水平，始终探索具有军民通用和产业共性的产品生产研发道路，并实现军地各方联合设计和共同生产，进一步满足军民双向需求。

（2）搭建军民融合科技共享平台。依托长株潭国家级自主创新示范区建设，打造军民融合众创空间。成立湖南军民融合创新科技中心，作为湖南省推进军民融合的主要平台，中心围绕国家军民融合发展大战略，依托本地技术、人才和军工体系完备等优势，以航空航天、特种装备制造、船舶、民爆和化工等领域为核心，进行军民融合产业链整合。搭建从孵化器至交易中心再到军民融合馆的各类产业创新科技平台，为科研成果的转化、军民两种资源互通创造条件。支持高校、科研机构联合企业共同承担国家、省各类重大科技计划和产业化专项，推进军民融合产业技术创新联盟建设和博士后科研工作站建设，开展产学研用协同创新。此外，积极支持各社会联盟与军方、军工集团对接，提高创新资源共享、成果转化应用效率，使社会组织能够成为湖南军民融合科技创新的推动力量和资源。成立湖南军民融合军地对接平台暨军方联络处，为军民深度融合提供宏观政策指导，为企业参军提供直接需求牵引。

（3）加强创新人才培养。围绕军民融合产业创新发展的需要，加强军队与地方政府、科研机构和中介企业的合作交流。以"湖湘高层次科技创新人才计划"和"百人计划"等人才工程为抓手，持续推进湖南省复合领军型人才的培养。不断提升国防科技事业研究能力，积极参与国家和地方主持的重大国防科研项目，努力打造多个跨行业、跨领域、跨学科的国防科技创新团队。同时，在原有军工技术、知识产权的基础上，着重培养面向生产一线的技术人才和研发一线的知识人才，实现人才培养中的知识跨越和技术进步。打造省内人才流动平台，各参与主体能够加强信息交流，成立全省或市州人才数据库，促进人才信息的动态流动，推动军队、企业和院校等各方实现人才的相互吸收和相互引进。

（五）加强军民融合运行机制建设

（1）健全配套保障机制。未来一段时间股份制改造将是湖南省军民有关企业的工作重点。首先，军工企业应依照行业要求，对相关工作分类别指导，政府应提供合理的政策支持，踏实稳妥地推进股份制改革；民用企业则应创新激励机制，全面适应股份制改造，加强企业运转活力；对于新发展起来的军民两用产品生产企业，各运行主体可以给予一定的资金、物质或技术支持，使其能够适应新形势下军民发展的新要求。其次，将组织设计、核心技术和集成研发等关键环节交由军工企业承担，并在国防工业一般配套和加工领域积极引入民用单位承担；对承担主要军品任务、符合投资条件的民营企业，在其自愿且确保安全保密的前提下，采取入股、贷款、租赁和补助等方式给予支持。最后，努力拓展军民融合投资及融资渠道，设立湖南省军民融合产业创投基金，鼓励支持地方部门、单位和有资质的机构根据自身发展实际设立相关产业创投基金，重点推动军工高新技术产业发展，对于参与军民产业研发的企事业单位提供风险补偿和有效保障。

（2）完善评价监督机制。加强各市州及部门军民融合产业规划与措施执行情况监督，检查任务落实和职责分配是否到位，坚定推进军民融合既定工作目标的完成。积极建立完善的创新评估体系，明确评估内容、标准、方法，对规划的执行情况、重大项目的开展情况、综合收益情况等进行科学合理的评估。探索构建多方参与的第三方评估机制，打造政府、军队和社会各方互相评估的平台，同时各市州应设立创新示范区促进军民融合综合评估试点工作，以起到先行示范作用。进一步研究军民融合区域、产业、技术评价指标体系和方法，重点可以集中在产品军民通用程度、组织军民融合程度、研发军民融合程度、实验军民融合程度和生产军民融合程度等方面，努力完善新时代军民融合评价指标和发展指数，实现军民融合综合评价的科学化和现代化。同时，要健全考核和惩罚机制，各级相关部门应将军民融合任务纳入其职能范围，并在各时期进行绩效考核评估，强化参与人员的责任意识，充分调动顺利执行军民融合各项工作的积极性。

参考文献

［1］曹阳，朱丽娜，茅宁莹.产业集群网络式创新竞争合作机制研究［J］.南京中医药大学学报（社会科学版），2012，13（1）：49-53.

［2］董晓辉，黄朝峰，旷毓君.区域军民科技资源融合的现状及对策研究——以湖南省为例［J］.科技管理研究，2012，32（17）：82-85.

［3］杜人淮，申月.国防工业军民融合自主创新若干问题探讨［J］.科技进步与对策，2015，32（20）：113-119.

［4］范肇臻.国防工业从"军民结合"到"军民融合"的伟大转变［J］.毛泽东邓小平理论研究，2010（9）：30-33.

［5］国务院办公厅关于推动国防科技工业军民融合深度发展的意见［EB/OL］.http：//www.gov.cn/zhengce/content/2017-12/04/content_5244373.htm.

［6］湖南国防科技工业军民融合深度发展"十三五"规划［EB/OL］.http：//www.hnjxw.gov.cn/xxgk_71033/ghjh/201703/t20170303_4042639.html.

［7］湖南军民融合产业工业总产值破千亿形成核、航空等六大主导产业［EB/OL］.http：//hunan.voc.com.cn/201712/201712081141342424.html.

［8］江泽民.论科学技术［M］.北京：中央文献出版社，2001.

［9］科技部中央军委科学技术委员会关于印发《"十三五"科技军民融合发展专项规划》的通知

[EB/OL]. http：//www.most.gov.cn/mostinfo/xinxifenlei/fgzc/gfxwj/gfxwj2017/201708/t20170824_134588.htm.

［10］牛振喜. 各国军民融合的历程及我国军民融合的对策［J］. 科技进步与对策，2011，28（23）：124-125.

［11］习近平在解放军团的三个"第一次"［EB/OL］. http：//cpc.people.com.cn/n/2015/0313/c64094-26690089.html.

［12］习近平在中国共产党第十九次全国代表大会上的报告［EB/OL］. http：//cpc.people.com.cn/n1/2017/1028/c64094-29613660.html.

［13］谢光. 当代中国的国防科技事业［M］. 北京：当代中国出版社，1992.

［14］张纪海，乔静杰. 军民融合深度发展模式研究［J］. 北京理工大学学报（社会科学版），2016，18（5）：111-116.

［15］张军果. 军民融合深度发展的体制机制构建研究［J］. 中国军事科学，2016（5）：80-87.

［16］中共中央国务院中央军委印发《关于经济建设和国防建设融合发展的意见》［EB/OL］. http：//www.gov.cn/xinwen/2016-07/21/content_5093488.htm.

［17］中国人民解放军总政治部. 树立和落实科学发展观理论学习读本［M］. 北京：解放军出版社，2006.

［18］朱厚望. 湖南军民融合机制建设的现状、问题与对策［J］. 国防科技，2017，38（5）：75-78.

后 记

在本书即将完稿之际,中美贸易摩擦再次升级。尽管美国挑起的贸易冲突有其内在的政治经济诉求,但这次中美贸易摩擦演进历程对我国如何实现开放崛起的启示是很深刻的。中国经过40年的改革开放,经济社会发展取得了巨大的成就,中国在国际舞台上的表现也越来越引人注目。正因如此,中国的开放崛起也开始受到某些西方霸权主义国家的无端指责与压制,目前主要表现在对中国高端技术创新发展的阻扰。

如何突围西方霸权主义国家对我国高端技术的封锁和压制,是我国进一步推进开放发展的紧迫课题。全球生产国际分工的潮流不可逆转,中国也必须主动嵌入全球价值链之中,但必须改变中国制造业在全球价值链中加工装配的低端位置,主动向全球价值链的研发、产品设计和品牌营销等高端位置攀升。这就迫切需要发挥创新引领开放崛起的决定性作用,特别是对一些关键核心技术和关键零部件,我国不能像过去一样过度依赖进口,必须走自主创新之路,否则会在开放发展进程中失去主动权,越来越受制于人。

发挥创新引领开放崛起的决定性作用,首先,科技创新是核心,也是关键,应该通过科技创新不断培育我国开放发展的新动能。其次,产品创新是重心,也是抓手,应该通过产品创新不断提升我国开放发展的新优势。再次,服务创新是短板,也是突破口,应该通过服务创新不断开拓我国开放发展的新空间。最后,机制创新是前提,也是保障,应该通过机制创新不断优化我国开放发展的新环境。

正是出于上述考虑,我们对创新如何引领开放崛起既做了理论上的系统性思考,也对相关领域的开放发展做了实证检验。全书的主题和写作提纲首先由曾世宏副院长初步拟定,并在2018年的创新论坛圆桌会议上经过专家们的充分讨论,最终由田银华院长审定。本书的写作分工如下:第一章主要由曾世宏、熊云军、邹凭佑、袁灵芝撰稿；第二章主要由曾世宏和邹凭佑撰稿；第三章主要由周志强、徐新宇和田银华撰稿；第四章主要由陈杰和李华金撰稿；第五章主要由仇怡、青佩明和张松彪撰稿；第六章主要由刘俞希和叶文忠撰稿；第七章主要由王梦飞、江海潮和李华金撰稿；第八章主要由申冬冬、张志彬和曾世宏撰稿；第九章主要由苏丽、田银华和张松彪撰稿；第十章主要由曾世宏和杨鹏撰稿；第十一章主要由朱笠、彭清华和田银华撰稿。田银华、曾世宏、张松彪、李华金、何洁、刘红峰、张志彬、周志强等对所有稿件进行了仔细的审读，并提出了修改意见，在此表示感谢！田银华院长和曾世宏副院长对各位修改的文稿又进行了认真的审阅和修改。

虽然我们力求完美，文中的引用部分列出了规范的参考文献或者注脚，但一些政府的政策性文件没有列入参考文献中，某些网络性文章的参考也没有列入。如有疏漏，请各位及时反馈给我们，以便做出合理的改进。

本书的完成，离不开众多单位和个人的帮助。首先要感谢湖南科技大学的各位领导对湖南创新发展研究院的大力支持，给予了优越的科研条件和宽松的科研环境；湖南科技大学社科处为本书出版提供了专项经费支持，社科处原处长向国成教授一直关注本书的出版，并提出了许多建设性的修改意见，借此机会感谢向教授长期以来对湖南创新发展研究院的支持与帮助！其次要感谢长期支持湖南创新发展研究院发展的各位专家学者，他们主要是：中国科学院的蔺雷研究员、蔡圣华副研究员，中国社会科学院的吕政研究员、夏杰长研究员、李勇坚研究员、倪红福副研究员，南京大学的刘志彪教授、郑江淮教授，上海交通大学的陈宪教授，湘潭大学的刘长庚教授，湖南省社科院的周湘智副研究员以及湖南省委党校的曹山河教授等，由于篇幅所限，其他专家学者不能全部列出，敬请谅解，在此也表示深深的谢意！

湖南创新发展研究院的每一点进步当然离不开湖南科技大学商学院各位领导、各位同仁的关心和帮助，更离不开应用经济学一级学科的建设平台。本书的出版，既是湖南科技大学应用经济学一级学科建设服务社会、弘扬社会主义精神文明的成果，也是湖南创新发展研究院作为湖南省特色专业智库向湖南省委、省政府咨政建言、发挥智库作用的应用成果。在此要感谢长期支持湖南科技大学商学院和湖南创新发展研究院发展的湖南省委宣传部、湖南省社科规划办、湖南省社科联、湖南省社会科学院、湖南省科技厅、湖南省统计局、湖南省发展和改革委员会等单位的相关主管领导！

由于时间仓促，学识有限，书中难免有不尽如人意之处，敬请原谅！最后要强调的是，书中所有的研究结论仅代表湖南创新发展研究院的学术成果，不能作为任何考核的依据。如有建议或意见，敬请联系我们。联系方式是：hncxfzyjy@163.com；0731-58290068。